ATENÇÃO

Prezados(as) Alunos(as): todas as atividades serão inseridas diretamente no Portifólio referente à disciplina. O objetivo é aumentar a interação do(a) aluno(a) com a plataforma, além de atualizar as atividades. Entrem com sua senha e acompanhe as atividades no sistema. Se preferir, imprimam as atividades e anexem no seu material impresso. Guias de estudo que contenham as atividades são guias de estudo antigos, onde as atividades já foram **modificadas**. Por favor, observem.

Atenciosamente,

Direção da UNIGRANET

Tecnologia em Comércio Exterior
4º Semestre

Graduação a Distância — 4º SEMESTRE

Tecnologia em Comércio Exterior

NEGOCIAÇÃO INTERNACIONAL
E RELAÇÕES MULTICULTURAIS

UNIGRAN - Centro Universitário da Grande Dourados

Rua Balbina de Matos, 2121 - CEP 79.824 - 9000
Jardim Universitário
Dourados - MS
Fone: (67) 3411-4141 / Fax: (67) 3411-4167

Os direitos de publicação desta obra são reservados ao Centro Universitário da Grande Dourados (UNIGRAN), sendo proibida a reprodução total ou parcial de acordo com a Lei 9.160/98.

Os artigos de sites e revistas indicados para a leitura foram registrados como nos originais.

Apresentação do Docente

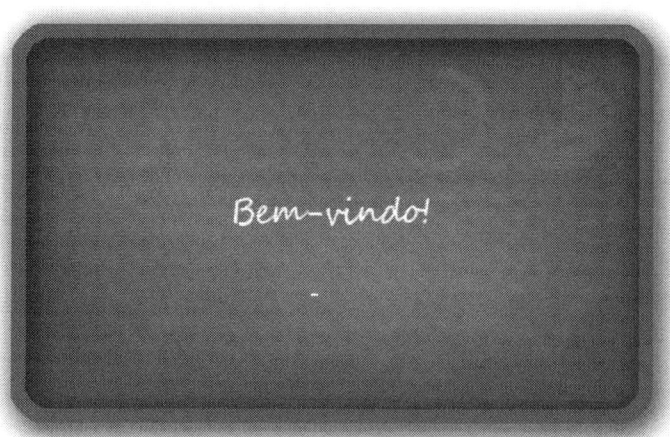

Alexsander Fuza Rozeno, Administrador de Empresas, possui especialização MBA Executivo em Administração com ênfase em Recursos Humanos. Atualmente desenvolve suas atividades laborativas voltadas a Educação. Como Coordenador dos cursos de Tecnologia em Logística, Tecnologia em Gestão de Recursos Humanos e Tecnólogo em Agronegócios EAD e Semipresencial da UNIGRAN. Docente, na modalidade a distancia nas disciplinas de Sistemas Agroenergéticos (Biodiesel e Sucroaucoleiro), Trabalho de Conclusão de Curso (TCC), Estágio Supervisionado, Administração da Produção I, Administração da Produção II, Marketing Aplicado á Logística, Logística e Contexto Econômico, Gestão e Comportamento Organizacional e Políticas de Remuneração. Recentemente e no programa SED nas disciplinas de Sistemas de Informações e Economia e Mercado.

ROZENO, Alexsander Fuza. REGES JUNIOR, Henrique. Negociação Internacional e Relações Multiculturais. Dourados: UNIGRAN, 2020.

54 p.: 23 cm.

1. Políticas. 2. Negociação.

Apresentação do Docente

Possui graduação em Administração pelo Centro Universitário da Grande Dourados Unigran.

Especialista, pós graduado em MBA em Contabilidade Gerencial e Controladoria pelo Centro Universitário da Grande Dourados Unigran.

Docente no Curso de Administração, Ciências Contábeis, Tecnólogo em Gestão de Recursos Humanos e Tecnólogo em Logística. Tem experiência na área de Administração, com ênfase em Administração de Empresas.

Experiência nas áreas de Empreendedorismo, Analise e Produção, Gestão da Qualidade, Marketing Empresarial, Gestão Estratégica de Negócios, Logística operacional, Controle de compras, Recrutamento e Seleção. Atuou em empresas de rede como gestor no comercio atacadista de móveis e analise de credito, empresa na área de automação comercial, empresarial, industrial e construtora. Docente no Centro Universitário da Grande Dourados UNIGRAN nos Cursos de Graduação em Administração, Ciências Contábeis, Gestão em Recursos Humanos, Gestão em Logística.

Minhas anotações

Sumário

Conversa inicial 6

Aula 01
Conceituando a negociação 7

Aula 02
Identificando as habilidades e competências do negociador ... 13

Aula 03
A aplicabilidade e o domínio nas negociações 19

Aula 04
Recursos utilizados nas negociações 27

Aula 05
A influência do mercado no processo de negociação 33

Aula 06
Métodos e expectativas dos negociadores 37

Aula 07
Treinamento de negociadores 43

Aula 08
Definição de estratégias nas negociações 49

Referências 53

Conversa Inicial

Prezados(as) estudantes:

Bem-vindos(as) à disciplina de Políticas de Negociação, que objetiva compreender e desenvolver os processos necessários para definição de estratégias de negociação usando-a como ferramenta competitiva para as tomadas de decisões das empresas. Além disso, visa desenvolver subsídios para a compreensão das modernas estratégias e táticas da negociação.

Para tanto, o estudante poderá adquirir conhecimentos, habilidades e atitudes para a percepção da evolução dos cenários e das tendências para a prática e aprimoramento da criatividade e o processo de argumentação.

Para que seu estudo se torne proveitoso e prazeroso, esta disciplina foi organizada em oito aulas, com temas e subtemas que, por sua vez, são subdivididos em seções (tópicos), atendendo aos objetivos do processo de ensino-aprendizagem.

Após ter estudado a aula 1 introdutória, que trata da negociação orientada para resultado: conceitos e premissas, na aula 2, detalharemos o desenvolvimento da habilidade de negociação. Na aula 3, será abordado o poder nas negociações. Já na aula 4 será apresentado os desafios para estratégia de negociação. Na sequência, com as aulas 5 e 6, serão apresentados o cenário do conflito e processo de regulação nas relações de trabalho e de negociação coletiva. Chegando à aula 7, daremos um sentido com a negociação gerencial e, por último, com a aula 8 apresentaremos aspectos da formulação de estratégias de negociação.

Esperamos que, até o final da disciplina vocês possam: - desenvolver competências, habilidades e atitudes no processo de concepção de negociação; - capacitar o estudante para o alcance dos objetivos/metas estabelecidos com postura gerencial; - estimular o entendimento da importância da estratégia de negociação para obtenção de resultados; - desenvolver expressão e comunicação compatível com o exercício profissional na arte de negociar; - ampliar a capacidade crítica sobre a gestão estratégica, compreendendo sua posição e função na estrutura administrativa; e - conhecer a importância do pensamento sistêmico da negociação para o planejamento das estratégias.

Para tanto, a metodologia das aulas serão transcorridas da seguinte maneira: - atendimento personalizado individual, de orientação e esclarecimentos de dúvidas no acompanhamento das atividades; - atividades mediadas pelo professor no Ambiente de Aprendizagem Virtual (doravante AVA) em grupo e/ou individual, a serem encaminhadas via plataforma; - aulas dialogadas, tendo como apoio o AVA da UNIGRANET com a utilização de ferramentas como Fóruns, Chats, Vídeos e Quadro de avisos; - pesquisas orientadas fazendo uso de bibliotecas existentes nos polos ou parcerias/convênios e virtuais;

- devolutiva das atividades corrigidas e devidamente avaliadas segundo os critérios de avaliação (notas); - encontros presenciais a serem realizados nos dias das provas.

No decorrer das aulas, se encontrarem alguma dificuldade no conteúdo, não hesitem em recorrer ao professor que estará sempre à disposição para esclarecê-las.

Vamos, então, à leitura das aulas? Boa leitura!

Aula 1º

Conceituando a negociação

O tema da aula, como o próprio título indica, apresentará a importância do planejamento estratégico para que os(as) futuros(as) Tecnólogos(as) em Gestão Comercial possam aplicar corretamente as ferramentas de gestão estratégica de negociação no dia a dia do trabalho. Para tanto, serão evidenciados os elementos-chave relacionados aos princípios das políticas de negociação, principais conceitos e premissas desse processo.

Diversas Organizações vêm se apoiando em estratégias de negociação como mecanismo de sobrevivência. Elas mantêm investimentos expressivos em todos os seus setores de atuação e vem contribuindo de maneira substancial para o saldo positivo da balança comercial e para as divisas da economia nacional.

Numa situação hipotética, se as Organizações não estabelecessem um planejamento adequado de negociação, o que seria estimulado no desenvolvimento interno e externo a elas? Como seriam estimuladas ações competitivas diante das incertezas mercadológicas, financeiras, econômicas, sociais que acometem as Organizações no mundo dos negócios?

Nessa perspectiva, esperamos que ao final da aula consiga elucidar uma resposta mais concreta para os questionamentos supracitados.

Bons estudos!

Objetivos de aprendizagem

Esperamos que, ao término desta aula, vocês serão capazes de:

- compreender a política de negociação como estratégia de gestão para as Organizações;
- identificar os conceitos mais apropriados para responder as demandas do(a) Tecnólogo(a) de Gestão Comercial na área de negociação.

Seções de estudo

1 - Negociação orientada para resultado: conceitos e premissas
2 - Principais conceitos e premissas da negociação

1 - Negociação orientada para resultado: conceitos e premissas

Turma, de acordo com o Plano de Ensino da disciplina, atendendo aos objetivos de aprendizagem propostos, será possível perceber na Seção 1 que as organizações vêm buscando instrumentos que auxiliem a se manterem no mercado altamente competitivo. Uma das ferramentas encontradas é por meio do processo de negociação, que focando em estratégias consolidadas posicionam positivamente as empresas no ranking de competitividade.

1.1 - Introdução

Diante da agilidade com que se processam as mudanças e paradigmas no mundo dos negócios, cabe aos profissionais da missão e visão organizacional, incluindo os agentes das áreas de Contratos, Gestão Empresarial, Gestão de Pessoas, Finanças, Logística, Compras, Comercial, Vendas e Marketing, acompanharem as novas tendências mercadológicas qualificando-se permanentemente. Investindo no domínio de tecnologias atualizadas de negociação, com vistas à obtenção de mais valor aos objetivos institucionais e pessoais, podem maximizar ainda mais as ações que resultem em ganhos reais para a organização.

O cenário aponta que, cada vez mais, as pessoas buscam abrir seu próprio empreendimento, e desde 2011, o Serviço Brasileiro de Apoio às Micro e Pequenas Empresas (SEBRAE) optou por realizar seus estudos de sobrevivência de empresas utilizando um tipo de metodologia, por meio do processamento do banco de dados da Secretaria da Receita Federal (SRF), tomando como referência as empresas brasileiras constituídas em 2007, e as informações sobre estas empresas disponíveis na SRF até 2010, a taxa de sobrevivência das empresas com até dois anos de atividade foi de 75,6%. Essa taxa foi superior à taxa calculada para as empresas nascidas em 2006 (75,1%) e nascidas em 2005 (73,6%).

Como a taxa de mortalidade é complementar à da sobrevivência, pode-se dizer que a taxa de mortalidade de empresas com até dois anos caiu de 26,4% (nascidas em 2005) para 24,9% (nascidas em 2006) e para 24,4% (nascidas em 2007).

O índice apresentado pode estar relacionado à verificação das condições do mercado, no sentido do estudo de suas oportunidades, bem como a realização de um plano de negócios a ser seguido de acordo com as possibilidades de cada empresa.

Esse fato é um dos fatores importantes de se traçar estratégias antes de abrir qualquer negócio ou analisar seu posicionamento diante do mercado, porém cabe ressaltar que o planejamento é uma ferramenta contínua que deve ser utilizado com critérios, de forma a enfrentar ameaças e aproveitar as oportunidades encontradas em seu ambiente externo, além de analisar suas fortalezas e fraquezas internas.

Empresas de todos os tipos estão chegando à conclusão de que essa atenção sistemática à estratégia é a maneira mais eficaz de se alcançar resultados, sejam elas de pequeno, médio ou grande porte. Aliada a esse processo, cabe ressaltar a importância da implantação de políticas de negociação na geração de resultados positivos na manutenção das ações estratégicas para identificar os melhores acordos; na sensibilização e instrumentalização para identificar oportunidades de ações, negócios e empreendimentos por meio da negociação; o domínio de estratégias para negociação intra e extra-ambiente organizacional e o entendimento e aplicação dos fundamentos éticos nos processos de negociação.

No Brasil, mesmo considerando que as organizações vêm fomentando o uso de ferramentas de negociação, ainda existem conflitos no entendimento adequado do que realmente se pretende alcançar.

Nesse sentido, a presente disciplina tem como objetivo principal, ao longo das oito aulas preparadas para os alunos matriculados, promover a compreensão e desenvolvimento de processos necessários para estruturação da política de negociação, com uma visão gerencial sobre a sua importância na tomada de decisões organizacionais e de competitividade.

1.2 - Princípios da negociação

> Nada há no mundo que seja repartido mais equitativamente do que a razão. Todos são convencidos de tê-la em quantidade suficiente (DESCARTES).

A necessidade de negociar está presente no dia a dia dos indivíduos seja de forma informal ou formal nas relações sociais e trabalhistas, no próprio ambiente familiar desde os primeiros anos de vida, no trabalho, no supermercado, na feira, na manutenção das rotinas diárias domiciliares e até mesmo em ocasiões sociais de pequeno e grande porte torna-se cada vez mais importantes. A arte de negociar induz o desenvolvimento da capacidade negocial absolutamente ativa para todas as fases de nossas vidas, fundamentalmente no campo profissional.

Dessa forma, todo profissional deve por sobrevivência buscar o desenvolvimento desta técnica, não só para se tornar uma pessoa desenvolvida, sobretudo, para saber utilizar essa ferramenta a seu favor e da organização do qual representa.

Cabe ressaltar que para compor um processo de negociação cada organização deve planejar as políticas necessárias para obtenção de resultados. Todo esse caminho da negociação deve focar na construção de relacionamentos, já que não se fala mais em analisar propostas, mas sim em negociar isto e aquilo com alguém.

Realizando um levantamento documental e bibliográfico. Percebe-se que os grandes negociadores mundiais souberam usar as devidas técnicas a favor de si, de suas empresas e seus países, visando o crescimento e aperfeiçoamento, juntamente com a satisfação de ambas as partes envolvidas em toda ou qualquer processo de negociação.

Na verdade, não existe uma fórmula mágica para todas as realidades, existem técnicas que devem ser adaptadas para a situação observada e negociada. Assim, sempre é tempo de começar a aprender a negociar, se apoiando nas melhores práticas ou na criação de novas que podem ser testadas na realidade de cada indivíduo.

Utilizando como referencial, para Acuff (1993, p. 21): "a negociação é o processo de comunicação com o propósito de atingir um acordo agradável sobre diferentes ideias e necessidade".

Nesse contexto, a negociação se configura no processo de buscar aceitação de ideias, desejos, propósitos ou interesses visando ao melhor resultado possível, distante das intransigências, as partes envolvidas finalizam as negociações conscienciosas de que foram ouvidas, que apresentaram toda a sua argumentação e retórica e que o produto final, objeto da negociação, seja maior do que a soma das contribuições individuais (JUNQUEIRA, 2003).

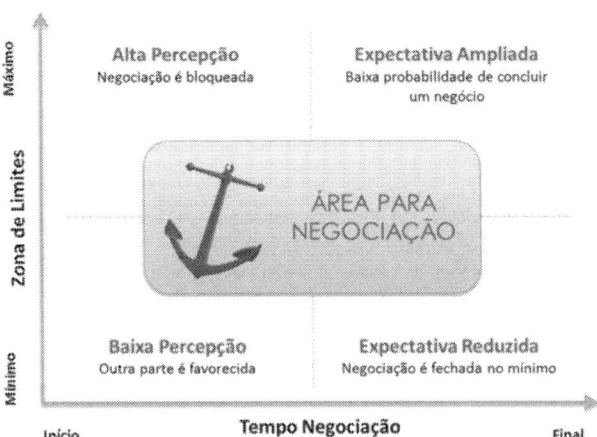

FIGURA 1 – Matriz de Negociação
Fonte: <http://www.ideiademarketing.com.br/2013/01/28/aventuras-de-um-jovem-negociador-ii-ancorar-ou-nao-ancorar-eis-a-questao/matriz-de-negociacao/>.
Acesso em: 02 de março 2015.

Ao analisar a figura 1, percebe-se que o processo de negociação está associado a duas importantes variantes: o tempo de negociação (início e final) e a zona de limites (mínimo e máximo). Nesse contexto, a área de negociação está apoiada ainda a quatro variantes, ou seja, a baixa (outra parte é favorecida) e alta percepção (negociação é bloqueada) e de outro lado a expectativa reduzida (negociação é fechada no mínimo) e ampliada (baixa probabilidade de concluir um negócio). Ao analisar a "zona estratégica" é exatamente aquela que é confortável para ambas as partes envolvidas na negociação, para que as expectativas de ambas as partes sejam neutralizadas e atendidas. É preciso, portanto, um equilíbrio, ou seja, ambas as partes envolvidas precisam projetar com suas expectativas como também ceder em alguns aspectos para que seja concluída a negociação.

Na próxima figura (2), será apresentada uma estratégia de negociação criada pelo Projeto de Negociação da Escola de Direito de Harvard chamado "Negociação Baseada em Princípios" descrito no livro publicado em 2011 "Getting to Yes: Negotiation Agreement without Giving In" (Como Chegar ao Sim: A Negociação de Acordos sem Concessões).

O referido método apresenta duas formas de negociação: ou o indivíduo é um negociador duro (do original hard) ou, digamos, afável (do original soft). Baseado nos perfis apontados pelo método há uma terceira via, ou seja, que baseada nos princípios (do original principled) foca atenção à união de características necessárias para realizar a negociação com sucesso.

Considerando esse exemplo, verifica-se que as decisões que são geradas das negociações são diretamente ligadas ao bem estar das pessoas, em uma relação de troca mútua, mesmo que haja uma desigualdade, ambas as partes normalmente saem satisfeitas seja pela necessidade social, econômica, cultural e/ou ambiental.

SOFT	HARD	PRINCIPED
Negociadores são amigos	Negociadores são adversários	Negociadores são solucionadores de problemas
O objetivo é o acordo	O objetivo é a vitória	O objetivo é um resultado inteligente alcançado com eficiência e amigavelmente
Faça concessões para cultivar o relacionamento	Demande concessões como condições para o relacionamento	Separe as pessoas dos problemas
Seja afável com as pessoas e com os problemas	Seja duro com as pessoas e com os problemas	Seja afável com as pessoas e duro com os problemas
Confie nos outros	Desconfie dos outros	Não dependa da confiança
Mude suas posições facilmente	Afere-se as suas posições	Concentre-se nos interesses, não nas posições
Faça ofertas	Faça ameaças	Explore os interesses
Comunique seus objetivos	Não comunique seu objetivo final	Evite ter um objetivo final
Aceite que seu lado perca em favor do relacionamento	Demande que o seu lado ganhe em favor do relacionamento	Invente opções de ganhos mútuos
Procure pela resposta única: a que o outro lado vai aceitar	Procure pela resposta única: aquela de você irá aceitar	Desenvolva múltiplas opções e decida mais tarde
Insista no acordo	Insista na sua posição	Insista em critérios objetivos
Tente evitar um jogo de vontades	Tente ganhar o jogo de vontades	Tente alcançar um resultado baseado em padrões, independente de vontades
Ceda à pressão	Faça pressão	Seja racional e esteja aberto à razão. Ceda aos princípios e não a pressão

FIGURA 2 – Negociação Baseada em Princípios
Fonte: <http://blog.barbeita.com.br/2012/07/negociacao-baseada-em-principios-introducao/>. Acesso 03 de março 2015.

Ao verificar os exemplos supracitados, percebe-se que o contexto das negociações sempre está em permanente mudança. Pressupostos do presente podem não mais ser válidos no futuro. E também o próprio potencial negociador deve estar sempre em busca incansável de aperfeiçoamento, para que por consequência possam antecipar-se as mudanças, gerenciando-as favoravelmente (JUNQUEIRA, 2003).

Acredita-se ainda que as pessoas mais bem sucedidas sejam capazes de dizer com clareza o que desejam para o futuro. Da mesma forma com as grandes organizações que possuem um planejamento eficaz, pois conseguem compreender as modificações que ocorrem nos dias atuais e identificam a melhor maneira de se reposicionar no futuro.

Nesse sentido, para atingir a negociação desejada, é preciso entendê-la como um processo, ou seja, toda negociação se realiza por meio um procedimento o qual se divide em várias etapas, entre elas: a do planejamento, a da execução, a de controle, e por ultimo a de avaliação, também considerados como pré-negociação, ação de negociação e pós-negociação. Cada uma destas etapas admite atividades que poderá executar sequencialmente, instrumentalizando-se para executar o processo de modo a alcançar um resultado eficaz.

Ao considerar que o processo de negociação vai além dos objetivos pessoais, mas, sobretudo organizacionais, realizar um planejamento organizacional, portanto, é mais abstruso do que um planejamento pessoal, pois uma organização é constituída por diversos colaboradores que pensam e age diferente um dos outros. Nesse diapasão, incorporar os objetivos da empresa com o pessoal é mais um desafio conforme cita Faria (1997) "o planejamento determina os objetivos a atingir e os tipos de controle necessários que a administração da empresa deverá adotar".

Quando associado à visão de futuro, o planejamento se configura com o estabelecimento de previsão, apesar de não se confunda com ela. Assim, o planejamento provoca uma relação entre coisas a fazer, os recursos e o tempo disponível para sua ação.

No encerramento da Seção 1 foi possível perceber que existem diversas fases para se alcançar o processo de negociação desejada, assim como para cada estágio existem critérios operacionais e estratégicos que deverão ser delineados pelo gestor, o qual também possui características peculiares. Na Seção 2 será possível identificar os principais conceitos e premissas da negociação, que além das correntes teóricas apresentadas, cada Tecnólogo dará forma ao que for mais adequado e conveniente para a realização do processo de negociação em que estará liderando.

2 - Principais conceitos e premissas da negociação

Olá, na segunda parte deste estudo vamos conhecer alguns conceitos e premissas da negociação para identificar os elementos fundamentais para a gestão qualificada. Para tanto, determinados autores consagrados serão citados ao longo do texto. Identifique em sua leitura qual autor elucida melhor a compreensão necessária para implementar ações positivas no contexto das negociações.

2.1 - Principais correntes teóricas da negociação

Considerando a dinâmica de um mercado globalizado e em meio as mais diversas alianças de estratégias de desempenhos, composições, agrupamentos e novas formas de gestão estratégica, o foco tem dado ao processo de negociação fator diferenciador na busca da sustentação e sucesso do negócio em questão.

Segundo Junqueira (2003, citado por ANDRADE, 2004, p. 12):

> Negociação é o processo de buscar a aceitação de idéias, propósitos ou interesses, visando ao melhor resultado possível, de tal modo que as partes envolvidas terminem a negociação consciente de que foram ouvidas, tiveram oportunidades de apresentar toda a sua argumentação e que o produto final seja maior que a soma das contribuições individuais.

Para Junqueira (2003), evidenciar a importância da negociação a partir da exposição de motivos é fator diferenciador para aceitação ou não da ação, ou seja, estabelece-se a mediação necessária (de conflito, solução, harmonia e reconciliação) entre as partes envolvidas na ação.

Complementando essa ideia, Wanderli (1998, p. 21) enfatiza que:

> [...] negociação é o processo de alcançar objetivos por meio de um acordo nas situações em que existam interesses comuns, complementares e opostos, isto é; conflitos, divergências e antagonismos de interesses, idéias e posições.

Para o autor, o processo é complexo e pontua que a incompatibilidade de interesses é evidenciada na dinâmica da negociação, portanto, o equilíbrio nesse diapasão torna-se fundamental.

Recorrendo a Mello (2005, p. 25), ressalta-se que:

> [...] negociação é um processo social utilizado para fazer acordos e resolver ou evitar conflitos. É utilizada quando as partes interessadas desejam estabelecer regras de relacionamento mútuo ou quando desejam mudar as regras de um acordo já existente.

Ao diferenciar dos demais autores, Mello (2005) enfatiza o papel social e de estabelecimento de critérios a serem seguidos no processo de negociação.

Para Boff (2011, p. 111):

> Hoje, a arte ou a ciência de negociar faz parte do dia a dia das pessoas e das organizações. Na família, negocia-se: com os pais, sobre o horário da chegada depois de uma festa; com os irmãos, sobre a hora de iniciar uma brincadeira; com o cônjuge, sobre a viagem de férias; com os filhos, sobre o passeio do próximo fim-de-semana. Na rua, negocia-se: no trânsito, a ultrapassagem de um veículo; na praça, o lugar

à sombra no banco; no ônibus, quem vai subir primeiro; na sociedade, com diversas pessoas. Na escola, negocia-se: com os colegas, o dia da festa de formatura; com o professor, a data da prova; com a direção, o uso do uniforme. No trabalho, negocia-se: com os colegas e chefes, as relações trabalhistas, dentre as quais, a jornada de trabalho, o aumento salarial, o período de férias, a data da próxima reunião; com clientes, fornecedores e parceiros, as transações comerciais, industriais e/ou de serviços, dentre as quais, prazos, comissões, descontos, data de entrega, forma de pagamento e assistência técnica.

No contexto apresentado, corrobora com a ideia que todo ser humano está condicionado ao processo de negociação para a sua "sobrevivência" em sociedade: para tanto, ao se deparar no contexto profissional, requer técnicas específicas para o alcance dos objetivos organizacionais e institucionais.

O contexto teórico até agora apresentado evidenciou que a arte de negociar se tornou umas das habilidades e competências humanas essenciais à sobrevivência das pessoas comuns, dos profissionais e das organizações envolvidas. Além disso, compõe-se como um dos principais instrumentos de gestão estratégica, que bem planejada, vencendo todas as etapas da mesma (planejamento, exploração, apresentação, demonstração, argumentação, acordo, fechamento, avaliação, controle e monitoramento, entre outros aspectos pessoais e profissionais), atua fundamentalmente na resolução dos conflitos, assim como na tomada da decisão mais assertiva tanto para o negociador como também para organização o qual representa.

2.2 - Premissas e restrições da negociação

Para constituir um processo de negociação, é necessário considerar antes, durante e depois, dois aspectos importantes: as premissas e restrições.

Considera-se premissa como uma situação hipotética considerada como uma "verdade absoluta" sem a necessidade de assegurar ou comprovar a situação pelo negociador e a organização envolvida para se chegar a uma definição estratégica, portanto, elas devem ser identificadas e declaradas no processo de concepção, ou seja, os fatores considerados verdadeiros sem prova para fins de planejamento como as "cláusulas contratuais" que se não forem cumpridas, comprometem o sucesso da negociação. Por exemplo: Uma construtora de imóveis de luxo está empreendendo numa localidade e dispõe de mais de 100 unidades habitacionais e estipulou a meta de vendas de 50% em três meses. Se a equipe de vendas não estabelecer as estratégias necessárias, a meta, provavelmente, não será atingida.

Já as restrições levam em conta as limitações, ou seja, algo que está sob o controle e que a organização e o profissional criam como resposta a um determinado risco. Utilizando o exemplo anterior: a construtora lançou uma meta bastante audaciosa, mesmo considerando as restrições econômicas nacionais no momento de crise, porem identificou que existia uma demanda para os imóveis de luxo, ao estipular o prazo para a equipe de vendas determinou um período, para que depois de vencido, pudesse reposicionar as metas e estratégias como, por exemplo, a redução dos valores, ampliação da publicidade, treinamento da equipe de vendas, entre outras formas.

Nesse contexto, entre premissas e restrições, o ponto de partida é identificar o problema a ser sanado e, a seguir, o que se pretende solucionar no processo de negociação. Para se aproximar do desejado acordo sem concessões, deve-se seguir alguns passos, tais como: "separar as pessoas do problema; concentrar-se nos interesses, não nas posições; buscar o maior número possível de alternativas, para ganho mútuo; insistir em critérios objetivos" (BOFF, 2011, p. 12). Observar as interfaces que apoiam os artifícios da negociação são necessárias para a obtenção do êxito completo da ação.

Como foi possível perceber até aqui com os conceitos e ideias apresentados, a negociação é uma ferramenta estratégica que tem por finalidade proporcionar a harmonia entre as oportunidades indicadas pelo ambiente e a capacidade interna da organização bem como dos profissionais envolvidos.

Ao finalizar a Seção 2, foi possível perceber que as formas de compreender o planejamento da ação são muito similares, porém, o que é preciso levar em conta é a adaptação necessária ao porte e as características intrínsecas na elaboração da estratégia de maneira simplificada. A negociação, portanto, é importante quando são buscadas alternativas para a solução de subversões. Pode-se dizer que uma negociação foi bem sucedida, quando teve o problema resolvido, os seus objetivos foram alcançados e a qualidade do relacionamento entre os envolvidos foi conservada.

Como pode se perceber nas Seções anteriores, são gerados diversos benefícios quando se aplica o planejamento estratégico de negociação de forma adequada. Dentre eles, evidencia-se a motivação e envolvimento dos colaboradores, a instrumentalização e a tomada de decisão sobre as ações elencadas pela equipe gestora. Portanto, para representar um nível de confiança aceitável o planejamento precisa ser palpável, realista, desafiador, relevante e motivador.

Retomando a aula

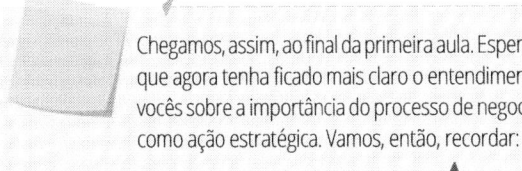

Chegamos, assim, ao final da primeira aula. Esperamos que agora tenha ficado mais claro o entendimento de vocês sobre a importância do processo de negociação como ação estratégica. Vamos, então, recordar:

1 - Negociação orientada para resultado: conceitos e premissas

Nessa parte da aula, foi demonstrada a necessidade que as organizações têm de se adaptarem as condições do mercado que requer fundamentalmente planejamento sobre as ações de negociação, tanto no que relaciona a questões estratégicas como também aos aspectos relacionados ao contexto social, cultural e econômico das partes envolvidas na ação.

2 - Principais conceitos e premissas da negociação

Nesse tópico da aula, foi possível perceber a existência

de diversos tipos de conceitos e estratégias para consolidar a ação. Vale lembrar ainda que cada tipo de ação deve se levar em conta o contexto em que está inserido assim como avaliar a dimensão em que se pretende alcançar.

Além disso, foi evidenciada a importância da negociação para todos os indivíduos no mundo globalizado das organizações e dos negócios. Ou seja, os indivíduos negociam na maior parte do tempo diversas coisas, seja com os clientes, fornecedores, líderes e liderados, tais como, na gestão de pessoas e financeira, nos prazos, orçamentos, contratos, dentre tantas outras e, portanto, é de fundamental importância saber identificar as premissas e restrições de cada situação que envolve uma negociação na busca de resultados positivos.

Vale a pena

Vale a pena ler,

BURBRIDGE, R. Marc. et al. *Gestão de Negociação*. São Paulo: Saraiva, 2005.

MARTINELLI, Dante P; VENTURA, Carla A: MACHADO, Juliano R. *Negociação Internacional*. São Paulo: Atlas, 2004.

MELLO, José Carlos Martins F. de. *Negociação Baseada em Estratégia*. São Paulo: Atlas, 2003.

Vale a pena acessar,

ASSOCIAÇÃO BRASILEIRA DE ÁRBRITOS E MEDIADORES – ABRAME (http://www.abrame.com.br/)

Vale a pena assistir,

11 Homens e um segredo (planejamento estratégico, gestão de pessoas, negociação, gestão de conflitos, liderança);

Apollo 13 (Tomada de decisão; gestão de projetos. planejamento estratégico; trabalho em equipe, negociação liderança);

Limite Vertical (planejamento, definição de objetivos, trabalho em equipe, negociação);

Vida de Insetos (planejamento, liderança, negociação, gestão de conflitos).

Minhas anotações

Aula 2º

Identificando as habilidades e competências do negociador

No segundo módulo da disciplina serão apresentadas algumas habilidades, competências e atitudes necessárias na performance do profissional negociador para que os(as) futuros(as) Tecnólogos(as) em Gestão Comercial possam aplicar corretamente os recursos metodológicos e técnicos.

O êxito de uma equipe de trabalho depende da união de indivíduos que não sejam apenas dotadas de poder para fazer mudanças e aperfeiçoamentos em processos, mas, sobretudo, de competências necessárias para fazer uma ação inserida no contexto da organização. Assim, desenvolver pessoas e obter o melhor delas se torna a principal vantagem competitiva organizacional.

Ao pensar que, necessariamente, os profissionais devem ser munidos de metodologias operacionais, táticas e estratégicas para responder as necessidades comerciais, imagine se não houvesse dedicação focada nesses resultados pelos profissionais envolvidos: será que haveria um retorno eficaz?

Portanto, se dedicar nas melhores práticas, tanto por meio da observação como também pela qualificação profissional permanente, provocarão sempre uma mudança positiva.

Bons estudos!

Objetivos de aprendizagem

Ao término desta aula, vocês serão capazes de:

- perceber a dinâmica da negociação por meio de recursos metodológicos e técnicos existentes para contribuir no processo de negociação;
- instrumentalizar o (a) Tecnólogo(a) em Gestão Comercial na área de negociação, identificando as habilidades, competências e atitudes necessárias no dia a dia do trabalho.

Seções de estudo

1 - Habilidades e Competências do Negociador
2 - Principais instrumentos da negociação

1 - Habilidades e Competências do Negociador

Pessoal, de acordo com o Plano de Ensino da disciplina definido, atendendo aos objetivos de aprendizagem propostos, será possível perceber na Seção 1 que existe um perfil comportamental e profissional do negociador desejado pelo mercado. Para tanto, a atenção ao foco da negociação é fator elementar na busca de resultados estratégicos positivos.

1.1 - Perfil comportamental e profissional do negociador

Para alinhas as expectativas de compreensão sobre as competências, habilidades e atitudes necessárias para melhor desempenho profissional, serão utilizados alguns conceitos de acordo com autores na área de gestão.

FIGURA 1: O "cha" da negociação
Disponível em: http://www.itribuna.com.br/blogs/explore-ao-maximo-seu-pontecial/2013/07/competencia/7701/. Acesso em: 11 mar. 2015

Sabe-se que, inicialmente, o conceito de competência estava associado à linguagem jurídica, ou seja, de modo tradicional e formal. Atualmente, o cenário do mundo organizacional é compreendido como algo dinâmico, concretizado no desempenho; competência é saber, saber fazer e saber ser e agir. Nessa lógica, surgiu a gestão de competências como um tema desafiador, dentro do subsistema de desenvolvimento humano da área de gestão de pessoas e talentos. Competência, segundo o dicionário, vem do latim competentia e significa a qualidade de quem é capaz de apreciar e resolver certo assunto, fazer determinada coisa, capacidade, habilidade, aptidão e idoneidade.

De acordo com Hamel e Prahalad (1990, p.57), o conceito de "core competence", ou competência essencial, significa um conjunto de habilidades, competências e tecnologias que permitem uma empresa atender necessidades específicas de seus clientes, isto é, atingindo vantagem competitiva sobre os concorrentes.

Na concepção de existência de competências, habilidades e atitudes, Durand apud Wood Jr. (2002, p.58) construiu essa ideia a partir dessas três dimensões incluindo não só questões técnicas, mas, sobretudo, pelo aspecto cognitivo e atitudinal laboral. Ou seja, a adoção de um comportamento no trabalho exige do profissional não apenas conhecimentos, mas, especialmente, habilidades e atitudes apropriadas. *Approaches* como essa possuem aceitação mais ampla tanto no ambiente empresarial como no meio acadêmico, visto que procuram integrar diversos aspectos relacionados ao trabalho.

FIGURA 2: A figura do negociador
Disponível em:http:<///hub.salesways.com/br/category/metodologia-de-vendas/ciclo-de-vendas/>. Acesso em 14 mar. 2015

Ao referenciar Mascarenhas (2008, p.184), é possível perceber a singularidade que caracteriza cada situação de exercício das competências em três situações elementares:

- **Conhecimento** = Saber. O conhecer não decisivo, ou seja, é uma busca constante em aprender, reaprender e sempre buscar aumentar o conhecimento.
- **Habilidade** = Saber fazer. Usar o conhecimento para resolver problemas e ter criatividade para resolver não só problemas, mas para criar novas ideias.
- **Atitude** = Competência = Saber fazer acontecer. É obter bons ou excelentes resultados do que foi feito com conhecimento e habilidade.

Aproveitando o contexto até agora tratado, sublinhamos as competências e habilidades do(a) Tecnólogo(a) em Gestão Comercial, mas precisamente no cenário da negociação, como um dos aspectos inerentes a profissão. Recorrendo ao que preconiza a formação do Curso superior de Gestão Comercial, segundo o Catálogo Nacional para os Cursos Superiores de Tecnologia (2010, p. 36), observamos que:

> O tecnólogo em Gestão Comercial atua no planejamento e gerenciamento dos subsistemas de gestão de pessoas, tais como: recrutamento e seleção, cargos e salários, treinamento e desenvolvimento, avaliação de desempenho, rotinas de pessoal, benefícios, gestão de carreiras e sistema de informação de recursos humanos. Este profissional promove o desenvolvimento de competências relacionadas ao comportamento nos níveis individual (motivação), **de grupo (negociação, liderança, poder e conflitos)** e organizacional (cultura, estrutura e tecnologias), catalisando os processos de elaboração de planejamento estratégico, programas de qualidade de vida do trabalho e avaliação do clima organizacional (grifo nosso).

Sobre esse contexto, vale ressaltar ainda que o profissional negociador, além de desenvolver as ações requeridas pelo mercado, deve estar atento ao aprendizado pessoal com postura proativa para realização de todas as tarefas projetadas, inclusive em grupo. Entre as características mais importantes para delinear o perfil desejado pelo profissional negociador, destaca-se: saber ouvir e falar; colocar-se no lugar do outro; saber identificar o perfil do comportamento humano; identificar e propor alternativas empreendedoras; mediar conflitos; entre outras habilidades e atitudes.

1.2 - Foco ao objeto (produto) da negociação

Dentre as habilidades do profissional envolvido na tarefa de negociar, está a atenção ao foco do produto em questão, tanto na condição de bem ou serviço, ou seja, cada ação exigirá uma postura. Portanto, é preciso conhecer sobre preço de mercado, demanda e tudo mais que envolva o produto em questão.

Como estratégia, ao iniciar uma negociação é preciso um plano de ação, ou melhor, vários, caso seja necessário uma contraproposta, pois se as ações não fecharem como planejada, haverá outras formas para chegarmos a um resultado. É importante destacar ainda a importância de saber a hora de parar, ou seja, saber até onde seguir na negociação e, de forma alguma, ultrapasse esse limite; muitas organizações já faliram por desconsiderar esse ponto.

É necessário mencionar o objeto em questão como "produto", verificar o seu conceito, pois é por meio dele que os indivíduos satisfazem seus desejos e necessidades diárias.

Para a Fundação Prêmio Nacional da Qualidade (FPNQ), produto é o resultado de atividades ou processos. Assim, o termo produto pode incluir bens e serviços, ou seja, materiais e equipamentos, informações ou uma combinação desses elementos; poder ser tangível (como por exemplo, um eletrodoméstico) ou intangível (por exemplo, prestação de um serviço de beleza ou uma consultoria), ou uma combinação dos dois; e um produto pode ser intencional (por exemplo, oferta aos clientes) ou não-intencional (por exemplo, um poluente ou efeito indesejável).

Sobre isso, Kotler (1993, p. 173) constata que produto é "qualquer coisa que pode ser oferecida a um mercado para aquisição, atenção, utilização ou consumo podendo satisfazer um desejo ou necessidade".

FIGURA 3: Tipo de Negociação
Disponível em: http://www.alemdeeconomia.com.br/blog/?p=10722. Acesso em 10 mar. 2015

Desse modo, conhecer a configuração do "produto" em questão pode ser o primeiro passo para instrumentalizar o negociador, dentre os estágios de desenvolvimento do mesmo: o primeiro diz respeito ao produto básico, ou seja, a finalidade direta consiste na solução de problemas ou benefícios que o consumidor obtém quando adquire algo, por exemplo, o comprador não adquire uma geladeira comum, mas sim um equipamento de refrigeração e de conservação de alimentos (a partir do produto básico tem-se o produto real).

Outro estágio importante é identificar no consumir a vontade de adquirir um produto ampliado que significa a oferta de serviços e benefícios adicionais para a solução completa do problema do consumidor. Ao comparar o exemplo acima, o consumir não se contenta com um produto básico como uma geladeira comum, na indução consumista, lança mão da economia e prioriza a compra de uma geladeira duplex com sistema digital.

Como vimos, no encerramento da Seção 1 foi possível identificar o perfil profissional de quem pretende investir na arte de negociar. Para tanto, desenvolver as competências, habilidades e atitudes necessárias são fundamentais para manter-se competitivo e diferenciado entre os indivíduos inseridos nessa atividade comercial e institucional organizacional.

2 - Principais instrumentos da negociação

Nessa segunda parte da aula, vamos identificar os principais instrumentos da negociação, assim como metodologias e instrumentos para obtenção de resultados.
Serão referenciados alguns autores assim como organizações no setor para melhor fundamentar a necessidade teórica e prática do dia a dia do profissional envolvido nessa área de atuação.

2.1 - Estabelecimento das técnicas

Até o momento apresentado, apontamos a negociação como a arte de definir e buscar objetivos permeados pelo relacionamento interpessoal e pela decisão compartilhada com os atores envolvidos no processo. Na correria diária do trabalho, com tanta intensidade das mudanças provocadas, muitas pessoas não se atentam a respeito da importância de dominar algumas técnicas de negociação que, quando bem implementadas, proporcionam o retorno esperado pelas organizações, sejam elas refletidas em economia sobre os gastos do orçamento, redução do estresse, melhoria nos relacionamentos, ou outras motivações especiais.

FIGURA 4: Tipo de Negociação 2
Disponível em: http://www.politicasepoliticos.com.br/ler.php?idnot=9938. Acesso em 10 mar. 2015

Muitas vezes, não conhecemos os elementos-chave de qualquer negociação: as pessoas. É por meio delas que se estabelece a proposta que será utilizada na negociação.

A preparação, ou seja, o planejamento, que é a fase mais importante e meticulosa de uma transação eficaz para fechar os melhores acordos.

Portanto, existem várias técnicas projetadas para um processo de negociação produtivo. As principais técnicas, conforme defende Pinto (1993) são:

- Planeje o melhor acordo possível. Para começar uma transação, estabeleça os objetivos, metas, ações, recursos envolvidos, entre outros elementos elementares;
- Use a influência para encurtar a distância e facilitar o entendimento, portanto, a comunicação por meio da linguagem e argumentação são fatores mediadores ao negociador. Importante observar ainda a existência de congruência entre o que a pessoa está dizendo e a mensagem não verbal. Além disto, a empatia é um ingrediente que facilita a aceitação das propostas pela parte oposta;
- Faça propaganda de sua proposta, enfatizando os ganhos mútuos. Pois, a veracidade dos fatos é importante para estabelecer um processo de confiança;
- Canalize a agressividade para as realizações positivas. Não será pela imposição que convencerá a outra parte envolvida, pelo contrário, ambas as partes precisam se sentir confortável para negociar;
- Apresente de uma só vez os itens negociáveis. Prorrogar o objetivo não trará resultados positivos, ao contrário, poderá desestimular a ação;
- Negocie item por item. Detalhar os passos parece ser mais eficaz, ou seja, caso haja vários objetos em questão, indica-se não sobrepor os interesses em variados itens;
- Faça pausa, estrategicamente. Observar se as partes estão sendo compreendidas pode ser uma maneira produtiva na negociação.
- Crie as possibilidades objetivas de acordo com os padrões referenciais de negociação, por meio de brainstorming, ou seja, pela "tempestade de ideias" entre as partes envolvidas;
- Não utilize e nem deixe se envolver por artimanhas. A criação de regras que não foram planejadas ou que são desnecessárias no processo pode ser decisiva no sucesso ou fracasso da ação;
- Encerre a negociação somente quando houver satisfação mútua. Perceber a satisfação de ambas as partes é uma maneira de promover a fidelização para futuras negociações.

Aliados a essas técnicas, outros componentes se destacam como pré-requisitos para uma boa negociação, ou seja, uma boa comunicação, flexibilidade, justiça, respeito e prudência. É importante manter-se atento aos interesses, desejos e necessidades da parte oposta, e preciso ser flexível na oportunidade certa. Além disso, evitar que uma das partes seja prejudicada ou injustiçada pode possibilitar que cada uma das partes fique com a sensação de que obteve, de alguma forma, uma vitória relativa, garantindo assim, cortesia e um relacionamento respeitoso durante o processo de negociação em qualquer tipo de demanda.

2.2 - Recursos metodológicos

Dentre os recursos metodológicos exigentes na literatura sobre o assunto, uma das mais recomendadas é baseada na "Matriz de Negociações Complexas", apresentada por meio da exposição teórica, pela aplicação conceitual de seus elementos, formas de negociação, e pelos indicadores de avaliação dos resultados. A demonstração conceitual será realizada a partir dos casos de negociação desenvolvidos pela Harvard Law School, mais especificamente descrito no livro "Método de Negociação" de autoria de Alain Pekar Lempereur, Aurélien Colsone e Yann Duzert, editora Atlas, publica em 2009.

Quatro Etapas da Negociação			
Preparação	Criação de Valor	Distribuição de Valor	Implementação/ Monitoramento
Dez Elementos da Negociação	**Dez Formas de Negociação**	**Dez Indicadores de Avaliação**	
Contexto	Negociações Diretas	Satisfação e Racionalidade	
Interesses	Negociações Informais Paralelas (PIN)	Controles	
Opções	Diálogo entre Multi-Stakeholders (MSD)	Risco	
Alternativas	Agente	Otimização Econômica	
Comunicação	Facilitação	Ética	
Relacionamento	Mediação	Justiça e Equidade	
Concessões	Meta-Mediação	Impactos e Sustentabilidade	
Conformidade	Arbitragem	Produtividade	
Legitimidade	Juiz	Emoções	
Tempo	Polícia / Força Militar	Sistema Autopoiético	

FIGURA 5: Matriz de Negociações Complexas
Disponível em: <Yann Duzert, Davis Fairman e Alain Lempereur (Harvard-MIT) apud Brandão et al (2010, p. 14)>. Acesso em 10 mar. 2015

Como vimos, a Matriz de negociações complexas está estruturada a partir da abordagem de ganhos mútuos e congrega as quatro etapas do processo de negociação, os dez elementos, as formas e os métodos de avaliação.

Sobre as quatro as etapas do processo de negociação utilizada na abordagem dos ganhos mútuos, destacam-se:

- **Preparação**: etapa mais importante do processo de negociação. Uma preparação cautelosa oferece uma retaguarda para o processo de negociação, assim, é preciso estar calmo, criativo e afável aos atores envolvidos na negociação, sem precisar estar em posições de muito favorecimento ou de abrasadora rigidez. Quando um profissional está bem preparado amplia-se consideravelmente a sua possibilidade de alcançar o que deseja na negociação;
- **Criação de valor**: significa idealizar soluções que sejam benéficas e que permitam ampliar o conjunto de opções de benefícios recíprocos viáveis para ambas as partes envolvidas no processo. Para criar valor é importante conhecer as diferenças de valores entre os negociadores para em seguida, explorar as

múltiplas opções para resolução ou colaboração;
- **Distribuição de valor**: processo de escolha das alternativas identificadas na etapa da criação de valor. Quando há confiança entre as partes é mais fácil distribuir valor, ou seja, quanto mais uma parte se coloca confiável em uma negociação, mais a outra parte se colocará disponível para observar as razões e os argumentos do outro;
- **Implementação e Avaliação**: a fase de implementação acompanha os resultados acordados e serve para a manutenção do relacionamento entre as partes. Se os resultados estiverem a contento, ambas as partes estarão bem, caso contrário, haverá oportunidades de identificação do problema para a busca de soluções conjuntas. Já a avaliação é o processo de identificação das expectativas envolvidas (positivas, negativas ou neutras) entre os atores envolvidos na negociação. Reavaliar as ações é fundamental na busca de novas alternativas e manutenção dos futuros acordos.

A seguir, a figura mostra a relação existente entre os dez elementos e as quatro etapas da negociação, sendo cada uma delas decisivas para estabelecer a melhor metodologia operacional de trabalho.

não está nas posições colidentes, mas, sobretudo, nos aspectos subjetivos do sujeito, de cada um dos lados.
- **Opções**: são prováveis acordos ou partes deles que podem, criativamente, atender ambos os lados. São também maneiras e formas de se utilizar os diferentes interesses para criar valor no processo;
- **Relacionamento**: corresponde ao modelo geral de como as partes se comportam, dentro e fora da negociação;
- **Alternativas**: são ações que podem ser realizadas por uma das partes independente dos interesses das outras partes. Negociadores mais hábeis necessitam sempre entrar em um processo de negociação com um mapeamento completo sobre a sua melhor alternativa caso o acordo não ocorra;
- A **comunicação**: é fundada por mensagens que ao serem trocadas pelas partes envolvidas devem ser claras e eficientes. Dentre os dois fatores decisivos no processo de comunicação, estão: a) a eficiência do processo de comunicação e dos canais de comunicação utilizados; e, b) o nível de relacionamento e compreensão entre as partes;

	QUATRO ETAPAS			
	Preparação	Criação de Valor	Distribuição de Valor	Implementação / Monitoramento
Contexto	X			
Interesses	X	X		
Opções	X	X		
Alternativas	X	X		
Comunicação	X	X	X	X
Relacionamento	X	X	X	X
Concessões/ Compromisso			X	
Conformidade	X			X
Legitimidade/ Padrões			X	X
Tempo	X			X

FIGURA 6: Elementos e Etapas da Negociação
Fonte: Brandão (2005).

Para destacarmos ainda mais sobre os elementos-chave na composição das etapas de negociação, serão descritos a seguir um referencial baseado nos estudos de Brandão et al (2010) que definem cada passo como:
- **Contexto**: é concebido pelo melhor canal de negociação de forma que se obtenha uma maior cooperação entre as partes envolvidas. Em linhas gerais, trata-se da identificação de cenários de forma holística, sejam nos aspectos político, econômico, social, ambiental, cultural, religioso, comercial, como em outros que se configurarem importantes para estabelecer o processo negocial;
- **Interesses**: são inquietações, anseios, necessidades, desconfianças e expectativas motivadoras dos arranjos envolvidos subjetivamente e racionalmente no íntimo dos envolvidos. A problemática de uma negociação

- **Tempo**: empregado como uma variável estratégica, pois é ele que define o período necessário para o desenvolvimento das negociações;
- **Legitimidade**: refere-se à percepção de quão justo é o acordo ou a proposta alcançada. Abarca ajuizamentos de probidade e equidade sobre os assuntos em discussão e devem ser utilizados para análise dos acordos. Para tanto, é necessário um aporte documental entre esses princípios, regulamentos, políticas e leis para balizar o processo negocial;
- **Compromissos**: são afirmações sobre as finalidades do que as partes pretendem no futuro. A componente conformidade refere-se à base legal necessária à viabilização de um acordo.
- Refere-se à **legitimidade** dos contratos relativos

à execução dos acordos. Sendo observada a legislação, a constância dos órgãos reguladores, responsáveis por estabelecer a ordem de discussão.

Ao finalizar a Seção 2, foi possível perceber que as dúvidas e incertezas fazem parte de uma negociação e isso pode provocar conflitos, os quais poderão atrapalhar ou lerdear a materialização dos objetivos. É necessário, portanto, cruzar as informações disponíveis com os elementos-chave da negociação para que as arestas sejam supridas por estratégias. Sabe-se que numa negociação sempre haverá objeções e que devem ser apreciadas como um sinal de interesse do cliente, dúvidas sobre os benefícios, valores, entre outros elementos.

Retomando a aula

Segunda etapa concluída! Esperamos que as explicações desta aula foram suficientes para perceber a importância de instrumentalizar suas ações em decisões estratégicas. Vamos, então, relembrar:

1 - Habilidades e Competências do Negociador

Vimos na primeira seção desta aula que para se tornar um exímio negociador, dentre as habilidades e atitudes profissionais é preciso aprimorar a capacidade de audição e de observação.

Além disso, a criatividade é elemento diferencial e precisa para tanto, ter repertório, ter instrumentos com novos argumentos para evitar, muitas vezes, um padrão comportamental único, pois sempre existem diversas situações que devem ser levadas em conta.

E, por último, ter sensibilidade para identificar as características e habilidades do opositor, antecipando as reações o que possibilita a adaptação de argumentos ou mudança de estratégia negocial. Portanto, treine e solicite, quando possível, auxílio às pessoas mais experientes.

2 - Principais instrumentos da negociação

Nessa parte da aula foi possível perceber alguns passos para constituição dos instrumentos negociais, onde cada profissional deverá pesquisar e escolher as ferramentas necessárias para concluir com êxito seu propósito.

Vimos que a matriz de negociação proposta pelos professores David Fairman, Yann Duzert e Alain Lempereur de Harvard-MIT, FGV/EBAPE e IRENE/ESSEC, está fundamentada a partir da abordagem de ganhos mútuos e agrupa as quatro etapas do processo de negociação, os dez elementos, as formas e os métodos de avaliação. Ao cruzar essas informações (identificando os itens fundamentais no processo), o estudante e/ou profissional poderá experimentar dentro da sua organização, um simulado de ações e atitudes necessárias para mediar os conflitos e propor soluções para o sucesso almejado pela organização ao qual representa.

Vale a pena

Vale a pena ler,

Como Chegar ao Sim – A Negociação de Acordos Sem Concessões, 3. Ed. (2014). Roger Ficher, Willian Ury e Bruce Patton, da Editora IMAGO, e faz parte do Projeto de Negociação da Harvard Law School.

Minhas anotações

Aula 3º

A aplicabilidade e o domínio nas negociações

No terceiro módulo da disciplina, o estudante poderá compreender a evolução do processo de negociação, bem como a sensação de empowerment (empoderamento) que provoca nos profissionais na medida em que acontece o amadurecimento incitado pelo tempo, ou seja, pelo acúmulo de experiências positivas e outras nem tanto, mas que instrumentaliza em diversas oportunidades o indivíduo que lidera essa ação.

Nesse sentido, é importante evidenciar comprometimento do negociador na ação propriamente dita; por mais que se prepare tecnicamente esse profissional, o mesmo necessita de experiências práticas, baseados em conhecimentos, habilidades e atitudes, alinhados ao tempo, dedicação, disciplina e gostar do que está fazendo.

Atualmente, as organizações carecem de profissionais que tenham cancha e estejam atualizados com mercado, que reconheçam a cadeia de fornecedores e riscos inerentes, sobretudo, apresentem metodologia de trabalho, incluindo ferramentas que auxiliam na tomada de decisão, informações estratégicas, visão dos processos e necessidades, gostar de desafios e de mudanças.

Bons estudos!

Objetivos de aprendizagem

Ao término desta aula, vocês serão capazes de:

- identificar a origem poder bem como suas tipologias baseados dos referencias teóricos e de estudos de casos sobre o processo de negociação;
- socializar os elementos fundamentais da negociação bem como o jogo psicológico e o perfil existente do profissional para consolidar as negociações.

Seções de estudo

1 - O poder nas negociações
2 - Os tipos de negociadores

1 - O poder nas negociações

Caros alunos, na primeira sessão desta aula serão apresentadas as relações existentes de poder na sociedade. Costumamos observar que várias interferências provocadas no ambiente de trabalho ou até mesmo nas relações sociais corriqueiras são ocasionadas pelo uso incorreto desse recurso, ou seja, muitos se apoiam no empoderamento para menosprezar seus subordinados, ao contrário do que deveria, na promoção do encorajamento positivo para mudança qualitativa do comportamento humano.

1.1 - Origem do poder

"O poder de um ser humano não está na sua musculatura, mas na sua inteligência. Os fracos usam a força, os fortes usam a sabedoria" (Augusto Cury).

A natureza e a enérgica relação de poder organizacional apresentam diferentes perspectivas a partir de um contexto teórico. O que elucida que o vínculo teórico está no reconhecimento de que o poder é algo que circunda, ou seja, que funciona em cadeia, sendo desempenhado em rede. Nas suas mazelas os indivíduos não só edificam a dinâmica social, mas, sobretudo, estão em posição de exercer o poder e de sofrer sua ação e seus efeitos (FOUCAULT, 1981, p. 94).

Para Foucault, ao asseverar que o poder está condicionado à circulação do conhecimento, refuta a interferência mecanicista do poder, aludindo que esse fenômeno social não é uma simples mercadoria de que alguém tem a sua posse, mas, fundamentalmente algo que se estabelece por meio da interação social. Desdobrado ao campo das relações sociais, o poder pode ser incluído como a aptidão tanto de agir como de produzir comportamentos específicos de encontro aos objetivos organizacionais. Nesse sentido, o poder nas organizações, sejam elas públicas ou privadas, deve ser abordado como um fenômeno que surge do processo de interação social provocado pelas práticas organizacionais.

> FOUCAULT, M. The history of sexuality: the will to knowledge, London, Tavistock, 1981.

FIGURA 1: A balança do poder
Fonte: http://sociologiaeisaquestao.blogspot.com.br/2012/07/poder-como-encara-lo.html.
Acesso em abri de 2015.

O entendimento do poder como algo que produz implicações que devem ser socialmente legitimadas tem possibilitado a interpretação desse fenômeno nas organizações, pois o poder, ao admitir uma conotação relacional, se constituiu nas práticas de gestão habituais, suplantando os limites da dominação racional-legal e tornando-se aparente quando é exercido.

Essa natureza do poder nas organizações mostra que esse fenômeno deve ser compreendido como uma prática social associada às técnicas, procedimentos, regras sociais e ao conhecimento que perpassam as práticas de gestão. Reconhecer essa natureza implica negar a concepção dessa construção organizacional como um resultado de soma zero e reconhecer os desequilíbrios de poder associados aos processos de gestão (PEREIRA & BRITO, 1994).

Nesse sentido, o entendimento das relações entre o poder e o conhecimento contribui para a análise e compreensão do procedimento de gestão do desempenho humano no contexto do trabalho de forma disciplinar. Para Clegg (1992, p. 68-95), ao debater algumas teorias do poder nas organizações, destaca que:

> (...) esse fenômeno está incorporado nas tentativas de fixar, separar ou mudar relações específicas de representações do significado ou do conhecimento. Essa concepção representa uma virada que se desenvolveu mais explicitamente com base na ontologia histórica de Foucault, derivada de algumas subjetividades constituídas pelas práticas disciplinares. O conhecimento usado para estruturar e fixar representações em formas históricas é uma realização do poder.

Ao citar Foucault, o autor teve a preocupação de mencionar as estratégias do poder discursivo, ou seja, considerando a capacidade do agir estratégico um efeito de práticas distintas da relação dialética entre o poder e o conhecimento presentes nas representações da subjetividade do ser humano. Sobre esse aspecto, Foucault (1980, p. 52) afirma que:

> (...) o exercício do poder por si mesmo cria e faz emergir um novo objeto do conhecimento e acumular um novo corpo de informação (...). O exercício do poder continuamente gera conhecimentos e, por sua vez, o conhecimento constantemente induz a efeitos de poder (...). Não é possível que o poder seja exercido sem o conhecimento, ou seja, é impossível que o conhecimento não engendre relações de poder.

O poder, dessa forma descrita, pode ser compreendido como uma rede de certa forma pouco estável sobre um solo incerto de práticas, de interesses constituídos considerando o conhecimento culturalmente delineado, ou seja, não só dependerá do interesse do indivíduo, como das relações em que se estabelece sua interferência social, seja para adesão de novos comportamentos ou na ruptura de alianças, na constituição de reagrupamentos e na revisão das estratégias postuladas durante a interação social.

O poder, contudo, mesmo ao se disfarçar no desejo de conhecer, não deve ser visto somente pelo aspecto negativo, pelo oposto, deve ser pensado como algo também criativo. Apesar do poder incitar a exclusão, repressão, censura e ocultação, ele produz realidades e conteúdos de objetos e verdades ritualizadas (FOUCAULT, 1987).

1.2 - Tipos de poder

Na sociedade em que vivemos existem vários tipos de poder instalados, no quais somos subordinados àqueles que lideram e àqueles que acham que somos objetos de seu poder, mas há também os que pensam que o mundo gira ao seu redor, principalmente relacionados aos poderes econômicos, políticos e sociais.

FIGURA 2: Funcionamento do poder
Fonte: <http://www.pitacodoblogueiro.com.br/como-funciona-o-poder-em-apenas-uma-imagem/>. Acesso em abril 2015.

Relacionando ao poder mencionado ainda por Foucault (1987), o adestramento do poder disciplinar passa necessariamente pelas seguintes práticas sociais:

- **Enclausuramento** - concepção de um espaço "fechado" organizado em função de regras e procedimentos que delimitam as ações nas pessoas o código de conduta da organização, traduzindo em valores, missão, visão, crenças, procedimentos operacional padrão, entre outras formas;
- **Distribuição dos indivíduos no espaço e no tempo** - cada indivíduo deve ocupar um lugar na organização e cada espaço organizacional deve ser ocupado por uma pessoa, ou seja, nesse contexto é necessário estabelecer os limites das ações políticas, as formas de vigiar e punir os comportamentos transgressores, impor as formas de comunicação úteis e interromper outras mais subjetivas, definir critérios e sanções, medir qualidades, métricas, competências e habilidades. Na distribuição do indivíduo no espaço, pode ser compreendida como uma prática de gestão que procura conhecer, dominar e utilizar o potencial das pessoas segundo a lógica tradicional da divisão do trabalho;
- **Hierarquização** - as pessoas devem ser dispostas de tal forma para gerar a vigilância hierárquica, ou seja, como parte integrante do processo de trabalho e suas derivações como uma função socializadora. É estabelecida uma rede de relações de cima para baixo e, muitas vezes de forma controlada, de baixo para cima.

Ainda nesse contexto das tipologias de poder, citam-se o coercitivo; remunerativo ou da recompensa; e de moral. No primeiro caso (coercitivo), as pessoas reagem a este poder por medo dos resultados negativos que possam ocorrer se falharem na concordância. Ele se baseia na ameaça ou na aplicação de sanções físicas como infligir dor, geração de frustração por meio de restrições de movimento ou de controle à força de necessidades básicas fisiológicas ou de segurança.

No segundo caso (remunerativo/recompensa), os indivíduos concordam com os desejos ou orientações do cargo superior porque a ação produz benefícios positivos, portanto, a pessoa é capaz de dar benefícios remunerativos ou recompensas especiais para os outros, e é entendido então como vantajoso trocar favores com ele.

No último caso (poder de moral), ao contrário que preza os princípios morais e éticos, estão vinculados na estrutura de poder, muitas vezes, em formato de assédio nas relações de trabalho, especialmente nas relações de emprego, cargo que deriva de um conjunto de fatores, citando-se, por exemplo, a globalização econômica predatória, a qual visa tão somente à produção e o lucro fácil, bem como o modelo atual de organização de trabalho, caracterizado pela competição agressiva e pela opressão dos trabalhadores a partir do medo e da ameaça. Além disso, costumamente essa relação está associada ao poder público e privado, quando relacionado a sonegação fiscal, improbidade administrativa, corrupção na política e nas relações sociais laborais no dia a dia do trabalho coletivo.

FIGURA 4: Relação do poder na política
Fonte: http://nocoesdecienciapolitica.blogspot.com.br/. Acesso em abril de 2015.

FIGURA 5: O poder de um boato
Fonte:<http://sociologiaeisaquestao.blogspot.com.br/2012/07/poder-como-encara-lo.htm>. Acesso em abril de 2015.

2 - O tipos de negociadores

Nesta segunda etapa da aula, vamos identificar o perfil dos negociadores para servir de inspiração aos futuros Tecnólogos em Gestão Comercial que serão capazes de descobrir suas habilidades natas e aquelas formadas por meio das experiências apreendidas no dia a dia do trabalho.

2.1 - Perfil dos negociadores

Até o momento, foi possível observar que o processo de negociação é algo natural pelo qual todas as pessoas passam, desde uma rápida negociação para aquisição de um objeto com valor de barganha como nas grandes aquisições onde os investimentos são significativos. Contudo, é importante lembrar que nenhuma negociação é igual à outra, uma vez que seu "ator" principal – o ser humano – exibe características e comportamentos diferentes. Esses comportamentos e atitudes, quando evidenciados no momento da negociação, despontam o que a literatura nomeia de estilo de negociação.

Segundo Wanderley (1998), "entender comportamentos para poder negociar conforme o estilo do outro negociador faz uma boa diferença". Aquele indivíduo que identifica o próprio estilo e respeita o do outro induz a uma vantagem na negociação, incluindo a identificação das forças e fraquezas garantindo maiores possibilidades de êxito.

> WANDERLEY, José Augusto. Negociação total: encontrando soluções, vencendo resistências, obtendo resultados. São Paulo: Editora Gente, 1998.

Os quatro perfis básicos de negociadores são representados por animais, cujas características são apresentadas da seguinte forma (Disponível em: http://www.logisticadescomplicada. com/perfis-de-negociadores/>. Acesso em abril de 2015):

Águia

Suas características principais se destacam como sociável ou expressivo (extrovertido e dinâmico – rápido e emotivo). Muitas vezes é sentimental, sensível, criativo, espontâneo, instável e sonhador.

FIGURA 6: O líder "Águia"
Fonte: http://www.curiosidadesdanatureza.com/2014/10/o-alcance-da-visao-da-aguia.html. Acesso em abril de 2015.

Além disso, é entusiasta, valoriza a liberdade, amante de risco, voltado para relacionamentos, propenso a falar sem pensar, tem visão holística – "vê a floresta e não vê as árvores" - valoriza status. Gosta de chamar a atenção e ser notado pelas pessoas de modo geral. Quando briga gesticula e fala alto, no outro dia já esqueceu a briga. Desempenha muito bem atividades comerciais, nas áreas de vendas, varejo, relações públicas, publicidade, assessoria de imprensa e atendimento a clientes.

Gato

Suas características principais são de ser afável ou apoiador (extrovertido e reflexivo – lento e emotivo). Demonstra ser sentimental, se relaciona bem com as pessoas, geralmente é prestativo, complacente, preocupado com o bem estar dos outros. Tem capacidade de ser paternalista.

FIGURA 7: O líder "Gato"
Fonte: http://gatonave.com.br/como-calcular-a-idade-do-meu-gato/
Acesso em abril de 2015.

Valoriza o ambiente de trabalho bem como nas relações com os colegas, além de atividades coletivas e comemorações. Acerca-se de considerar o bem estar das pessoas como mais importantes do que os resultados. Geralmente evita conflitos sociais. Desempenha muito bem atividades nas áreas de gestão de pessoas, psicologia, assistência social, pedagogia e atividades nas áreas de hotelaria, gastronomia, turismo e hospitalar.

Lobo

Suas características principais são de ser metódico ou analítico (introvertido e reflexivo – lento e racional). Geralmente é detalhista, "se detém nas árvores e não vê a floresta"; crítico; organizador; planejador; protelador; disciplinado; perfeccionista; desconfiado; realista; "pé no chão".

FIGURA 8: O líder "Lobo"
Fonte: www.espacoxamanico.com.br/products/Lobo.html Acesso em abril de 2015.

Muitas vezes, avesso a correr risco, voltado para tarefas e

ávido por informações (demora a decidir muitas vezes). Alonga a pensar sem falar, é propenso ao fanatismo, costuma a se afastar para não brigar. Tem tendência a guardar mágoa. Destaca-se muito bem nas funções relacionadas às áreas financeiras, como contabilidade, informática, logística, controle de estoques, compras, engenharia, consultoria, pesquisa e outras funções que requerem raciocínio lógico.

Tubarão

Suas características principais são de dominância ou pragmatismo (introvertido e dinâmico – rápido e racional). Geralmente é um guerreiro nato. Resoluto; direto; controlador; empreendedor; prático; objetivo; ambicioso e voltado exclusivamente para resultados. Valoriza a qualidade em tudo e tende a considerar os resultados como mais importantes do que o bem estar dos outros ou o seu próprio. Geralmente se identifica com as áreas de tecnologias e inovação.

FIGURA 8: O líder "Tubarão"
Fonte: http://www.fatosdesconhecidos.com.br/conheca-os-10-animais-que-mais-matam-seres-humanos/ Acesso em abril de 2015.

Considerado rápido na tomada de decisões. Não gosta de ser mandado – gosta de "mandar no seu nariz" e liderar. Briga por suas ideias e direitos. Desempenha muito bem cargos de comando e liderança.

No contexto acima representado de forma figurativa como animais associando ao processo de negociação, é preciso observar a importância da flexibilidade para se adaptar às mais variadas situações e estilos de negociadores. Cabe a cada um identificar seu perfil, que pode ser único ou em outros casos, um perfil misto com um pouco de cada tipo de líder.

2.2 - Teste rápido para o Perfil de negociador

O teste rápido foi desenvolvido pelo consultor empresarial Sergio Ricardo Rocha, segundo seu site *"Dr Vendas – consultoria, coaching e palestras (http://sergioricardorocha.com.br/* acesso em 16.03.2015)" e também baseado nos estudos de Ned Herrmman remodelado pelo Instituto Brasileiro de Coaching (2015) como segue abaixo:

Instruções:
Não tente "acertar" as respostas que parecem mais "adequadas" ou "socialmente corretas". Para não distorcer o resultado, procure ser bem verdadeiro e escolher a resposta mais adequada "para você"!

1. Eu sou...
- Idealista, criativo e visionário
- Divertido, espiritual e benéfico
- Confiável, meticuloso e previsível
- Focado, determinado e persistente

2. Eu gosto de....
- Ser piloto
- Conversar com os passageiros
- Planejar a viagem
- Explorar novas rotas

3. Se você quiser se dar bem comigo...
- Me dê liberdade
- Me deixe saber sua expectativa
- Lidere, siga ou saia do caminho
- Seja amigável, carinhoso e compreensivo

4. Para conseguir obter bons resultados é preciso...
- Ter incertezas
- Controlar o essencial
- Diversão e celebração
- Planejar e obter recursos

5. Eu me divirto quando...
- Estou me exercitando
- Tenho novidades
- Estou com os outros
- Determino as regras

6. Eu penso que...
- Unidos venceremos, divididos perderemos
- O ataque é melhor que a defesa
- É bom ser manso, mas andar com um porrete
- Um homem prevenido vale por dois

7. Minha preocupação é...
- Gerar a ideia global
- Fazer com que as pessoas gostem
- Fazer com que funcione
- Fazer com que aconteça

8. Eu prefiro...
- Perguntas a respostas
- Ter todos os detalhes
- Vantagens a meu favor
- Que todos tenham a chance de ser ouvido

9. Eu gosto de...
- Fazer progresso
- Construir memórias
- Fazer sentido
- Tornar as pessoas confortáveis

10. Eu gosto de chegar...
- Na frente
- Junto
- Na hora
- Em outro lugar

11. Um ótimo dia para mim é quando...
- Consigo fazer muitas coisas
- Me divirto com meus amigos
- Tudo segue conforme planejado
- Desfruto de coisas novas e estimulantes

12. Eu vejo a morte como...
- Uma grande aventura misteriosa
- Oportunidade para rever os falecidos
- Um modo de receber recompensas
- Algo que sempre chega muito cedo

13. Minha filosofia de vida é...
- Há ganhadores e perdedores, e eu acredito ser um ganhador
- Para eu ganhar, ninguém precisa perder
- Para ganhar é preciso seguir as regras
- Para ganhar, é necessário inventar novas regras

14. Eu sempre gostei de...
- Explorar
- Evitar surpresas
- Focalizar a meta
- Realizar uma abordagem natural

15. Eu gosto de mudanças se...
- Me der uma vantagem competitiva
- For divertido e puder ser compartilhado
- Me der mais liberdade e variedade
- Melhorar ou me der mais controle

16. Não existe nada de errado em...
- Se colocar na frente
- Colocar os outros na frente
- Mudar de ideia
- Ser consistente

17. Eu gosto de buscar conselhos de...
- Pessoas bem-sucedidas
- Anciões e conselheiros
- Autoridades no assunto
- Lugares, os mais estranhos

18. Meu lema é...
- Fazer o que precisa ser feito
- Fazer bem feito
- Fazer junto com o grupo
- Simplesmente fazer

19. Eu gosto de...
- Complexidade, mesmo se confuso
- Ordem e sistematização
- Calor humano e animação
- Coisas claras e simples

20. Tempo para mim é...
- Algo que detesto desperdiçar
- Um grande ciclo
- Uma flecha que leva ao inevitável
- Irrelevante

21. Se eu fosse bilionário...
- Faria doações para muitas entidades
- Criaria uma poupança avantajada
- Faria o que desse na cabeça
- Exibiria bastante com algumas pessoas

22. Eu acredito que...
- O destino é mais importante que a jornada
- A jornada é mais importante que o destino
- Um centavo economizado é um centavo ganho
- Bastam um navio e uma estrela para navegar

23. Eu acredito também que...
- Aquele que hesita está perdido
- De grão em grão a galinha enche o papo
- O que vai, volta
- Um sorriso ou uma careta é o mesmo para quem é cego

24. Eu acredito ainda que...
- É melhor prudência do que arrependimento
- A autoridade deve ser desafiada
- Ganhar é fundamental
- O coletivo é mais importante do que o individual

25. Eu penso que...
- Não é fácil ficar encurralado
- É preferível olhar, antes de pular
- Duas cabeças pensam melhor que do que uma
- Se você não tem condições de competir, não compita

Após responder as questões, calcular o resultado da seguinte forma, conforme descrito na tabela:

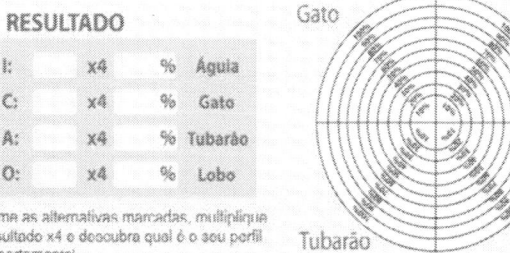

Após realizar os cálculos saberá qual o tipo de perfil conforme a ferramenta apresentada. Caso o cálculo final empate é porque existe a representação de dois ou mais perfis diferentes no mesmo indivíduo.

3 - Negociação internacional

Partindo do método mais popular de negociação, lembramos que o fato de saber desenvolver práticas de negociação são popularmente atos culturais e que envolve meios diferentes em cada região, pais ou continente. Para alguns essa pratica é despertada pelo anseio em diferenciar e encantar clientes, pessoas, classes ou uma massa que será propositalmente aceita para o bem-estar de todos.

Para algumas culturas, regiões o fato de saber ou lidar com a negociação é um ato de questão de honra, objetivando assim a questão da importância dada ao dito, famoso método conhecido com o "fio do bigode" ou a palavra em si, pois ela irá ditar as regras de forma compreendida antes, durante e depois de uma negociação.

Da mesma forma que saber negociar é buscar soluções em que seu produto/serviço possa ser reconhecido por outros, assim estimulando a venda para outras nações ou sociedade que divergem dos preceitos de sua cultura. Um sinal que alinhado ao empoderamento que atribui resultado com o sucesso desta negociação.

Quando se conquista seu reconhecimento, uma organização demostra seu papel de maturidade e lhe traz consigo a vistas de bons olhos dos clientes ao adquirirem seus produtos e serviços. Este árduo caminho de preparo para o reconhecimento e crescimento da empresa faz que se obtenha etapas de construção do objetivo final que é sua manutenção no mercado em alta competição destacando assim um de seus maiores valores, sua marca.

A satisfação da organização em empoderar se de novas estratégias de posicionamento lhe traz a confiança de poder comunicar te tal forma efetiva ao objetivo fim desta pratica que gera assim muitas vezes um perfil individual porem de posicionamento estratégico da organização.

Práticas de algumas regiões e continentes que obstruem formas distintas de negociar, caracterizamos isso como os americanos em seu modo populista de serem conhecido em sua cultura do "tempo e dinheiro" propondo rapidamente o que desejam, diferente do Brasileiro e alguns Árabes que já procuram "pechinchar" buscando oportunidades mesmo que leve tempo.

Conhecer seu parceiro de negócios faz parte de seu objetivo final em atingir o êxito, para tal é necessário algumas praticas como:

- Entender seu comportamento
- Sua Fala e método de negociar
- Sua cultura
- Forma de vestir
- Maneira de ser
- Seu tempo e prazo para negociar

Imagem: Fonte https://www.sebrae.com.br/PortalSebrae/negociacao

De certa forma parece ser exagero, mas entender outros costumes e buscar colocar bons negociadores internacionais com perfil para entender e atender clientes/fornecedores entre outros interesses pode ser um risco altamente perigoso pois não identificar traços em comum pode levar a perda total e final do sucesso que levará ao fracasso de uma prevista boa negociação, fato que como gestor deve entender e analisar os perfis que atenda essa demanda de sua organização, caso preciso for a busca por auxilio de assessoria ou consultoria de empresas que possa auxiliar nesta tomada de decisão.

 **Retomando a** aula

Terceira etapa vencida! Esperamos que as explicações desta aula foram suficientes para perceber a importância de saber o perfil de negociador existente em cada indivíduo para assertividade em decisões estratégicas. Vamos, então, relembrar:

1 - O poder nas negociações

Na primeira sessão do estudo, vários autores contribuíram para o entendimento sobre a origem do poder. Vale lembrar que os indivíduos são negociadores natos, pois a cada momento estamos negociando - seja na família, com amigos ou no trabalho. No contexto empresarial é preciso estar atentos às técnicas de negociação que envolva clientes, funcionários e fornecedores, sobretudo, no que tange ao controle emocional, já que no processo de negociação sempre estão envolvidas pessoas com opiniões próprias e muitas vezes divergentes.

2 - Os tipos de negociadores

Na segunda sessão tivermos reunidas as informações sobre as características do negociador, delineados a partir da representação de animais, entre eles a águia com uma visão mais holística; o gato com o perfil afetuoso; o lobo com aspecto mais detalhista; e o tubarão com predicado de dominação. Além disso, o estudante poderá fazer um teste rápido para identificar a sua característica enquanto líder nas negociações.

3 - Negociação internacional

Na terceira seção estamos tratando na necessidade de práticas de negociação que envolve as estratégias organizacionais, sabendo que o empoderamento das organizações deve ser de maneira cultural seu posicionamento na busca da satisfação do cliente quando requer um tipo de negociação internacional que envolva análise cultural, econômica, governamental entre outros.

Vale a pena

Vale a pena ler,

LUCCA, Diógenes. *O Negociador* - Estratégias de Negociação Para Situações Extremas. São Paulo: HSM, 2014.

Vale a pena acessar,

O Negociador (2011)

Atividades da Aula 03
Após terem realizado uma boa leitura dos assuntos abordados, na Plataforma de Ensino na ferramenta "Sala Virtual - Atividades" estão disponíveis os arquivos com as atividades referentes a esta aula, que deverão ser respondidas e enviadas por meio do Portfólio - ferramenta do ambiente de aprendizagem UNIGRAN Virtual.

Minhas anotações

Aula 4º

Recursos utilizados nas negociações

Na quarta parte da disciplina, vamos identificar algumas adversidades enfrentadas pelos profissionais brasileiros em detrimento do mercado concorrencial, destacando-se a procura comum por informações que possibilitem compreender de forma adequada a situação das organizações sobre sua responsabilidade.

Os desafios tratados neste capítulo são referentes ao contexto sistêmico ambiental (social, ambiental, econômico, cultural, político) que o negociador irá se deparar assim como pela simulação de comportamento que o cérebro emana ao se deparar, por exemplo, em um processo de negociação, quer seja requerida nesse processo um desempenho analítico, racional, relacional e/ou experimental.

Nesse sentido, serão apresentadas algumas correntes teóricas, incluindo possíveis distorções estratégicas em função da realização das negociações.

Desse modo, acredita-se que definir a melhor resposta para responder os questionamentos impostos pelo mercado, será quando alinhar suas expectativas estratégicas ao negócio e mercado envolvido, porém para se alcançar resultados será preciso maior preparo profissional, portanto, vamos aos estudos desse módulo.

Bons estudos!

Objetivos de aprendizagem

Ao término desta aula, vocês serão capazes de:

- identificar os conceitos e limitações estratégicos a partir do mapa conceitual de autores envolvidos nesse processo;
- reconhecer os diferentes ambientes naturais e induzidos para o estabelecimento de cenários estratégicos de negociação;
- socializar os tipos de negociação a fim de identificar as possíveis dificuldades encontradas pelo negociador nos mais variados ambientes.

Seções de estudo

1 - Estratégias para negociações
2 - Tipologias estratégicas na negociação

1 - Estratégias para negociações

1.1 - Conceitos de estratégia

A origem do termo "estratégia" foi motivada a partir da 2ª Revolução Industrial (na metade do século XIX), e criado pelas ciências militares da época; por volta dos anos de 1970, surge o termo Planejamento Estratégico (PE) como conhecido na atualidade (LUNKES, 2003). Esse período é identificado pelas crises: entre elas, a guerra entre os árabes e israelenses que provocou o aumento do preço do petróleo no mundo; redução de energia e matéria-prima, recessão econômica e baixos índices de desemprego (BARBOSA, 2005).

Após esse período, o termo foi ganhando outros significados, e um dos recomendados é que se trata de um método que prepara a organização para o seu futuro, ou seja, possibilita condições de traçar objetivos e planos para alcançar as metas organizacionais. Porém, é fato que a decisão estratégica está sujeita a uma série de fatores, entre eles, a análise dos pontos fortes e fracos, ameaças e oportunidades (PADOVEZE, 2005).

Dessa forma, entende-se esse processo na consistência da análise sistemática dos pontos fortes e fracos da empresa, além das oportunidades e ameaças do ambiente externo com o intuito de estabelecer objetivos, estratégias e ações que possibilitam o aumento da visibilidade do negócio.

Corroborando com os autores supracitados, Chiavenato & Sapiro (2003, p.39) defendem também que trata-se de: "(...) um processo de formulação de estratégias organizacionais, no qual se busca a inserção da organização e de sua missão no ambiente em que ela esta atuando". Nessa fala, incita-se a ideia de metodologia gerencial que objetiva proporcionar aos tomadores de decisão uma estrutura que permita o exame do ambiente onde atua a organização.

Para Welch & Byrne (2001, p. 438) também é enfatizado o papel dos concorrentes no processo estratégico. Para eles, cinco perguntas são salutares para definir esse tipo de planejamento:

1. Qual a posição global detalhada de seu negócio e a de seus concorrentes: participação de mercado, pontos fortes por linha de produto e pontos fortes por região?
2. Que ações seus concorrentes adotaram nos últimos dois anos que mudaram a paisagem competitiva?
3. O que você fez nos últimos dois anos que alterou a paisagem competitiva?
4. O que você mais receia que seus concorrentes façam nos próximos dois anos para alterar a paisagem competitiva?
5. O que você fará nos próximos dois anos para superar quaisquer manobras de seus concorrentes?

A cada resposta é possível puxar um leque de opções, já que as mesmas serão reveladas conforme a realidade do mercado onde está inserido. Imaginando o cenário de um pequeno agricultor que cultiva produtos orgânicos (sem agrotóxicos) em pequena escala, poderíamos compará-lo com médios e grandes produtores que não se preocupam com o racionamento de agrotóxicos? Entretanto, caso houvesse a intensão desse pequeno agricultor expandir seus negócios, como o mesmo perceberia as possibilidades caso não soubesse de seus concorrentes potenciais ou qual a demanda efetiva para esse crescimento?

Se imaginarmos esse cenário em larga escala no setor do agronegócio, também devemos estar atentos às intempéries de dentro e fora da organização, como por exemplo, perceber como esse segmento vem respondendo nos últimos anos diante das crises, quais os riscos relacionados às taxas tributárias, quais os profissionais disponíveis no mercado, quais as políticas de incentivo?

Outro ponto a ser observado pelo gestor é a relação existente entre o Planejamento Estratégico e a Administração Estratégica. Segundo Wright, Kroll & Parnell (2000, p.24), administração:

> [...] é um termo que abrange os estágios iniciais de determinação da missão e os objetivos da organização no contexto de seus ambientes externo e interno. Desse modo, administração estratégica pode ser vista como uma série de passos em que a alta administração deve realizar as tarefas a seguir: analisar oportunidades e ameaças ou limitações existentes no ambiente externo; analisar os pontos fortes e fracos de seu ambiente interno; estabelecer a missão organizacional e os objetivos gerais; formular estratégias (no nível empresarial, no nível de unidades de negócio e no nível funcional) que permitam à organização combinar os pontos fortes e fracos da organização e as oportunidades e ameaças do ambiente; implementar as estratégias; e realizar atividades de controle estratégico para assegurar que os objetivos gerais da organização sejam atingidos.

Aliados a esses objetivos, é preciso evidenciar que o planejamento estratégico busca entre as formas existentes:
- aumentar a competitividade da organização, ou seja, deixá-la mais atrativa para competir com seus concorrentes;
- diminuir riscos na tomada de decisão baseada na qualificação dos processos de aferimento de qualidade e de controle;
- pensar no futuro para provocar uma previsão dos possíveis mercados potenciais, das incertezas, das ameaças, entre outros fatores endógenos e exógenos à organização;
- integrar decisões isoladas em um plano, ou seja, materializar as ações definidas em metodologias para alcance de resultados;
- fortalecer os pontos fortes e oportunidades além de minimizar os pontos fracos e ameaças dentro e fora da organização;
- diminuir a influência dos concorrentes no mercado

neutralizando-os com novas formas de gestão e de valor agregado aos produtos e/ou serviços oferecidos.

É impraticável imaginar o processo de planejamento estratégico excluindo o entendimento da organização como um todo. A organização é dividida em tarefas, departamentos ou setores para efeitos operacionais, no entanto, quando se estuda o rumo estratégico de uma empresa, não se pode dividi-la em compartimentos para depois então juntar tudo. Dessa forma, deve-se, estudá-la como um todo, e não em partes. Neste sentido, Kotler (2000, p.86) afirma que: "O objetivo do planejamento estratégico é dar forma aos negócios e produtos de uma empresa, de modo que eles possibilitem os lucros e o crescimento almejado".

O processo de planejamento estratégico envolve alguns conceitos básicos, por meio dos quais as empresas empreendem uma pesquisa sobre o futuro e formula suas estratégias. No entanto, vale lembrar que entre eles, alguns possuem definições ambíguas.

Segundo Kotler (1992, p.63), "planejamento estratégico é definido como o processo gerencial de desenvolver e manter uma adequação razoável entre os objetivos e recursos da empresa e as mudanças e oportunidades de mercado". O objetivo do planejamento estratégico é, portanto, orientar e reorientar os negócios e produtos da empresa de modo que gere lucros e crescimento satisfatórios.

Fechando essa parte do estudo, dentre as definições apresentadas, têm-se ainda que o planejamento estratégico (PE) é uma abordagem poderosa para lidar com situações de mudanças, oferecendo grande auxilio em ambientes turbulentos como os de nossos dias. Merece, por isso, atenção como instrumento de gestão.

1.2 - Visões errôneas sobre planejamento estratégico

Considerando a competitividade crescente das organizações empresariais, o aumento de exigências dos consumidores, a necessidade de manutenção da imagem das empresas tradicionais mesmo aquelas com características familiares, além de outros fatores, motivaram a inserção do planejamento estratégico como ferramenta administrativa.

Analisando a evolução do mercado, uma importante condição para a sobrevivência das pequenas e micro empresas é a clareza de seus objetivos e os caminhos a serem seguidos para alcançá-lo estão relacionados ao planejamento estratégico. Segundo Fischmann e Almeida (1991, p.45), as atividades de um plano estratégico variam conforme o tipo e o tamanho da organização. Nas organizações maiores as atividades são mais subdivididas, pois as pessoas têm uma especialização maior em razão da divisão das funções. Em função disso, nas empresas pequenas o planejamento torna-se mais fácil de ser incorporado pelos membros, pois o número de colaboradores é menor, fazendo com que os objetivos sejam de fácil transmissão.

A maior parte do pensamento convencional sobre planejamento estratégico, ou seja, o estabelecimento de metas e a formulação de planos para atingi-las, muitas vezes acontecem de forma equivocada. Muitas organizações, infelizmente, perdem tempo excessivo e energia intelectual tentando planejar e fazer um prognóstico de seu futuro sem observar com clareza os detalhes do presente.

A confusão se estabelece quando o gestor atribui ao processo de planejamento apenas pelo viés financeiro e de custos, ou seja, desconsidera questões relacionada a gestão de pessoas, patrimonial, controle de qualidade, mercadológica, entre outros fatores. E quando a questão principal está relacionado ao gerenciamento dos custos, não crie uma forma de controle para não permitir o extrapolamento do orçamento de um ano para outro, sem as devidas correções para, por exemplo, ajustes de salários, compensação por depreciação ou manutenção de maquinários, pagamento de impostos. Sabe-se que esse tipo de ação com base no orçamento incomoda os gestores, levando-os muitas vezes a pensar que estão planejando corretamente, mas frequentemente há muito pouco ou nenhum planejamento vinculado (ALBRECHT, 1994).

De fato, os relatos acima promovem várias visões equivocadas sobre o planejamento estratégico, porém há de se considerar que a limitação profissional do gestor pode influenciar na incapacidade de prever efetivamente, pois não é uma tarefa fácil de concretizar. Vamos imaginar que prever uma mudança no cenário político ou no próprio comportamento dos indivíduos podem ser questões complicadas de serem mensuradas e, de certa forma, são decisivos para se alcançar resultados positivos. É necessário, portanto, estar em sintonia com todos os ambientes e fatores variáveis que possam afetar de alguma forma o planejamento estratégico.

Ressalta-se ainda que muitos processos produtivos advêm de operações não repetitivas o que as tornam mais complicadas de estabelecer um controle e padronização. Para tanto, é fundamental identificar as melhores rotinas de trabalho para minimizar as incertezas.

Por fim, em alguns casos, pode existir a tendência à inflexibilidade na gestão de planos e projetos, ou seja, o planejamento quando é formulado define-se seu cronograma inicial de trabalho, porém existem diversos fatores críticos que podem inviabilizar de acontecê-los como previsto, ou quando pensados, não se considerou novas variáveis que podem ocorrer no meio do processo, assim seu "engessamento" não permitirá que haja uma flexibilidade para absorver as variáveis não previstas, o que não é salutar para qualquer organização.

Ao final da Seção 1 identificamos que para consolidar o planejamento estratégico várias formas de gestão foram implementadas mesmo considerando as interfaces que podem influenciar na visão equivocada do planejamento.

1.3 - Limites estratégicos

Atualmente, em algum ponto da carreira, todo profissional irá encarar uma questão crucial: até onde o negócio pode ir? Formulada no plano teórico, a pergunta aciona muitas vezes uma resposta-chave: "O céu é o limite!" Afinal, tudo seria possível mediante o compromisso de fazer acontecer, de ajustar o foco da visão de negócio e de perseguir objetivos com consistência.

Na vida real, muitas vezes, a teoria e a "visão romântica" fogem do contexto prático. A "visão de futuro" da organização é obra em permanente construção, concretizada a cada decisão ou a cada medida implementada pelos gestores. Contudo, observa-se que o negócio possui limites estratégicos e muitas vezes estão aquém da sua consolidação. Dessa forma, quais seriam os limites? Independentemente de porte ou setor de atuação da empresa, é possível apontar três fatores: os relacionamentos empresariais; os paradigmas organizacionais; e os recursos estratégicos.

O primeiro limitador engloba as relações da empresa com seus "atores" externos (clientes, fornecedores, parceiros estratégicos, concorrentes diretos e indiretos, associações setoriais e órgãos do governo). As interações com esses públicos, em geral, definem os limites sociais do negócio.

Já os "paradigmas organizacionais" estão associados ao contexto interno da empresa, ou melhor, da cultura organizacional. Cada organização tem suas próprias verdades organizacionais, as quais, muitas vezes, são criadas e mantidas por atitudes das lideranças. Esses paradigmas podem ser úteis para controlar e administrar o negócio. Todavia, quando assumidas como leis pétreas, acabam por inibir a escolha de estratégias de negócio, a tomada de decisões críticas ou a introdução de mudanças importantes.

Por "recursos estratégicos" entendam-se os principais insumos estruturais do negócio: competências organizacionais, recursos financeiros, humanos e ativos, como marca, patentes e tecnologia, entre outros. A insuficiência de recursos estratégicos (ou a dificuldade de obtê-los ou acessá-los, ou, ainda, a falta de tempo para desenvolvê-los) dificulta a execução de uma estratégia de negócio.

Diante da limitação das organizações, as estratégias bem-sucedidas, na maioria dos casos, nascem em organizações que ousam desafiar os três limites descritos. Para tanto, o gestor tem de se empenhar para focar recursos, esforços e pessoal de qualidade, evidenciando uma proposta de valor ao mercado que seja clara e vá direto ao ponto. Portanto, é de suma importância que a empresa defina um modelo de negócio enxuto, simplificado, orientado por uma lógica econômica eficaz e alicerçado em competências indispensáveis para a visão de futuro.

Reconhecer os limites estratégicos a partir do reconhecimento das características individuais do negociar, ou seja, das suas características comportamentais, conforme teorizada pelo pesquisador Ned Herrmann, que classifica os estilos de pensamento em relação ao lado do cérebro dominante. Pessoas dominadas pelo lado esquerdo são descritas como analíticas, lógicas e sequenciais. Já as dominadas pelo lado direito são mais intuitivas, baseadas em valores e não lineares.

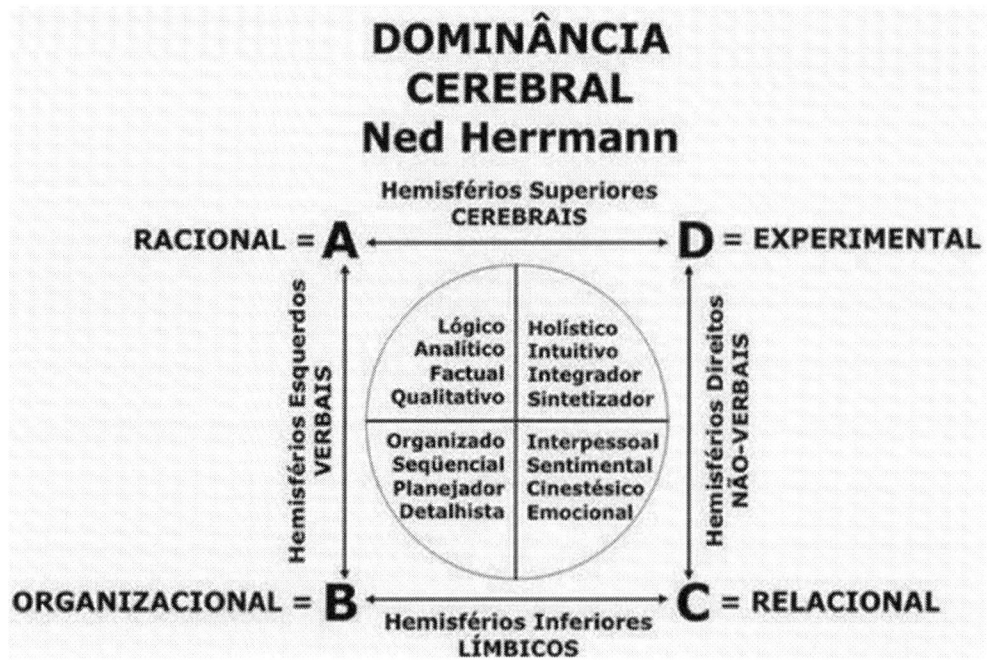

Figura 1: Dominância Cerebral segundo Ned Herrmann
Fonte: http://pt.slideshare.net/fapfialho/2-percep2 Acesso em 2015.

Para Ned Herrmann, os indivíduos possuem quatro estilos comportamentais básicos e que em geral, existe a predominância de um deles em cada pessoa, apesar de todos terem um pouco de cada. O estilo predominante influencia a forma de pensamento e o comportamento das pessoas no seu dia a dia, influenciando, inclusive no processo de negociação.

Vale destacar que não existe um estilo mais perfeito do que o outro, e poderíamos dizer ainda que em uma equipe de negociadores, por exemplo, o ideal é que houvesse membros com predominância de todos os estilos. O extraordinário é cada pessoa ter consciência de suas características pessoais e compreender as características dos seus colegas e das pessoas que farão parte da negociação, para evitar e amenizar os conflitos que possam resultar destas diferenças.

Assim, a negociação como foi possível até agora perceber, é um processo interpessoal, pois negociamos com pessoas acima de tudo, claro que muitas vezes existe uma organização que representamos na negociação o maior obstáculo ou limite compreendido é a tendência de agir sem pensar, o que faz muitas pessoas cometer erros. Além disso, há muita emoção em uma negociação e o alto desgaste de energia, muitas vezes, prejudica o desenrolar do acordo.

2 - Tipologias estratégicas na negociação

2.1 - Tipos de ambientes estratégicos

Considerando que as organizações não estão isoladas pela própria dinâmica macroeconômica mundial, proporcionada muitas vezes pelo processo produtivo que está interligado, da tecnologia e da informação, por esse motivo se torna um sistema aberto e múltiplo de valores e de longas fronteiras. Para Chiavenato (2005, p. 71), "ambiente é tudo o que está além das fronteiras ou limites da organização", ou melhor, é tudo o que está fora dela.

Por sua amplitude e complexidade, o ambiente pode se tornar uma fonte de recursos sejam eles de materiais, equipamentos, insumos e de oportunidades, mas também pode impor restrições e ameaças delineadas pelo mercado externo. Nesse sentido, a análise ambiental pode auxiliar a organização a identificar oportunidades e ameaças através da atividade de inteligência competitiva, ou seja, elementos que configuram o planejamento estratégico.

Ainda segundo Chiavenato (2005) para compreender melhor o ambiente deve-se dividi-lo em dois grandes segmentos: o ambiente geral e o ambiente específico (CHIAVENATO, 2005). O primeiro é mais abrangente e impacta toda a sociedade. Já o ambiente específico, ou microambiente, é mais restrito, ou seja, de onde se retiram os insumos e que geram seus produtos ou serviços.

Portanto, durante o planejamento estratégico, a organização não pode olhar apenas para o ambiente externo. Ela deve preocupar-se também com a sua situação interna. Segundo Chiavenato (2005, p. 581), "a análise organizacional refere-se ao exame das condições atuais e futuras da organização, seus recursos disponíveis e necessários (incluindo tecnologia), potencialidades e habilidades, forças e fraquezas da organização, sua estrutura organizacional, suas capacidades e competências".

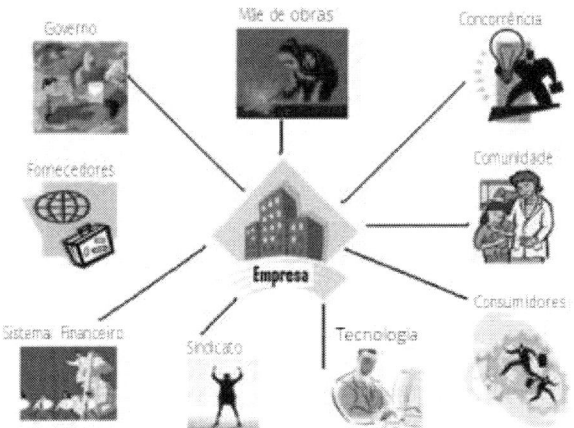

Figura 2: Análise do ambiente corporativo
Fonte: http://slideplayer.com.br/slide/111. Acesso em 2015.

Para Morgan (1996) o enfoque principal sistêmico define que as organizações bem como os organismos estão abertas ao seu meio ambiente e devem atingir as relações apropriadas caso queiram sobreviver. Para o autor, ambiente e sistemas devem ser compreendidos como estado de interação e dependência mútua.

Assim, a capacidade das empresas de atingir suas metas depende do processo de planejamento e monitoração para identificar os riscos e oportunidades, tanto presentes como futuros, que possam influenciá-las. O propósito da análise de ambiente é avaliar de que modo à administração pode reagir adequadamente e aumentar o sucesso organizacional (PETER e CERTO, 1993), esquematizando os segmentos ou componentes do ambiente a fim de permitir seu estudo sistemático (MAXIMIANO, 1997).

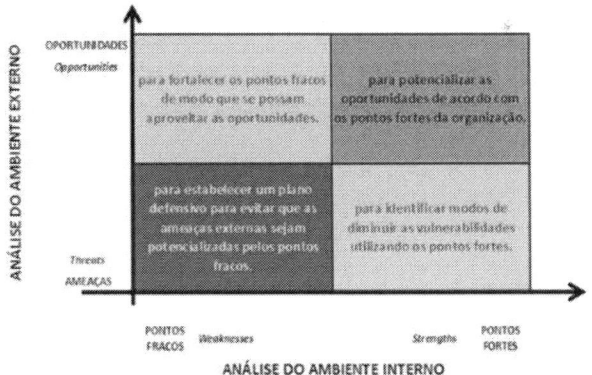

Figura 3: Análise do ambiente externo
Fonte: http://teoadm1.blogspot.com.br/2011/06/e-ai-pessoal-mais-uma-unidade-sobre-as.html. / Acesso em 10. Out. 2014.

1.3 - Tipos de negociações estratégicas

De acordo com Steele, Murphy e Russill (1991), os indivíduos em processo de negociação apresentam cinco conceitos básicos para realizar sua dinâmica de atuação, entre eles: acordo, barganha, coerção, emoção e raciocínio lógico. Para os autores a barganha é considerada como meio "honesto" de se chegar ao fechamento do negócio. Já coerção, emoção e raciocínio lógico são considerados conceitos "desleais" ou "manipulatórios". Para Laurent (1991, p. 148), "a manipulação é a disposição de alcançar os próprios objetivos utilizando essencialmente a palavra, sem se preocupar muito com a exigência de veracidade de seu conteúdo".

Para definir o acordo, vários pontos das propostas necessitam alcançar o aceite entre as partes, o que se chama de acordo. A barganha pode ser definida como o ato de fazer e obter concessões das partes envolvidas. Ocorre de forma positiva quando as partes realizam trocas entre si. Já a coerção, muitas vezes manipulada por quem detém um relativo poder sobre a outra parte em busca de um acordo forçado, beneficiando uma das partes. Steele, Murphy e Russill (1991, p. 6), colocam ainda que "ameaças inconseqüentes possuem a tendência de recair sobre você, especialmente quando empregadas contra partes cuja cooperação poderá lhe ser necessária em dada circunstância no futuro".

No que tange a emoção, retratada pelos autores, está intimamente ligada a todas as atividades desenvolvidas, ou seja, pode ser utilizada de forma positiva, se for racional e controlada, ou negativa, se não tiver nenhum controle. Finalizando, o raciocínio lógico será a mediação necessária para garantir a segurança de que a proposta apresentada está calcada em referências.

É possível perceber ainda que entre as transações estabelecidas nas negociações podem se apresentar cinco resultados possíveis:

- **Perde/perde** – esse resultado acontece quando nenhuma das partes supre as suas necessidades ou desejos e, então, ambas relutam em negociar novamente com a contraparte. Muitas vezes uma das partes tem a ilusão de ter ganhado na negociação;
- **Ganha/perde** – nesse caso um resultado desse tipo é que uma parte sempre sai da negociação sem que suas necessidades ou desejos tenham sido atendidos. E o mais importante é que o perdedor se recusará a negociar novamente com o vencedor.
- **Perde/ganha** – a diferença está o lado da mesa em que o negociador está. Geralmente, abre a possibilidade para um futuro resultado perde/perde.
- **Ganha/ganha** – geralmente nas negociações, o negociador deve esforçar-se por alcançar esse resultado em que as necessidades e objetivos da ambas as partes sejam atendidos. Dessa forma, os dois lados sairão da negociação com um sentimento positivo e desejarão negociar novamente entre si.
- **Nada acontece** – esse fato acontece quando nenhuma das partes ganha ou perde, ou seja, a negociação não se concretiza. Esse resultado acontece muitas vezes em razão do aconselhamento de uma das partes à outra, com a finalidade de evitar um resultado que não seja o ganha/ganha.

Nesse contexto, é preciso que o negociador se conscientize de que sua contraparte não tem as mesmas necessidades e desejos, ou seja, tendo a impressão de que sua perda é o ganho da sua contraparte, é impossível alcançar um resultado ganha/ganha. Para tanto, a melhor estratégia para descobrir quais as necessidades da sua contraparte é fazer-lhe perguntas inteligentes, que o leve a explicita-la sem que ele perceba. (adaptado do site: <http://www.cin.ufpe.br/~tfl/Empreendimentos/negociaoCVFM.doc>. Acesso em Abril 2015).

Quarta etapa concluída! Esperamos que as explicações desta aula foram suficientes para perceber a importância de instrumentalizar suas ações em decisões estratégicas nas negociações. Vamos, então, relembrar:

1 - Estratégias para negociações

Vimos na primeira parte da aula que é preferível que a estratégia seja simples, porém eficiente. Estratégias complicadas costumam falhar, muitas vezes porque o outro negociador não leu o seu argumento, ou possui um plano diferente de atuação. A estratégia depende das circunstâncias e das questões em negociação. Portanto, deve ser flexível, interligada a planos de mercado e preços, e devem ser consideradas na agenda. A estratégia de negociação é o "plano de jogo", competitivo ou cooperativo, que se adota para atingir os objetivos planejados. Dentro desse plano, são escolhidas as táticas específicas, a fim de realizar a estratégia.

2 - Tipologias estratégicas na negociação

Acompanhamos nas explicações que existem diversos ambientes corporativos que acontecem as maiores ações de negociação, claro, que ao relacionar ao dia a dia sempre nos comportamos como negociadores nas pequenas ações. O importante é lembrar que é preciso equilíbrio entre os "atores" envolvidos nesse processo, o ideal é que todos ganhem para evitar distorções. Assim, reforçar este ponto é realmente necessário, pois a maioria dos negociadores inexperientes reconhece que a contraparte não tem a mesma necessidade e desejos que eles, mas, quando entram em uma negociação, logo esquecem esse fato importante para manutenção das relações sociais e dos futuros acordos.

Atividades da Aula 04

Após terem realizado uma boa leitura dos assuntos abordados, na Plataforma de Ensino na ferramenta "Sala Virtual - Atividades" estão disponíveis os arquivos com as atividades referentes a esta aula, que deverão ser respondidas e enviadas por meio do Portfólio - ferramenta do ambiente de aprendizagem UNIGRAN Virtual.

Aula 5º

A influência do mercado no processo de negociação

Na quinta parte da disciplina, vamos identificar aspectos importantes relacionados ao contexto do trabalho assim como nas relações de negociação laboral.

A dinâmica provocada pela globalização na sociedade de um lado gera o desenvolvimento econômico, social, cultural e ambiental em regiões geográficas distintas, ao mesmo tempo que acende o caos em outras partes, ou seja, o advento das crises econômicas motivam profundas transformações, sobretudo, na força do trabalhador e seus direitos conquistados. Para tanto, a negociação sindical surgiu como proposta de aliança ao processo de equidade entre as classes, assim, atualmente, conflitos são marcados por interesses particulares.

Além disso, associado à negociação internacional, importante mecanismo de desenvolvimento mundial, crê-se que o negociador necessita de um arcabouço de informações e conhecimentos gerais e específicos da cultura envolvida no processo, ou seja, a ciência das diferenças culturais pode significar o sucesso ou o fracasso de uma negociação. Para tanto, o profissional negociador precisa mergulhar sobre questões históricas, geográficas, econômicas, sociais e ambientais, ou seja, entrosado onde se manifestam as diferenças culturais e quais são seus efeitos no processo de negociação.

Bons estudos!

Objetivos de aprendizagem

Ao término desta aula, vocês serão capazes de:

- perceber como as relações trabalhistas no Brasil influenciaram o atual desenvolvimento econômico do país;
- identificar as características necessárias para estabelecer uma negociação com o mercado global a partir do aprofundamento do conhecimento das relações socioculturais dos envolvidos.

Seções de estudo

1 - Conflito e processo de regulação nas relações de trabalho: a negociação estatal
2 - Negociação no mercado global

1 - Conflito e processo de regulação nas relações de trabalho: a negociação estatal

1.1 - Contextualização das relações trabalhistas no Brasil

As injunções do mundo atual, a globalização e a formação de blocos econômicos, entre eles a Comunidade Europeia, o NAFTA, o MERCOSUL, associados à modernização e ao avanço tecnológico, impulsionam a informatização do conhecimento em fração de segundos. Além disso, as tendências de políticas neoliberais provocam o novo pensar sobre a ordem mundial, tornando-as empresas cada vez mais competitivas, o que reflete, necessariamente, nas relações laborais.

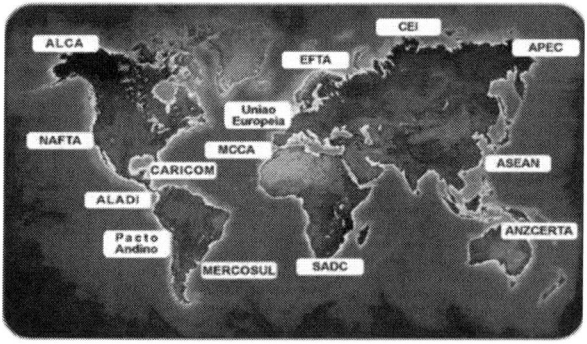

Figura 1: Blocos Econômicos Mundiais
Fonte: http://www.mundoeducacao.com/geografia/blocos-economicos.htm. Acesso em: 10 mai. 2015.

Diante da velocidade com que se processam as mudanças e paradigmas no mundo dos negócios, cabe aos profissionais responsáveis pelas definições da missão, da visão e dos valores organizacionais, incluindo os agentes de negociação nas áreas de Contratos, Gestão Empresarial, Gestão de Pessoas, Finanças, Logística, Compras, Comercial, Vendas e Marketing, acompanharem as novas tendências mercadológicas qualificando-se permanentemente.

Considerando a movimentação da globalização, que gera uma relação dialética de desenvolvimento e ao mesmo tempo do caos, motivados pelas crises econômicas, as empresas multinacionais, as modificações geopolítico-ideológicas e a reestruturação produtiva, ocasionaram profundas transformações ao direito laboral e são nas relações coletivas de trabalho, na forma de solução dos conflitos coletivos, que essas mudanças são sentidas mais intensamente.

Na medida em que cabe ao Estado aceitar a responsabilidade pelo bem-estar de seus trabalhadores, segundo o preâmbulo à Constituição da Organização Internacional do Trabalho (OIT), qualquer nação que deixar de adotar condições humanas de trabalho constitui um obstáculo no caminho de outras nações que desejam melhorar as condições em seus próprios países. Assim, a OIT (2012) amplia a definição de responsabilidade do Estado para abranger também o efetivo reconhecimento do direito à negociação coletiva, a cooperação entre capital e trabalho na contínua melhoria da eficiência produtiva e a colaboração entre trabalhadores e empregadores na elaboração e aplicação de medidas econômicas e sociais.

Com a Constituição Federal (CF) aprovada em 05 de outubro de 1988, os direitos trabalhistas que antes estavam emoldurados no Capítulo 'Da ordem econômica e social' atualmente está inscrito no Capítulo dos 'Dos Direitos Sociais' e no Título 'Dos Direitos e Garantias Fundamentais. O art. 8º da CF/88 acolheu o princípio da liberdade sindical e dispôs que a lei não exigirá autorização do Estado para a abertura de um sindicato, ressalvado o seu registro no órgão competente. Nesse contexto ainda, o Poder Público não pode interferir ou intervir na organização sindical.

Ainda no contexto das relações trabalhistas, outro grande passo foi com sanção do Decreto-Lei nº 5.452, de 01 de maio de 1943, que regula a Consolidação das Leis do Trabalho (CLT) sancionada pelo então presidente Getúlio Vargas, unificando toda legislação trabalhista existente no Brasil.

Figura 2: Carteira de Trabalho e Previdência Social
Fonte: http://portaltrainee.com.br/. Acesso em: 10 mai. 2015.

A CLT foi o resultado de 13 anos de discussão e trabalho - desde o início do Estado Novo até 1943 - de destacados juristas, que se empenharam em criar uma legislação trabalhista que acolhesse à necessidade de proteção do trabalhador, dentro de um contexto de "estado regulamentador".

Desde a primeira publicação da CLT várias alterações foram provocadas, visando, sobretudo, adaptar o texto às nuances dos tempos modernos. Apesar disso, ela continua sendo o principal instrumento para regulamentar as relações de trabalho. Ainda, vale lembrar que no processo de negociação vinculada às questões laborais seus limites são as próprias leis que definem direitos e deveres de ambas as partes envolvidas nessa relação social, em que na sua maioria são inalienáveis a fim de promover a proteção dos trabalhadores.

1.2 - Principais conflitos

Dentre os principais conflitos no processo de regulação do trabalho, atribui-se a uma parte na concepção da intervenção estatal numa negociação coletiva que é topada sobre diversas formas: por meio da determinação da atuação dos negociadores, ações cabíveis ou proibidas e ainda a oferta de mediadores. Acredita-se ainda haver a altercação entre a intervenção estatal no conflito de interesses das partes ou no conflito dos direitos das partes.

Figura 3: Relações e acordos
Fonte: http://www.capitalteresina.com.br/noticias/geral/.Acesso em: 10 mai.2015.

O primeiro caso acontece quando existe uma divergência na Constituição do direito em si por interesses das partes; o segundo advém quando o direito de uma das partes não está sendo respeitado e o Estado, nesse momento, intervém por meio do poder judiciário. Nesse sentido, existe a permissão estatal para a resolução dos conflitos por meio das conciliações, mediações, arbitragens, entretanto, o mais comum é a autorização para a realização de negociações coletivas de trabalho.

Há de considerar ainda que qualquer que seja a política de resolução de conflitos adotada pelo país é imputação dos movimentos sindicais exigirem que fossem consultados quando tais políticas estiverem sendo formuladas a fim de fazer valer seu julgamento. A acuidade jurídica e política da negociação coletiva de trabalho como meio de constituição de direitos e poder de resolução de conflitos entre empregado e empregador, estimulando, nesse sentido, que os atores sociais devem ocupar o devido espaço na gestão e resolução dos próprios conflitos.

No caso do Brasil, a própria composição dos atos regulatórios e que fundamentam o direito trabalhista provem das lutas coletivas representadas pela sociedade civil organizada, incluindo os sindicatos de classes, que delineiam inclusive o escopo político do país, marcadamente por legendas partidárias sustentadas pelo ideário de inclusão social de massa, mas que, na maioria das vezes, estão aquém dessa utopia.

2 - Negociação no mercado global

2.1 - Questões culturais e sua influência nas negociações

As questões culturais, nelas atribuídos valores, hábitos, costumes e tradições são fundamentais para definir os acordos adotados por cada localidade bem como do negociador, seja ele vinculado ao poder público, ao privado e/ou independente, como as organizações da sociedade civil de interesse público.

Sobre isso, segundo a Confederação Nacional da Indústria - CNI (2012, p. 13):

> O Brasil tem grandes desafios para manter seu crescimento econômico e sua transformação social. A cada dia, Estado e sociedade avançam na percepção de que a sustentabilidade desse processo depende, fundamentalmente, da criação de condições favoráveis ao desenvolvimento das atividades produtivas. Não há soluções milagrosas ou fáceis. É preciso garantir competitividade às empresas, possibilitando a oferta de produtos e serviços a preços acessíveis aos consumidores, e a geração de mais e melhores empregos.

Em consonância, José Pastore (2013), consultor em Relações do Trabalho da Confederação Nacional da Indústria (CNI), destaca que as conjunturas de criação da Consolidação das Leis do Trabalho promoveram ganhos representativos ao trabalhador. Entretanto, nas últimas décadas, ao invés da economia brasileira progredir determinando uma revisão da norma, acabou acendendo o "engessamento" nas relações entre empregadores e empregados afetando inevitavelmente a produtividade (FEDERAÇÃO DAS INDÚSTRIAS DO ESTADO DA BAHIA – FIEB, 2013).

Ainda segundo Pastore (2013), conforme publicado no site da Federação das Indústrias do Estado da Bahia (disponível em http://www.fieb.org.br/Noticia/1526/modernizacao-da-legislacao-trabalhista-e-discutida-na-fieb.aspx. Acesso em 18 maio. 2015):

> Hoje, os empresários precisam pagar encargos imediatos que representam um acréscimo de 102,43% sobre o salário de um contratado, mas estes podem chegar a 183,15% quando levadas em consideração as regras de demissão, benefícios, entre outros.

Nessa configuração, é preciso considerar que devido ao acúmulo de encargos sociais, muitos empregadores optam por organizações mais simples e com equipes multifuncionais, o que aumenta inclusive, o esforço e, consequentemente, o desgaste do trabalhador. Tal fato provoca em massa o aumento de processos trabalhistas no judiciário, o qual eleva o Brasil como um dos maiores países nesse tipo de demanda, exatamente porque, o trabalhador recorre ao que está previsto na CLT para reivindicar seus direitos.

Para determinar melhores encaminhamentos no processo de negociação coletiva é preciso entender essa definição, que para a CNI (2012, p. 21):

> A negociação coletiva tem se revelado mais célere e adequada para que empregadores e trabalhadores, por meio de seus sindicatos, regulem suas relações de trabalho, de acordo com suas realidades e necessidades. Apesar disso, a tutela legal tem prevalecido sobre a tutela sindical. Com frequência, o Poder Judiciário tem afastado a validade de diversas negociações coletivas, limitando a efetividade de convenções e acordos coletivos de trabalho, o que implica constante insegurança jurídica e gera problemas para empresas e trabalhadores.

Segundo a CNI (2012), o processo de negociação é entendido como a auto composição de interesses entre a força laboral e a que detém o poder de gerar trabalho, estimulando à normatização do processo destinada a estabelecer direitos e deveres entre as partes envolvidas no contrato individual de trabalho. Mais uma vez o confronto se estabelece ao "jogo de interesses" onde uma das partes, na tentativa de ter melhor vantagem, impõe suas regras e, de outro lado, em desvantagem, aceita as condições impostas na busca de "sobrevivência".

O contexto empregado deste tópico parte da perspectiva laboral, entretanto, ao vincular às relações sociais fora desse contexto, todas elas estão imbricadas nos aspectos mais subjetivos, manifestados muitas vezes pelos grupos relacionais, incluindo os grupos étnicos.

2.2 - Negociação internacional

E por descrever as Convenções, em conformidade a de número 87 e 98 da OIT, a negociação coletiva internacional pode ser classificada como:

> a) geográfica, abrangendo uma região ou um conjunto de países de regiões diferentes; b) multinacional, quando acontece em uma empresa multinacional e c) internacional de setor industrial, quando compreender diversas federações de vários países e toma a forma de acordos e convenções coletivas supranacionais, negociações supranacionais por empresa, comissões consultivas paritárias.

Acrescenta-se ainda que na negociação internacional, quando ocorre de forma centralizada, seus indicadores estão associados ao alto nível de direção, ou quando descentralizada, motivada por direções inferiores de uma organização. Vários exemplos ocorreram fora no contexto global de negociação internacional coletiva, a exemplo dos Casos *Chrysler*, em 1967, Caso *Thompson Grand Public*, em 1985, Caso *Bull*, em 1988. Numa realidade mais próxima do Brasil não há registro de experiências desse tipo, incluindo o Mercosul, caso ocorresse para intermediar tais negociações poderia ser o Conselho Industrial do Mercosul (empregadores) e Coordenação de Centrais Sindicais do Cone Sul-CCSCS (representando os empregados) (CNI, 2012).

Um dos aspectos mais críticos para estabelecer a negociação internacional é o aspecto linguístico, ou seja, a comunicação entre as partes deve estar alinhada. Nesse sentido, Brilman (1991, p.374) afirma que: *"A língua está na base da cultura. Ela condiciona, em parte, as maneiras de pensar. Ela constitui a maior dificuldade internacional desde que os progressos da tecnologia começaram a melhorar incessantemente os transportes e as comunicações".*

Além dos aspectos linguísticos, vários detalhes são importantes para estabelecer uma negociação efetiva com os pares estrangeiros, como por exemplo, noções de regras de etiqueta e protocolo, religião, uso das cores e seu significado, linguagem corporal (não-verbal), costumes alimentares, presentes e outras formas de manifestação de afeição.

Para o SEBRAE-MG (2005), o reconhecimento da diferença entre as partes é essencial em negociações de âmbito nacional ou internacional, no entanto, a pluralidade de representações e significações decorrentes das diferenças culturais é maior nas negociações internacionais. Usando os exemplos do SEBRAE- MG (2005, p. 12) sobre essas questões temos:

- No Japão, encarar um oriental nos olhos é ofensivo. Os japoneses ainda consideram as mulheres inferiores aos homens.
- Na China, como em quase todas as nações asiáticas, atribui-se enorme importância a troca de presentes. Mas cuidado com a escolha do presente: a cor verde não é vista com bons olhos, pois é relacionada a traição.
- Anos atrás, uma empresa europeia fechou um negócio para construção de um prédio de apartamentos em um país Árabe. Os apartamentos situados ao lado direito do prédio foram vendidos em poucas semanas, mas os situados ao lado esquerdo não foram vendidos, nem quando a redução dos valores atingiu o preço de custo do empreendimento. A explicação é simples: os apartamentos situados ao lado esquerdo tinham serviços sanitários direcionados à Meca, cidade considerada sagrada pelos muçulmanos.

Esses e outros exemplos justificam a importância de conhecimento das diferenças culturais o que pode significar o sucesso ou o fracasso de uma negociação. Para saber mais sobre os aspectos étnicos é preciso que o negociador se aprofunde sobre questões históricas, geográficas, contemporâneas, econômicas, sociais e ambientais, ou seja, o negociador internacional deve estar sempre sintonizado onde se manifestam as diferenças culturais e quais são seus efeitos no processo de negociação.

> Quinta etapa vencida! Esperamos que as explicações desta aula foram suficientes para perceber as relações existentes no país e no mundo sobre o processo de negociação.

Minhas anotações

Aula 6º

Métodos e expectativas dos negociadores

Na aula seis, vamos identificar algumas características, processos e perspectivas para atender a necessidade de estabelecer uma excelente negociação. Para tanto, é necessário desenvolver a sensibilidade de observar os sujeitos envolvidos numa negociação, além de aprimorar competências e habilidades importantes para instrumentalizá-lo diante das incertezas no processo, que envolvem organizações públicas e privadas que necessitam de atenção e foco.

Buscando referenciais ideais no mercado que ilustram exemplos de negociação, será possível perceber o que um cliente deseja quando a atenção estiver focada nele e da mesma forma quando esse mesmo profissional estiver preparado para dar o que ele deseja ou compensar de alguma forma essa expectativa gerada.

Assim, para que um processo de negociação tenha um final feliz, ambas as partes devem ter uma atitude positiva e o resultado dividido na mesma intensidade. Pois, isso contribui para manter uma boa relação após o resultado.

Bons estudos!

Objetivos de aprendizagem

Ao término desta aula, vocês serão capazes de:

- identificar que no processo e negociação existem procedimentos que levarão essa atitude para se tornar bem ou mal sucedida;
- perceber que a geração de conflitos é inevitável quando se parte da perspectiva organizacional, entretanto, existem mecanismos para minimizar as incertezas e ao mesmo tempo gerar impactos positivos nas negociações.

Seções de estudo

1 - Características da Negociação
2 - Processos e perspectivas da Negociação

1 - Características da negociação

1.1 - Negociações bem-sucedidas

Todos os dias somos induzidos a estabelecer um processo de negociação, seja naquelas ações mais simples como nas mais complexas, na maioria das vezes temos resultados satisfatórios. Dessa forma, a negociação é necessária quando duas ou mais pessoas/instituições se defrontam com diferenças de objetivo ou ponto de vista. Para Junqueira (1991), a negociação é um procedimento sucessivo que começa com a preparação (antes do encontro das partes), desenvolve-se (encontro das partes) e continua com o controle e avaliação (após o encontro das partes), até a próxima negociação (se houver), conforme as sete etapas que aqui veremos.

Antes, é preciso dizer que em decorrência das diferenças existentes, a negociação envolve um componente fundamental: movimento. O objetivo consiste em induzir a outra parte a deslocar-se de sua posição original em direção a novos objetivos (MARTINELLI E ALMEIDA, 1997).

Figura 1: Ato de uma boa negociação
Fonte: http://blog.curriculum.com.br/category/trainee-2/. Acesso em 18 mai. de 2015.

Sobre isso, segundo o portal eletrônico associado ao Grupo CPT - Centro de Produções Técnicas (http://www.empregoerenda.com.br/) podemos dizer que conhecimento é o maior trunfo em negociação, dentre as características do negociador:

- Seja educado e gentil com as pessoas, mas firmes com os problemas. Desfocar na atenção dos pontos de melhoria pode ser um risco a saúde da organização.
- Coloque-se no lugar do outro. É preciso concentrar e tentar descobrir os desejos subjacentes do outro. Observar o sujeito em questão, incluindo os aspectos linguísticos e não-verbais, sobretudo, os emocionais são elementos diferenciadores.
- Se a negociação ficar difícil, dê um tempo. Afaste-se um pouco, mantendo os olhos em seu objetivo. O poder do tempo e da distância acalma o espírito, clareia as ideias, propicia a criatividade e a solução aparece. Na tentativa de "empurrar" um produto ou serviço sem o interesse do consumidor, muitas organizações perdem mais, pois o efeito multiplicador negativo é mais impactante na negociação.
- Concentre-se em inventar opções. Ser criativo ao ponto de fornecer produtos e serviços com valores agregados são elementares e atraentes aos olhos do consumidor.
- Cuide-se para aumentar o poder da credibilidade. O que os grandes negociadores mais prezam é a sua reputação de negociador honesto e justo. Este deve ser o seu maior capital. Portanto, concentre-se em encontrar critérios objetivos para decidir o que é justo e que proporcione retorno sistêmico, ou seja, econômico, social e ambiental.
- Vá para uma negociação com uma boa proposta alternativa. Ela será a sua cartada final. Se você observou tudo o que o outro quer, e também o que ele não quer perder, e ele não arreda o pé; faça então uma proposta tentadora. Uma boa alternativa que atenda aos seus desejos e simulando ao do consumidor, garantirão um processo de empatia e fidelização.
- Concentre-se no processo de negociação e não somente no resultado. Os grandes campeões no esporte e nos negócios são aqueles que se concentram mais e que treinam mais; são determinados e não desviam de seus objetivos; assim também devem ser os negociadores.

Disponível em: http://www.empregoerenda.com.br/. (Acesso em: 10 mai. 2015-Adaptado).

Vimos que dentre as características apontadas, é possível perceber a necessidade de desenvolver a sensibilidade de observar os sujeitos envolvidos numa negociação, pois por trás dos mesmos, existem organizações públicas e privadas que necessitam de atenção e foco para que o resultado seja sustentável e de longo prazo.

1.2 - Negociações mal sucedidas

Ao contrário do que ocorre em situações positivas nas negociações, muitas organizações cometem erros, e muitos deles são fatais para a sobrevivência da mesma.

Figura 2: Reflexos de uma negociação mal sucedida
Fonte: http://www.blogfalandofrancamente.com/. Acesso em 18 mai. de 2015.

Recorrentemente nas mídias eletrônicas e impressas vimos casos de organizações que "quebram" devido à especulação comercial, muitas vezes, na ganância de impor suas condições que não traduzem a realidade e necessidade dos consumidores, ou seja, a comunicação é falha e reflete em resultados devastadores.

Para o Instituto de Educação corporativa Passadori (http://www.passadori.com.br/), apesar da tentativa em admitir e reter profissionais conscientes, na prática existe dificuldades nas mais diversas atividades, que envolvem diretamente a comunicação verbal, como: vendas perdidas, negociações mal sucedidas, treinamentos ineficientes, discursos sonolentos e mal elaborados, causando desperdício de tempo em discussões desnecessárias, boicotes, brigas e desentendimentos.

Para tanto, a comunicação "não é o que falamos, mas o que é percebido e decodificado pelas outras pessoas." Assim, ao se fazer comparações com a escala de virtudes de outros é possível ser injusto e preconceituoso com a outra parte. Por essa razão, o exercício da empatia, ou seja, a capacidade de se colocar no lugar do outro, incluindo seu estado de espírito, psicológico, nível cultural, suas crenças e valores, são fundamentais para o sucesso na negociação. Dessa forma, vários fatores provocam as negociações mal-sucedidas, sobretudo, fomentados pelos aspectos psicológicos, físicos e técnicos.

Nos aspectos psicológicos, por exemplo: medo (medo de errar, de não ser compreendido, de falhar, de não conseguir dar o recado); excesso de preocupação; e baixa autoestima.

Nos aspectos físicos: voz fraca (volume baixo); linearidade (a fala mantém um tom monocórdio, gerando sonolência e desatenção das pessoas); dicção ruim (dificuldade de pronúncia, na qual os sons não são claros); velocidade excessiva (atropelo das palavras); velocidade lenta; ausência de teatralização (sem expressão corporal); nasalação (os sons são excessivamente anasalados); ausência de pausas (as pausas servem para facilitar a compreensão do ouvinte, dar beleza estética); ausência de gestos (uma gesticulação adequada reforça o conteúdo da fala); postura inadequada; olhar perdido (sem atenção focada aos envolvidos); aparência deselegante.

Nos aspectos técnicos: desorganização de ideias; vícios de linguagem (excesso de "nés", "tás", "certos", "percebes", "aaaa..", "eee..."); dificuldade de vocabulário; inadequação no uso de recursos audiovisuais (apresentações em powerpoint, prezi, flash excessivamente carregadas).

Essas e outras situações são decisivas para uma excelente negociação, portanto, saber quais as dificuldades de comportamento são fundamentais para aquisição de competências, habilidades e atitudes diante dos desafios lançados.

2 - Processos e perspectivas da negociação

2.1 - Conflito: O que é – como entendê-lo

Conflito, palavra derivada da raiz etimológica no latim, "conflitos", que denota "desacordo, choque" e existe desde os primórdios da humanidade. Segundo Houaiss (2001, p.

797) a expressão, na língua portuguesa, anuncia "profunda falta de entendimento entre duas ou mais partes...". Como se entende, esse termo está ligado ao desacordo, controvérsia, discórdia, divergência e/ou antagonismo. Dessa forma, a vida de uma pessoa ou de um grupo é um emaranhado de situações de afrontamento aos conflitos, muitos dos quais podem ser remediados de uma maneira saudável, enquanto que outros conflitos prejudicam outros indivíduos.

Ao trazer a ideia de Dubrin (2003), o significado de conflito conjuga-se como um processo de oposição e confronto que ocorre entre indivíduos ou grupos nas organizações, quando as partes envolvidas exercem poder na busca de metas ou objetivos valorizados e obstruem o progresso de uma ou várias metas.

Mesmos nas adversidades, os conflitos são essenciais ao processo de evolução da humanidade, assim, em qualquer área da vida há algum tipo de conflito, que segundo Aninger (2007, p. 1), se origina "da diversidade de pontos de vista entre pessoas, da pluralidade de interesses, necessidades e expectativas, das diferentes formas de agir e de pensar de cada um dos envolvidos."

Ao interagir com os diversos aspectos que envolvem o cidadão, no contexto político, social, econômico, ambiental, tem- se diversos exemplos na geração de conflitos, fundamentalmente quando esses são difusos, sua intensidade ganha mais potência. Obviamente que sua motivação advém do desnivelamento, disparidade e diversidade do contexto vivido. Na figura 3, mostra uma realidade vivida pelos cidadãos brasileiros, mais precisamente sobre os conflitos trabalhistas, onde o poder está concentrado na parte que detém o maior poder.

Figura 3: Disparidade socioeconômica
Fonte: http://ctbminas.blogspot.com.br/. Acesso em 10 mai. de 2015.

2.2 - Efeitos positivos e negativos do conflito

A solução de um conflito acarreta inevitavelmente a novas situações similares e, assim, provoca uma impressão de algo inacabável. O ser humano, por sua capacidade de adaptação, na medida em que uma situação que gera um estresse, seu comportamento provoca uma reação positiva, porém não é permanente, ou seja, muito em breve haverá outras ocorrências e outros estímulos serão disparados pelo organismo para a busca do bem estar próprio.

Figura 4: Em busca da Paz
Fonte: http://www.newsrondonia.com.br/. Acesso em 10 mai. de 2015.

Ao relacionar no contexto das organizações, os conflitos são situações corriqueiras, que primam por uma atenção para o alcance dos objetivos pré-estabelecidos estrategicamente definida pela direção, preservando, contudo, a missão, a visão e os valores institucionais. Para Cohen (2003), dependendo do tipo de trabalho que os colaboradores de uma organização realizem, com ou sem interação social direta, os resultados vão depender necessariamente da representação social resultante.

Como apontado por Moscovici (2000), não existe uma "receita" apropriada para a resolução de conflito organizacional. Antes de pensar numa forma de lidar com o conflito, é importante e conveniente procurar compreender a dinâmica do conflito e suas variáveis, para alcançar um diagnóstico razoável da situação, o qual servirá de base para qualquer plano e tipo de ação. Apesar de parecer algo somente pejorativo, muitas pessoas são alinhadas por metas e pelo amor no que fazem, e por vontade própria, tem na resolução de conflitos um desafio que alimenta sua missão de vida.

2.3 - Situações de conflito nas organizações

Assim como acontece nas particularidades da vida, da mesma forma, em muitos casos mais intensos, são as situações de conflitos nas organizações. Em linhas gerais, são aceitáveis duas formas para indivíduos e equipes lidarem com os conflitos do dia a dia. Primeiro, eles podem ser evitados quando se os nega ou os ignora, e por outro lado, pode-se afrontá-los e modificá-los num instrumento de auxílio para a maturação dos indivíduos e da organização. Na figura 5, logo abaixo, é represento os dois mecanismos básicos que compõem os conflitos organizacionais - evitação ou enfrentamento – que são elementares na definição de estratégias para a resolução dos mesmos. Caso o profissional opte evitar o conflito ele terá duas opções: negar ou ignorar. Em caso contrário, ao enfrentar a situação, ele poderá vencer a outra parte ou tentar unir as mesmas em busca da mediação.

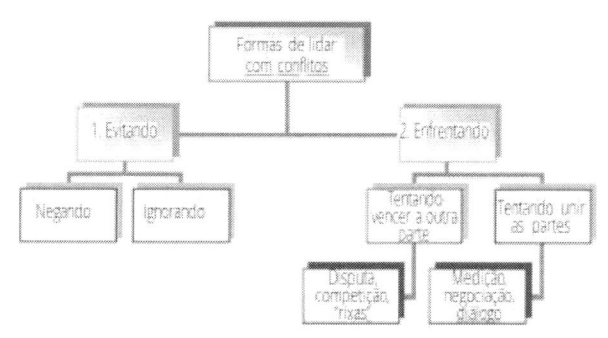

Figura 5: Formas de Lidar com Conflitos
Fonte: ANINGER (2007, p. 5).

Para Chiavenato (2004, p. 416) dentre os vários tipos de conflitos pode-se mencionar três níveis principais:

> Conflito percebido: os elementos envolvidos percebem e compreendem que o conflito existe porque sentem que seus objetivos são diferentes dos objetivos dos outros e que existem oportunidades para interferência ou bloqueio. É o chamado conflito latente, que as partes percebem que existe potencialmente.
> 2. Conflito experienciado: quando o conflito provoca sentimentos de hostilidade, raiva, medo, descrédito entre uma parte e outra. É o chamado conflito velado, quando é dissimulado, oculto e não manifestado externamente com clareza.
> 3. Conflito manifestado: quando o conflito é expressado através de um comportamento de interferência ativa ou passiva por pelo menos uma das partes. É o chamado conflito aberto, que se manifesta sem dissimulação.

Nesse contexto, as situações de conflito abrolham por diversos pretextos, apontadas por Chiavenato (2004, p. 416) de "condições antecedentes dos conflitos [...] as quais tendem a criar percepções diferentes entre indivíduos e grupos", e invariavelmente estão presentes nas organizações sob quatro condições apontadas pelo mesmo autor, "1) Ambiguidade de papel; 2) Objetivos concorrentes; 3) Recursos compartilhados; 4) Interdependência de atividades" (CHIAVENATO, 2004, p. 416-417).

No primeiro aspecto, a relação e na ambiguidade de papel os indivíduos podem perceber que estão desenvolvendo atividades com propósitos inconciliáveis, quando, por exemplo, para elas não fica clara a expectativa em relação ao trabalho realizado na organização. No segundo caso, quanto aos "objetivos concorrentes", os grupos enfocam objetivos distintos, e com o passar do tempo, começam a desenvolver linguagem, pensamento e modo de agir próprios, dando a impressão de terem objetivos e interesses incongruentes. Ao que se refere aos "recursos compartilhados", a necessidade de pessoal, créditos orçamentários, equipamentos entre outros no ambiente organizacional, os quais necessitam ser compartilhados entre os grupos, pode ser considerado um fator preponderante para a geração de conflitos internos dentro da organização. Na quarta e última condição "interdependência de atividades", significa que os colaboradores de uma organização dependem uns dos outros para concluírem suas atividades e alcançarem suas metas (CHIAVENATO, 2004).

Figura 6: Relações de conflito no trabalho
Fonte: http://www.feebpr.org.br/. Acesso em: 18 mai. de 2015.

Na relação laboral, quando os interesses são difusos, conforme a figura 6, os conflitos são gerados. Cabe a cada um dos atores envolvidos na negociação do dia a dia, mediar os conflitos para que a saúde nas relações sociais sejam mantidas e respeitadas entre as partes.

Retomando a aula

Sexta aula concluída! Seguimos para o encontro das expectativas de compreender o posicionamento das organizações na mediação de conflitos, inevitáveis para uma boa negociação. Vamos, então, relembrar:

1 - Características da Negociação

A negociação, como vista na primeira parte da aula, é por si só, uma cautelosa exploração da situação entre as partes envolvidas, com a intenção de gerar a máxima satisfação possível. No início das negociações, por se tratar de um processo onde a linguagem verbal e não verbal são aliadas, as posições das pessoas nunca revelam, à primeira vista, o quanto elas podem ser diferentes. Muitas vezes, o outro indivíduo pode ter finalidades diferentes do esperado.

Para determinar, portanto, uma negociação bem ou mal sucedida, um fator essencial é observar os detalhes entre as partes envolvidas, seja no âmbito pessoal ou organizacional. Afinal, ambos os lados devem sentir-se pousáveis com a solução encontrada se o acordo for considerado bem-sucedido.

2 - Processos e Perspectivas da Negociação

Como descrito na segunda seção, se apreende que quando estamos realizando uma negociação, inevitavelmente vários conflitos que dela deriva são na maioria das vezes inevitáveis.

Existem vários mecanismos para evitar ou enfrentar as situações de conflitos, sobretudo, nas organizações. Caso o profissional avalie que é necessário evitá-lo ele terá duas opções: negar ou ignorar a ação para não gerar discórdia. Em caso contrário, ao enfrentar a situação, ele poderá vencer a outra parte ou tentar unir as mesmas em busca da mediação.

Vale a pena

Vale a pena ler,

BURBRIDGE, Anna; BURBRIDGE, Marc. *Gestão de Conflitos:* Desafio do Mundo Corporativo. São Paulo: Saraiva, 2012.

BERG, Ernesto Artur. *Administração de Conflitos -* Abordagens Práticas para o Dia a Dia. São Paulo: Juruá, 2010.

Vale a pena assistir,

Amor sem escalas (Up in the air, 2009)

Atividades da Aula 06

Após terem realizado uma boa leitura dos assuntos abordados, na Plataforma de Ensino na ferramenta "Sala Virtual - Atividades" estão disponíveis os arquivos com as atividades referentes a esta aula, que deverão ser respondidas e enviadas por meio do Portfólio - ferramenta do ambiente de aprendizagem UNIGRAN Virtual.

Minhas anotações

Minhas anotações

Aula 7º

Treinamento de negociadores

Na aula sete, será possível identificar que dentre as técnicas de negociação disponívcis para a formação do negociador uma delas se destaca: a comunicação efetiva. Ao propagar seus ideais, defender seus pontos de vista e encontrar meios de trabalhar em conjunto e negociar com clientes, fornecedores, superiores, pares e subordinados de maneira eficaz, as pessoas estão conduzindo suas energias e procurando encontrar caminhos e alternativas de ação.

A canalização de energias por meio do processo de negociação com alternativas criativas levará as partes a soluções e acordos mais inovadores e perenes. Ainda, para alicerçar as relações sociais existentes numa negociação conta-se com o apoio da ciência dos deveres, ou seja, da ética, a fim de regular os comportamentos mais aceitáveis, justos e de direito entre as partes envolvidas no processo.

Bons estudos!

Objetivos de aprendizagem

Ao término desta aula, vocês serão capazes de:

- proporcionar noções de negociação, visando dar instrumentos para as atividades de liderança junto às respectivas comunidades;
- dispor de referências para controlar suas emoções e utilizá-las a favor do processo de negociação;
- dominar diversos modelos mentais de negociação e os utilizá-los durante o processo;
- compreender a importância de uma relação ética profissional para a manutenção de contatos com as partes antes e depois do processo de negociação.

Seções de estudo

1 - Formação de negociadores
2 - Etapas do processo de negociação competitiva e cooperativa

1 - Formação de Negociadores

1.1 - Introdução

A necessidade do desenvolvimento de habilidades, competências e atitudes profissionais, aplicáveis a amplos ramos de atividade, incluindo as estratégias de negociação, tem se amplificado como consequência da crescente complexidade dos ambientes organizacionais em que se desenvolvem as relações interpessoais, intergrupais e multiculturais.

Figura 1: Procedimento de uma negociação
Fonte: http://admcarangola.com.br/. Acesso em: 18 mai. de 2015.

No entanto, a sacada em encontrar soluções e oportunidades nos problemas e tomar decisões sob pressão e incerteza, assim como conduzir equipes para abordar as divergências pela ótica do problema comum tem sido um desafio no mercado de trabalho.

O que se percebe ainda é uma fragilidade em parte das pessoas em propor mediação e conciliação para fomentar o fortalecimento da competência de atuar como um terceiro facilitador, atendendo as demandas das pessoas que atuam em bases de trabalho interdependentes. Nesse sentido, a destreza em se comunicar eficientemente, de forma a perceber que esse veículo se propaga nas diversas manifestações do comportamento humano no contexto das negociações, numa grande diversidade de ambientes, é elemento fundamental para o approach positivo de incompatibilidades entre as partes envolvidas no processo.

Para Fischer (1993) existem sete elementos-chave em uma negociação, semelhantes aos sete elementos mencionados por Costa (1993), como segue abaixo:

- Alternativas: são ações que uma parte envolvida na negociação pode realizar sem entrar em acordo com as outras partes envolvidas (diferente de opções, que requerem acordo);
- Interesses: são as inquietações, interesses, desejos, necessidades, esperanças e preocupações subjacentes e motivadores das posições, exigências e pontos de vista das diversas partes;
- Opções: são as variadas maneiras de lidar com uma situação que requeira um acordo mútuo das partes, mesmo que não aceitável para elas;
- Legitimidade: é o critério pelo qual a justiça de um possível acordo pode ser aferida;
- Compromissos: são asseverações que a parte pretende fazer no futuro;
- Comunicação: são as mensagens e os meios pelos quais os negociadores trocam 26 informações entre si;
- Relacionamento: é o arquétipo de interação entre as partes envolvidas, tanto no âmbito de uma negociação específica como fora dela.

1.2 - Técnicas de negociação

Aos profissionais que queiram desempenhar permanentemente competências em negociar é preciso observar as tendências apontadas pelas organizações que se destacam nessa seara. Focar-se nas boas práticas dos negociadores é uma forma eficaz de buscar exemplos a serem seguidos. Nesse sentido, o bom negociador deve reunir um conjunto de características, habilidades visíveis ou capacidades percebidas pela prática de determinados comportamentos. Esses predicados individualizam os negociadores entre si.

Quando os negociadores estão articulados conjuntamente com outros pares os resultados podem influenciar mais positivamente no desempenho das pessoas em situações de negociação. Especialmente quando observam alguns detalhes importantes, entre eles:

- Conhecimento sobre o tema/assunto tratado na negociação respeitando as regras dos jogos formais e informais que caracterizam as relações entre as partes envolvidas. Para tanto, a comunicação verbal e não verbal, tanto na língua culta ou coloquial são requeridas dependendo do ambiente onde as negociações se desenvolvem. Além disso, o negociador precisa desenvolver uma visão histórica, sistêmica e de profundidade do tema no seu contexto. O domínio quanti-qualitativo colaborará para uma melhor compreensão das conexões entre questões substantivas e relacionais da negociação;
- Planejamento e preparação para estabelecer o processo profissional, ou seja, antecipar-se e prevenir-se para os episódios de interação com as outras partes, que podem ser simples, mas também complexas. O planejamento auxilia na organização das necessidades, interesses, objetivos, além de assessorar nas suposições estratégicas das outras partes. Acredita-se, contudo, que o desenvolvimento antecipado de planos alternativos e contingenciais auxiliará no fortalecimento da autoconfiança dos negociadores e de suas equipes;
- Competência de raciocinar de forma clara e rápida sob momentos de pressão e incerteza. Os profissionais negociadores devem utilizar o uso da razão para estabelecerem relações entre os diversos aspectos envolvidos. O controle emocional e a racionalidade permitirão perceber, calcular, deduzir ou realizar juízos de valor com maior precisão e agilidade em

momentos de tensão, nos quais a redução de tempo e recursos predomina.

Para Mills (1993), a negociação não pode ser reduzida a poucos mandamentos, por sua característica complexa e que leva tempo para ser compreendida. Embora a negociação seja praticada desde a antiguidade, este histórico não capacita geneticamente os indivíduos em negociadores habilidosos. As negociações ocorrem quando dois lados têm interesses comuns e interesses conflitantes, e é considerada como um modo muito eficiente de conseguir aquilo que se pretende, sendo muito mais do que persuasão.

Para Donaldson (1999), ao preparar um planejamento, o negociador deve escrever uma pauta como instrumento de controle. Uma pauta escrita tem poder de autoridade sobre os participantes de uma reunião, proporcionando um plano geral para a reunião, induzindo os participantes a tomar notas sobre o que está acontecendo.

Ao conduzir uma negociação, o profissional com sua pauta em mãos, profere a abertura da sessão, a fim de criar um clima propício ao desenvolvimento da negociação, deixando a outra parte mais a vontade. Com a evolução da reunião, por meio da exploração dos argumentos, busca detectar necessidades, expectativas e motivações da outra parte para utilizá-las nas etapas seguintes.

Na sequencia do processo, a apresentação constituirá na etapa a qual se apresenta ao outro negociador a proposta em questão, mostrando como esta pode atender às suas necessidades e expectativas. Após a exposição, é preciso esclarecer todas as dúvidas, fazendo-se uma síntese do que foi exposto. É nesta fase que ocorre o fechamento do negócio, portanto, deve observar os sinais de aceitação e recapitular vantagens/desvantagens e, caso seja viável propor o fechamento do negócio.

Para fechar o ciclo virtuoso das técnicas de negociação é preciso controle e avaliação do processo a fim de conter-se sobre o que foi acertado (preços, prazos, condições, entre outros aspectos) bem como ajuizar-se dos resultados obtidos (comprovação do previsto e do realizado, análise das concessões, observações para a próxima negociação).

2 - Etapas do processo de negociação competitiva e cooperativa

2.1 - Estilos de negociação

Todos os dias profissionais discutem negócios e chegam a convenções satisfatórias, muitas vezes sem negociar. Nesse sentido, uma negociação é necessária quando duas ou mais partes se defrontam com diferenças de objetivo ou de ponto de vista. Segundo Junqueira (1991), a negociação é um processo contínuo que começa com a preparação (antes do encontro das partes), desenvolve-se (encontro das partes) e continua com o controle e avaliação (após o encontro das partes), até a próxima negociação (se houver). Conforme as sete etapas (apresentadas na figura 2) de Mills (1993), a parte que obtiver mais informações em uma negociação alcançará o melhor negócio, porém essas informações devem ser completas. Para o autor, conhecimento significa poder em negociação.

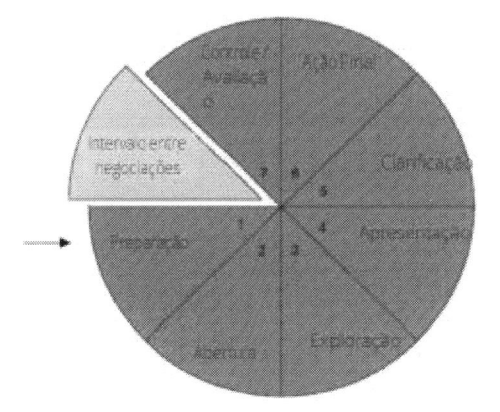

Figura 2: Etapas de um processo de negociação.
Fonte: Modelo adaptado de Mills (1993, p.9).

Na mesma linha de pensamento, Baily et al (2000) diz que os negociadores bem sucedidos geram adequadamente a fase de pré-negociação (preparação segundo Mills), considerando a qualidade e a quantidade de informações coletadas, sendo que o tipo de informação dependerá das circunstâncias em torno da negociação. Baily et al (2000) ainda menciona que as informações devem compreender questões como: acordo atual (quando existe), assuntos de especificação, assuntos de entrega, assuntos financeiros, assuntos contratuais, pessoais e ainda assuntos gerais.

Para Hilsdorf (2005, p.26) alguns questionamentos podem ser analisados sobre as informações:

> Qual a necessidade básica? Qual o interesse principal?
> Quais são as expectativas evidentes? Qual o ponto mais vulnerável?
> Que pretendemos a longo prazo?
> Que o outro pode pretender a curto e a longo prazo?
> Quais serão as repercussões no relacionamento?
> Que se ganha e que se perde com as decisões a serem tomadas?
> Quais as correlações que podemos fazer?

Tais questionamentos produzem instrumentos para que o negociador possa cumprir cada passo necessário para o alcance dos melhores resultados. Observar as potencialidades e fragilidades do indivíduo que está negociando são fundamentais para se posicionar, diante do planejamento estabelecido, com postura profissional e ética necessária numa negociação.

2.2 - Ética e negociação

A ética, ou também conhecida como ciências dos deveres (Deontologia) é conjunto de regras e princípios que regulam determinadas condutas do profissional, condutas de caráter não técnico exercidas ou vinculadas de qualquer modo ao ofício da profissão e atinentes ao grupo em que se está inserido. A ética exige mudanças de atitudes, respostas para os questionamentos, respostas, construídas com a participação de todos os grupos envolvidos.

Embora haja estreita relação, não se pode confundir a ética com moral. A ética não cria a moral. Embora seja certo, que toda moral supõe determinados princípios, normas ou regras de comportamento, não é a ética que os estabelece numa determinada comunidade. A ética depara com uma experiência histórico-social no terreno da moral, ou seja, com série de práticas morais já em vigor e, partindo delas, procura determinar essência da moral, sua origem, as condições objetivas e subjetivas do ato moral, as fontes da avaliação moral, a natureza e a função dos juízos morais, os critérios de justificação destes juízos e o princípio que rege a mudança e sucessão de diferentes sistemas morais.

Portanto, a ética tem como função específica realizar a abordagem científica dos problemas morais que ainda está muito longe de ser satisfatória, e ante as dificuldades para alcançá-las, continuam se beneficiando de éticas especulativas tradicionais e as atuais de inspiração positivistas.

Para os autores Martinelli e Almeida (2006), como uma negociação normalmente é parte de um processo competitivo, a ética é um assunto de extrema importância, pois até que ponto um comportamento pode ser considerado ético ou antiético? Para os autores, a ética de um negociador está relacionada a questões pessoais que incluem a religião, formação filosófica, experiências e seus valores particulares. Os comportamentos antiéticos são geralmente a busca de vantagem sobre o outro, onde ocorre uma relação ganha-perde.

Para Mello (2007), a ética é um assunto que surgiu no mundo há séculos para direcionar comportamentos humanos, e há uma grande preocupação quanto à ética nas negociações. O autor faz um questionamento interessante: é permitido mentir durante uma negociação ou isso é uma atitude não ética? A resposta não é fácil, pois a atitude pode ser considerada ética ou antiética dependendo dos fatores legais, mas, sobretudo, dos valores pessoais do negociador, como sua religião, cultura local, época, nível socioeconômico.

Donaldson (1999) enfatiza ainda sobre a necessidade de valorizar a integridade pessoal, honestidade e confiabilidade nas negociações, tais como as suas dicas, entre elas:

Figura 3: As relações éticas
Fonte: http://negociacaoempauta.blogspot.com.br/. Acesso em 18 mai. de 2015.

siga as regras sociais; cumpra os acordos; nunca minta. Para Hilsdorf (2005), negociadores excelentes são éticos. Ética está ligada ao que é justo e bom, e não existe negociador meio-ético, pois se é ou não. O autor ainda faz uma relação entre a moral e a ética, relatando que a moral sofre mudanças na mesma proporção que evoluem as sociedades, enquanto que a ética é atemporal como a própria ciência nos revela.

3 - Negociar como forma de processo e contratos internacionais

A relação em âmbito internacional conseguiu desenvolver ao longo os anos um vasto crescimento tanto em expressão como em contribuição para o avanço tecnológico, produção, transporte, serviço, setor primário e terciário. Esse quadro Geoeconômico vem fortalecendo as lacunas que ao longo dos anos foram construídas por fatores como guerra, destruição natural, necessidade econômica e demandas de trocas e maneiras mais intensas ao longo do processo de evolução global, intensificando as relações patrimoniais e de serviços em um processo natural de negociação internacional que envolva os interesses de partes para fim de viabilizar um acordo e processo de contratos internacionais.

Para tal efeito alguns fatores fazem a relação da importância para que seja positivo essa construção de processo de negociação como:

- Fatores Culturais
- Legislação de ambas partes
- Acordos Bilaterais
- Politicas
- Economia
- Crenças

Conciliando os diversos interesses e seus pressupostos para elaboração de efeito como instrumento a ser regido e interpretado em comum acordo seja ele duradouro ou de imediatismo, avaliando o interesse que será proposto, de tal forma a expor a importância do objeto a ser elaborado para satisfação dos acordados.

Assim os Contratos internacionais tem por sua finalidade garantir a troca de serviços e produtos entre organizações/empresas e países suprindo primeiramente suas necessidades e demanda. Pode ser definido de acordo com com Annoni e Nemer (2007, p. 17), *como um negócio jurídico bilateral, ou seja, que exige o consentimento livre e esclarecido dos envolvidos, que também devem ser capazes para assumir obrigações entre si e perante o Estado.*

Desta forma manter um acordo em forma de contrato garante a ambas as partes a garantia e um instrumento de lei que possa garantir efeitos de direito, com termos e fatos que possa gerar uma execução se assim a desobstrução de interesses, o que abrange a relação jurídica para ambos.

Essa relação contratual de negociação deve ser observada a relação de um indivíduo/empresa estar situado em uma local/pais e outro que não resida, característica que o objeto da causa constate como de natureza internacional, assim demostrando que o mesmo é de forma internacional quando se tem um elemento/pessoa seja física ou jurídica estrangeiro. Isso gera o cuidado que se propõem para evitar fatores que dificultem o processo da negociação.

A negociação parte assim do objeto principal pois o interesse é alcance da satisfação e criar uma relação duradoura para as partes criando a sensação de confiança e credibilidade.

Como cita Carvalhal et al. (2009, p. 57 e 58) *"a negociação é um processo de transformação daquilo que afasta as partes para aquilo que as aproxima."*

1.1 - Fase de Negociação

Avaliar e interpretar etapas de um processo em negociação para obtenção de resultado para interesse mutuo faz com que etapas seja elaborada, isso demostra o papel fundamental de se originar os pressupostos de interesses paralelos e comuns.

Isso define seu projeto de contrato com as condições fundamentadas para que seja explicito a ambos o grau de conhecimento e necessidade.

Para ocorrer é preciso entender fatores que ocorre um

inicio de negociação:

- A Oferta e procura
- Objeto de interesse
- Identificação das diferenças dos interesses
- Acordo e consentimento
- Discussão do objeto

Fatos relevantes que interagem e busca evidenciar a evolução e amadurecimento em momento do processo para o consentimento final, o que pode levar tempo e e acontecer uma etapa gradualmente caso não se obtenha o resultado esperado imediatamente, até por que culturalmente deve se analisar o formato e evolução do aceite o que pode se observar como em fases do pré-contrato, proposta e aceitação final.

Multiculturalismo

Influenciando as negociações e na busca de oportunidades a muticulturalidade tem por impacto as relações comerciais para alinhamento das vantagens e interesses mútuos na realização de contratos que atinja a percepção dos interesses em comum. Destacando de forma clara as diferenças entre culturas, estilos, crenças, comportamento e as práticas que as organizações lidam com seu grau de atenção ao trato em exercício.

De acordo com Vieira de Souza, 2008, podemos definir que o multiculturalismo é "Coexistência de várias culturas num mesmo território, país etc", e "Proveniente ou composto de várias culturas".

Vieira cita ainda que para abordar as influências culturais, podemos citar o modelo proposto por Geerd Hofstede (1997, p. 48) sobre os três níveis de singularidade na programação mental humana.

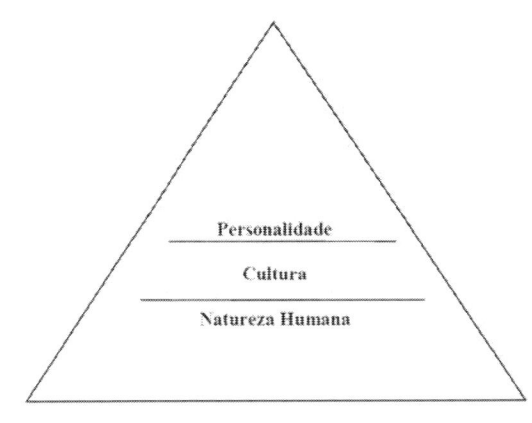

Imagem Greed Hofstede

a pirâmide relata que o ser humano possui em sua mente etapas de construção de sua identidade e cultura através dela que o diferencia de pessoas, grupos que se caracterizam sua forma de se relacionar em seu meio e de outros. Porem de forma parcial a cultura se demostra como preceitos de seu indivíduo, fato que a natureza humana diferencia dos demais criando suas personalidades distintas.

Para a autora:

Além da intensificação das transações internacionais, o grande número de fusões e aquisições realizadas nos últimos anos contribuiu para o aumento de grupos e equipes multiculturais dentro das organizações. Neste cenário, o papel do líder é fundamental para que as equipes formadas por pessoas de diferentes culturas tenham a possibilidade de desenvolverem sua tendência a maior criatividade e inovação. Entretanto, a mesma diversidade cultural, devido a sua maior complexidade, se não for bem conduzida por um líder que tenha as habilidades para tal, pode resultar em conflitos e desmotivação entre os componentes das equipes de trabalho. Percebe-se então que a liderança tradicional não é mais adequada ao mundo contemporâneo, pois diferentes culturas requerem diferentes estilos de liderança. Uma das definições de liderança é a capacidade de influenciar pessoas, assim todos têm potencial para serem líderes, e todos devem ater-se às especificidades oriundas da diversidade cultural. É preciso, contudo, ter muito preparo e cuidado para não cair nas armadilhas da categorização social que além de causar limitações das mais diversas formas, pode gerar injustiça.

Sobre conflitos, serão discutidas suas etapas, as principais habilidades e comportamentos utilizados pelos gerentes eficazes para evitá-los ou resolvê-los, bem como as técnicas legais mais comuns para resoluções de conflitos.

É igualmente importante compreender a existência do poder nas organizações, como se dão as relações de poder, de disputa de poder e de poder disciplinar. Para finalizar, será tratado do tema das teorias das Relações Internacionais cujo principal objeto é o estudo sobre a dinâmica das relações entre os Estados, como surgiram essas teorias, e com que propósito.

A cultura é um fator invisível que em aspecto político ou econômico tem sua identidade facilmente percebidas. Por esse fato é a forma mais marcante da relação multicultural, por suas características e tendências comportamental.

Para atuar no mundo de sucesso em seu negócio, precisa desenvolver o QC-quociente cultural, afirma Thomas & Inkson, caracterizando o conceito em três elementos:

- **Conhecimento:** é preciso conhecer o que é cultura, preceitos e variações comportamental;
- **Atenção constante:** sua percepção e suas variáveis de ambiente, observando sua criação, contexto diversos com detalhes importantes;
- **Habilidades comportamentais:** desejo de ser assertivo nas variáveis situações, como anteriormente dito saber tomar decisões.

Para THOMAS & INKSON, 2006, p. 186;

O longo período de evolução da globalização tem resultado em um processo de intercâmbio cultural cada vez mais comum a todos. No que tange a força de trabalho, está se apresenta cada vez mais diversificada em todos os níveis sociais. Portanto, o profissional contemporâneo tem que administrar um processo que envolve relações e reações entre diferentes culturas e, evitar que as diferenças culturais se transformem em um problema. A diversidade de um grupo que possui membros com características diferentes, como idade, sexo, nacionalidade, religião, entre outros, pode tornar-se algo positivo ou negativo

Por esse fato a todo momento estamos negociando, buscando nossa identidade ou adaptar novas realidades para o bem estar comum que causa a percepção das necessidades humanas em construir seu empoderamento seja para seu interesse pessoal ou social, na aquisição de resultados positivo que transmite a imagem do positivismo no progresso de negociar com as demais regiões, nações e continentes, por assim entender da importância da visão geopolíticas e interesses desses países.

Retomando a aula

Sétima etapa vencida! Vamos agora recordar alguns aspectos importantes tratados nesta aula:

1 - Formação de Negociadores

Os negociadores frequentemente enfrentam dilemas nos processos profissionais e o juízo claro consentirá coletar e analisar os dados difusos, as pressões e contrapressões, os interesses comprometidos, as ambiguidades e contradições possivelmente existentes.

Os profissionais da negociação devem articular, portanto, uma forma equilibrada entre a razão e a emoção. Quando desempenham o melhor de si, devem enfatizar comportamentos unificados ao processo interativo para obterem resultados em todos os planos.

2 - Etapas do Processo de Negociação Competitiva e Cooperativa

Vale lembrar que uma negociação é necessária quando duas ou mais pessoas se confrontam com diferenças de objetivos ou de pontos de vista. Para tanto, é necessário planejamento e organização (antecipação do encontro entre as partes), desenvolvimento (incidência das partes) e, por último controle e avaliação (após o encontro das partes), num processo cíclico, caso haja necessidade de uma nova negociação.

Nesse diapasão defrontamos com os valores individuais e organizacionais. Normalmente aceitamos os costumes, os valores morais, as normas que regem nossa sociedade. Entretanto, quando discordamos ou questionamos a validade de certos valores, surge a necessidade de fundamentar teoricamente nossos pensamentos e criticá-los. Esta postura formula o conceito de Ética. Portanto, para que uma negociação seja concretizada com sucesso, o respeito às diferenças e os dos predicados, incluindo a experiência profissional e proteção jurídica, são fundamentais para o negociador.

3 - Negociar como forma de processo e contratos internacionais

na terceira parte iremos entender dois peso, duas medidas, pois a negociação como forma de avaliar o peso internacional dos fatores que envolve as premissas culturais, acordos, legislação, economia entre outros. pois o multiculturalismo influências nas negociações em busca de oportunidades e características únicas em cada nação ou região que abrange este. A Cultura é um fator invisível mas que facilmente se identifica pelo empoderamento que causa nas organizações e suas mudanças necessárias a nova forma de gestão.

Vale a pena

Vale a pena ler,

Código de Defesa do Consumidor (Lei 8087), a do *pregão eletrônico nas licitações* (lei 10520) e os *códigos civil e penal brasileiros*.

Vale a pena assistir,

Crash - No Limite (2004)

Atividades da Aula 07

Após terem realizado uma boa leitura dos assuntos abordados, na Plataforma de Ensino na ferramenta "Sala Virtual - Atividades" estão disponíveis os arquivos com as atividades referentes a esta aula, que deverão ser respondidas e enviadas por meio do Portfólio - ferramenta do ambiente de aprendizagem UNIGRAN Virtual.

Minhas anotações

Aula 8º

Definição de estratégias nas negociações

A formulação da estratégia é um dos aspectos mais importantes que o profissional enfrenta no processo de elaboração de uma negociação. A estratégia organizacional sempre deverá ser uma opção incomum, econômica e viável a fim de aperfeiçoar os recursos da empresa, buscando a competitividade e explorando as oportunidades externas.

Para a formulação de estratégias, devem-se considerar, inicialmente, três aspectos importantes:

- a organização, com seus recursos, seus pontos fortes, fracos ou neutros, bem como sua missão, seus propósitos, objetivos, desafios e políticas;
- o ambiente, em sua constante transformação, com suas oportunidades e ameaças;
- a integração entre a empresa e seu ambiente, visando à melhor adequação aos interesses profissionais da equipe estratégica da organização.

Bons estudos!

Objetivos de aprendizagem

Ao término desta aula, vocês serão capazes de:

- perceber a necessidade de identificação dos recursos internos e externos da organização assim como a missão, os propósitos, objetivos, desafios e políticas organizacionais;
- analisar a interação do ambiente diante das oportunidades e ameaças;
- identificar mecanismos para formulação de estratégias diante das incertezas do mercado, da capacidade técnica e de infraestrutura organizacional.

Seções de estudo

1 - Formulação da estratégia
2 - Estratégia de negociação

1 - Economia com 02 setores

No último tópico da disciplina iremos focar a atenção na busca da formulação de estratégias organizacionais por meio da análise positiva interna e externa, ou seja, evidenciando as fortalezas e oportunidades de modo criativo, inovador e empreendedor para uma negociação mais eficaz.

1.1 - aspectos gerais da formulação da estratégia

Existem algumas perguntas que podem ser usadas na formulação das estratégias organizacionais, dentre elas:
- Qual é a atual estratégia?
- Que espécie de negócio se quer ter?
- Que tipo de negócio que se julga que deveria ter?
- A empresa está tendo dificuldade na execução da atual estratégia?
- A atual estratégia já não é válida?
- A atual estratégia exige maior competência e/ou maiores recursos do que a empresa possui?
- Que alternativas de estratégia são aceitáveis?
- Qual é a alternativa que resolve melhor o problema da estratégia?

Diagnóstico Estratégico	
Empresa	**Ambiente**
Pontos fortes	Oportunidades
Pontos fracos	Ameaças
Pontos neutros	
Visão	**Ideologia**
Como estamos?	
O que queremos ser?	O que é certo? (valores)
O que temos que fazer?	

Figura 1: Essência da formulação das estratégias
Fonte: http://slideplayer.com.br/. Acesso em 10 out. 2015

Para se determinar os tipos básicos de estratégia a ser empregada na organização, deve se fazer um cruzamento das condições internas onde estão os pontos fortes e fracos da empresa, como as condições externas, onde estão as oportunidades e ameaças.

Diagnóstico	Interno	
	Predominância de pontos fracos	Predominância de pontos fortes
Externo — Predominância de ameaças	**Estratégia de sobrevivência** 1 • Redução de custos. • Desinvestimento. • Liquidação do negócio.	**Estratégia de manutenção** 2 • Estabilidade. • Nicho. • Especialização.
Externo — Predominância de oportunidades	**Estratégia de crescimento** 3 • Inovação. • Internacionalização. • Join venture. • Expansão.	**Estratégia de desenvolvimento** 4 • De mercado. • De produtos/serviços. • Financeiro. • Tecnológico e produtivo.

Figura 2: Diagnóstico estratégico
Fonte: http://slideplayer.com.br/. Acesso em 10 out. 2014.

Com base no quadro supracitado, pode-se analisar da seguinte forma: Se internamente a empresa apresenta uma quantidades de pontos fracos maiores que a de pontos fortes e fazendo uma análise externa o ambiente aponta mais ameaças que oportunidades, o posicionamento estratégico a ser adotado não pode ser outro que de garantir a sua sobrevivência, reduzindo seus custos, vendendo seu patrimônio (imóveis, terrenos, veículos, entre outros) ou até mesmo vender o próprio negócio (Estratégia 1).

Caso a empresa esteja preparada internamente com pontos fortes em maior número que seus pontos fracos e externamente o ambiente estiver tendo mais oportunidade do que ameaças, a estratégia mais adequada seria a de desenvolvimento (Estratégia 4), onde se procura não mais crescer e sim, desenvolver sua condição tecnológica e produtiva.

1.2 - Plano de ação

O plano de ação é o conjunto das partes comuns dos diversos projetos, quanto ao assunto que está sendo tratado (recursos humanos, tecnologia, logística, patrimônio, custos, entre outros aspectos administrativos) e deve conter detalhes individuais descritos no momento de ocorrência, bem como ser apontado o indivíduo que executará o planejamento estabelecido previamente (WESTWOOD, 1996).

Os estabelecimentos dos planos proporcionam ao gestor condições de identificar e operacionalizar o planejamento de ação que a organização irá desenvolver de modo a alcançar os resultados almejados e enfocados nas estratégias.

Na figura 3 apresenta exemplo de uma organização estratégica na área de vendas. Na primeira fase são definidas ações estratégicas aliadas às ferramentas disponíveis para o alcance de resultados (incluindo liderança), logo depois, numa segunda fase são definidas as estratégias de comunicação, incluindo a quantificação, o alinhamento, a consistência e a energia gerada em torno da estratégia.

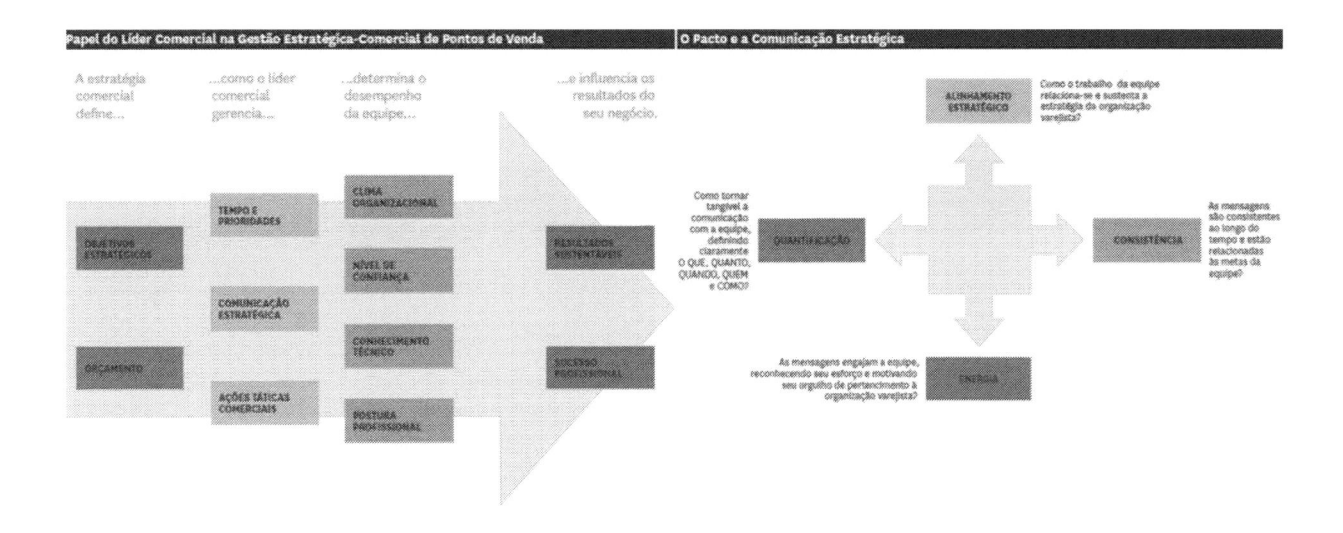

1.3 - Projetos x Planos de ação

Um dos aspectos mais importantes para a efetiva interação dos planejamentos estratégicos, táticos e operacionais, em consonância com a estrutura organizacional, é a adequada interligação entre os projetos e os planos de ação.

Os projetos preocupam-se com a estruturação e alocação de recursos (delineados pelas estratégias) direcionados para a obtenção de resultados específicos (estabelecidos pelos objetivos, desafios e metas). Enquanto isso, os planos de ação preocupam-se com a concentração das especialidades (recursos humanos, tecnologia, marketing, informática, logística etc.) identificadas por meio das atividades de cada projeto.

Para Vargas (1998, p. 33):

> Projeto é um empreendimento não repetitivo, caracterizado por uma seqüência clara e lógica de eventos, com início, meio e fim que se destina atingir um objetivo claro e definido, sendo conduzido por pessoas dentro de um parâmetro pré-definido de tempo, custo, recursos envolvidos e qualidade.

Esse processo de concentração de especialidades facilita a interação dos planos de ação com as diversas unidades da estrutura organizacional da empresa e, consequentemente, facilita a operacionalização das atividades e projetos correlacionados, bem como das estratégias que deram origem aos projetos.

É preciso considerar ainda o ciclo de Vida do Projeto, que para Vargas (1998) compartilha características similares, como, por exemplo, o nível de esforço. O autor assevera ainda que o nível de esforço exigido por um projeto inicia como zero e progressivamente aumenta até o seu nível máximo e depois pode voltar a diminuir bruscamente até o marco zero correspondente ao término do mesmo.

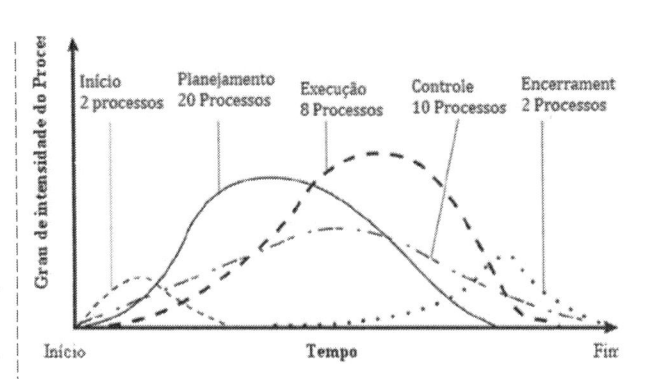

Figura 4: Ciclo de Vida de um Projeto Fonte:http://www.adonai.eti.br/wordpress/2014/01/pmbok-gestao-de-projetos. Acesso em 10 nov. 2014.

Considerando o descrito bem como a imagem da figura 4, é ressaltado a importância da compreensão das peculiaridades de cada etapa do ciclo de vida de um projeto. Por meio das características e da etapa de desenvolvimento é possível perceber uma evolução variável que requer atenção para que a ação planejada ocorra de forma qualitativa e, se possível de longo prazo.

*Figura 5: Modelo de Plano de Ação
Fonte: http://slideplayer.com.br/. Acesso em 10 nov.2014.*

Outro modelo de plano de ação bastante utilizado pelas organizações é o 5W2H, que consiste basicamente um formulário para execução e controle de tarefas onde são atribuídas as responsabilidades e determinado como o trabalho deverá ser realizado, assim como o departamento, motivo e prazo para conclusão com os custos envolvidos. Recebeu esse nome devido à primeira letra das palavras em

inglês, como as descritas a seguir:
What (o que será feito),
Who (quem fará),
When (quando será feito), Where (onde será feito), Why (por que será feito)
How (como será feito)
How Much (quanto custará)

Existe também (conforme disponível também no site: <http://www.doceshop.com.br/>. Acesso em: 10 mai.2015.) uma variação do plano de ação que nada mais é do que o 5W2H, mas sem o How Much (quanto custará), formando a sigla (adivinhe) 5W1H.

Há ocasiões em que um plano de ação muito simples é viável, porém em outros casos é necessária a criação de um documento para fins de arquivamento, reflexão e, principalmente, comunicação eficiente e visual com outras pessoas envolvidas. Este documento também servirá para você coordenar, manter e controlar as ações que deverão ser tomadas dentro de um prazo, em direção ao objetivo estipulado para o plano de ação.

Exemplificando, um plano de ação 5W2H imagina-se a seguinte situação: você pretende tornar a empresa 20% mais lucrativa, o que é diferente de simplesmente aumentar o faturamento em 20% certo? Então será necessário:
- pesquisar revistas especializadas;
- procurar ideias de marketing na Internet;
- idealizar uma promoção para público alvo;
- eleger os produtos para promoção;
- fazer panfletagem e propaganda nas mídias disponíveis.

Mas, só isso não parece ser suficiente, é preciso aumentar a lucratividade em 15% e outras ideias são necessárias, principalmente a relacionada e redução de custo sem diminuir qualidade, apenas aumentando a eficiência, assim é necessário:
- reduzir custos com eletricidade;
- reduzir custos com telefonia;
- analisar os custos fixos mais altos;
- aumentar a margem dos produtos em promoção;
- *marketing* de baixo custo e alto alcance.

Depois de levantar os dados necessários com planejamento estratégico, tem-se o plano de ação. Quando se entende o conceito básico é fácil formular o documento 5W2H, como por exemplo, na figura 6:

PLANO DE AÇÃO

OBJETIVO	Tornar a empresa 15% mais lucrativa no próximo trimestre

TAREFA 1

O QUÊ	Reduzir custos com conta de luz em até 45%. Valor do gasto atual chega a R$ 3.000, precisamos diminuir para R$ 1.650
ONDE	Todos os departamentos da empresa.
PORQUE	A atual instalação elétrica já está mesmo precisando de reforma, funcionários não estão conscientizados, a conta é alta e pode afetar a lucratividade de forma direta.
COMO	01 - Instalação dos conectores Dersehn. 02 - Troca do fio (fio fino aumenta o consumo) 03 - Fazer um sistema de aterramento 04 - Instalar mais disjuntores 05 - Treinamento para pessoal.
QUEM	Luiz - Eletricista e Elaine - RH
QUANDO	Data1: 30/04/2009 Data2:
QUANTO	R$ 2.000,00

Figura 6: Modelo de Plano de Ação
Fonte: http://slideplayer.com.br/. Acesso em 10 nov.2014.

Depois de observar as ferramentas disponíveis de planejamento é importante evidenciar que cada ação irá impulsionar um resultado. Espera-se que o profissional diante dos cenários apresentados, possa avaliar com rigor qual a medida estratégica para alcançar os resultados preconizados no projeto, plano de ação, e, sobretudo numa negociação. Dessa forma, não há uma "formula mágica" para atingir o sucesso, assim, cada profissional deverá imprimir sua característica pessoal em busca do melhor resultado.

2 - Estratégia de negociação

2.1 - Aspectos gerais da negociação

A estratégia de negociação é o "plano de ação", competitivo ou cooperativo, que se segue para atingir os objetivos planejados previamente. Dentro desse plano, são escolhidas as táticas específicas, a fim de realizar a estratégia como visto na seção 1.

Para Pruitt e Carnevalle apud Mnookin (1997), existem de modo geral cinco estratégias importantes que podem ser utilizadas em uma negociação, ou seja:

1. Fazer concessões: corresponde minimizar as perspectivas em relação aos objetivos, demandas ou ofertas a partir de um planejamento estratégico;
2. Disputar: tentar convencer a outra parte a fazer concessões ou resistir às tentativas da outra parte em obter concessões; para tanto podem ser utilizadas ameaças ou a imposição em uma posição;
3. Resolução de problemas: tentar dilatar ou localizar alternativas que atendam ambas as partes, utilizando o processo de audição ativa e fornecendo informações sobre as próprias prioridades dentro dos tópicos críticos em discussão;
4. Inação: não fazer nada ou fazer o mínimo possível numa negociação; e,
5. Afastamento: ausentar-se da negociação.

Como se percebe, a estratégia de negociação pode ser definida também como o planejamento e execução de atividades visando alcançar os objetivos organizacionais, levando em conta os avanços e/ou recursos de uma negociação. De acordo com Junqueira (1991), ao elaborar uma estratégia de negociação deve ser levada em conta ainda algumas táticas como: a informação, o tempo e o poder, cada uma com a intensidade necessária para o sucesso da ação.

Retomando a aula

Ao final da Oitava aula da disciplina, foi possível perceber que toda ação deve gerar um planejamento de forma estratégica, considerando, sobretudo, aspectos endógenos e exógenos à organização. Contudo, o(a) Tecnólogo(a) deve desenvolver competências, habilidades e atitudes em prol do fomento organizacional para garantir a implementação da visão, missão e valores institucionais o que requer maior dedicação e aprofundamento de novos conhecimentos durante e após a conclusão do curso superior.

Atividades da Aula 08

Após terem realizado uma boa leitura dos assuntos abordados, na Plataforma de Ensino na ferramenta "Sala Virtual - Atividades" estão disponíveis os arquivos com as atividades referentes a esta aula, que deverão ser respondidas e enviadas por meio do Portfólio - ferramenta do ambiente de aprendizagem UNIGRAN Virtual.

Referências

ACUFF, F. L. *How to negotiate anything with anyone anywhere around the world*. New York: American Management Association, 1993.

ALBRECHT, K. *Agregando valor à negociação*. São Paulo: Makron Books, 1994.

ALMEIDA, M.I.R. *Manual de Planejamento Estratégico*. São Paulo: Atlas, 2001.

ANINGER, Laila. *Gerenciando conflitos*. Disponível em: http://www.linhadireta.com.br/novo/livro/parte4/artigos.php?id_artigo=16. Acesso em: 24/06/2007.

BAILY, Peter [et al.]. *Compras:* Princípios e Administração. São Paulo: Atlas, 2000. 471 p.

BARBOSA, J. P. *Carta de Solicitação e Carta de Reclamação*. São Paulo: FTD, 2005.

BOFF, Rubem José. *Negociação:* técnicas para a obtenção de resultados. 2011.

BRANDÃO, Hugo P.; et al. *Gestão de Desempenho por competências:* integrando a gestão por competências, o balanced scorecard e a avaliação 360 graus. Rio de Janeiro: Fundação Getúlio Vargas, Revista de Administração Pública, 2010.

BRILMAN, Jean. *Ganhar a competição mundial*. Lisboa: Dom Quixote, 1991.

BURBRIDGE, R. Marc. et al. *Gestão de Negociação*. São Paulo: Saraiva, 2005.

MARTINELLI, Dante P; VENTURA, Carla A: MACHADO, Juliano R. *Negociação Internacional*. São Paulo: Atlas, 2004.

MELLO, José Carlos Martins F. de. *Negociação Baseada em Estratégia*. São Paulo: Atlas, 2003.

CHIAVENATO, I. & SAPIRO, A. *Planejamento estratégico:* fundamentos e dimensões. Rio de Janeiro: Elsevier, 2003.

CHIAVENATO, Idalberto. *Gestão de pessoas:* e o novo papel dos recursos humanos nas organizações. 4. reimp. Rio de Janeiro: Elsevier, 2004.

CLEGG, S. R. *Tecnologia, instrumentalidade e poder nas organizações*. Revista de Administração de Empresas. São Paulo, FGV, 32(2):68-95, mar./abr. 1992.

COHEN, Allan R, FINK, Stephen L. *Comportamento organizacional:* conceitos e estudos de caso. Rio de Janeiro: Campus, 2003.

COSTA, S. F. *Técnicas de negociação*. Porto Alegre:

Workshop, 1993.

DONALDSON, Michael C.; DONALDSON, Mimi. *Técnicas de negociação*. Rio de Janeiro: Campus, 1999. 389 p.

DUBRIN. Andrew J. *Fundamentos do comportamento organizacional*. São Paulo: Pioneira 2003.

FARIA, J. H. *Tecnologia e Processo de Trabalho*. 2. ed., Curitiba: Editora da Universidade Federal do Paraná, 1997.

FISHER, Roger URY, William PATTON, Bruce. *Como chegar ao sim*. A negociação de acordos sem concessões. 2ed. Rio de Janeiro: Imago, 1993.

FOUCAULT, Michel. *Vigiar e punir*. 2. ed. Petrópolis: Vozes, 1983.FOUCAULT, 1987).

FOUCAULT, M. *The history of sexuality:* the will to knowledge. London: Tavistock, 1981.

PRAHALAD, C. K.; HAMEL, Gary. *The Core Competence of the Corporation Harvard Business Review*, Vol. 68, Issue 3, p. 79-91 1990.

HILSDORF, Maria Lucia Spedo. *História da Educação Brasileira*. São Paulo: Thompson, 2005.

JUNQUEIRA, L. A. C. *Negociação, tecnologia e comportamento*. Rio de Janeiro: COP Editora, 1991.

JUNQUEIRA, L. A. C. *Negociação:* inverdades perigosas. Instituto MVC Estratégia e Humanismo. Disponível em: <http://www.institutomvc.com.br/costacurta/artla10_neg_inverdades.htm>. Acesso em: 30 abr. 2013.

KOTLER, P. *Administração de Marketing:* análise, planejamento, implementação e controle. 2ª ed. São Paulo: Atlas, 1992.

_____.*Administração de Marketing:* análise, planejamento, implementação e controle. São Paulo: Atlas, 2000.

LAURENT, L. *Como conduzir discussões e negociações*. Tradução Oswaldo Louzada Filho. São Paulo: Nobel, 1991.

MARTINELLI, Dante P.; ALMEIDA, Ana Paula de. *Negociação e solução de conflitos:* do impasse ao ganha-ganha através do melhor estilo. São Paulo: Atlas, 2006. 159 p.

_____.*Negociação e solução de conflitos:* do impasse ao ganha-ganha através do melhor estilo. São Paulo: Atlas, 1997.

MASCARENHAS, A. O. *Gestão Estratégica de Pessoas:* evolução, teoria e crítica. São Paulo: Cengage Learning, 2008.

MAXIMIANO, A. C. A. *Administração de projetos:* transformando idéias em resultados. São Paulo: Atlas, 1997.

MELLO, C.H.P. *Modelo para projeto e desenvolvimento de serviço*. Tese de doutorado. Universidade de São Paulo, 2005.

MELLO, José Carlos Martins F. de. *Negociação baseada em estratégia*. 2. ed São Paulo: Atlas, 2007. 147p.

MILLS, Harry A. *Negociação a arte de vencer*. São Paulo: Makron Books, 1993. 172p.

MNOOKIN R. et alli. *Mediación* – Una respuesta interdisciplinaria. Buenos Aires: Eudeba S.E.M., 1997.

MORGAN, Gareth. *Imagens da organização*. São Paulo, Atlas: 1996.

MOSCOVICI, Fela. *Desenvolvimento Interpessoal:* treinamento em grupo. 9.ed. Rio de Janeiro: José Olympio, 2000.

PADOVESE. Clovis Luiz. *Controladoria estratégica e operacional*. São Paulo: Thomson, 2005.

PEREIRA, V. G. & BRITO, M. J. B. *A organização como um sistema político:* um estudo do poder entre os membros da diretoria de uma cooperativa agrícola. In: Encontro Anual da ANPAD, 18. Anais. Curitiba, ANPAD, 1994. p. 168-76. (Administração rural e agroindustrial)

CERTO, S.S. & PETER, J.P. *Administração estratégica:* planejamento e implementação da estratégia. São Paulo: Makron Books,1993.

PINTO, Eder Paschoal. *Negociação orientada para resultados como chegar ao entendimento através de critérios legítimos e objetivos*. São Paulo: Ed. Atlas, 1993.

SEBRAE. *Negociação Internacional*. - 2°ed., rev. e atualizada. Belo Horizonte:SEBRAE/MG, 2005. 32 p.

TEELE, P.; MURPHY, J.; RUSSILL, R. *It´s a deal:* a practical negotiation handbook. 1.ed. England: McGraw-Hill, 1991.

VARGAS, Ricardo Viana. *Gerenciamento de Projetos com o MS Project 98, Estratégia, Planejamento e Controle*. Rio de Janeiro: Brasport, 1998, p. 302.

WANDERLEY, José Augusto. *Negociação total:* encontrando soluções, vencendo resistências, obtendo resultados. São Paulo: Editora Gente, 1998.

WELCH, J. & BYRNE, J.A. *Jack definitivo:* segredos do executivo do século. Rio de Janeiro: Campus, 2001.

WESTWOOD, J. *O plano de marketing*. São Paulo: Makron Books, 1996.

WOOD JÚNIOR, Thomaz. *Gestão empresarial:* o fator humano. São Paulo: Atlas, 2002.

WRIGHT P.; KROLL, M. J. & PARNELL, J. *Administração estratégica*. São Paulo: Ed. Atlas, 2000.

Minhas anotações

Graduação a Distância

4º SEMESTRE

Tecnologia em Comércio Exterior

PLANEJAMENTO
ESTRATÉGICO

UNIGRAN - Centro Universitário da Grande Dourados

Rua Balbina de Matos, 2121 - CEP 79.824 - 9000
Jardim Universitário
Dourados - MS
Fone: (67) 3411-4141 / Fax: (67) 3411-4167

Os direitos de publicação desta obra são reservados ao Centro Universitário da Grande Dourados (UNIGRAN), sendo proibida a reprodução total ou parcial de acordo com a Lei 9.160/98.

Os artigos de sites e revistas indicados para a leitura foram registrados como nos originais.

CEAD
Coordenadoria de Educação a Distância

Apresentação do Docente

Saulo França Brum, Administrador de Empresas devidamente registrado no CRA-MS, possui Mestrado Profissional em Produção e Gestão Agroindustrial, especialização em Gestão Financeira, Orçamentária e Auditoria pela Universidade para o Desenvolvimento da Região do Pantanal (2008) e graduação em Administração de Empresas pelo Centro Universitário da Grande Dourados (2007). Já atuou como Coordenador de Recursos Humanos da Taurus Distribuidora de Petróleo. Tem experiência na área de Administração, com ênfase em Administração Pública, Gestão de Materiais, rotinas de contabilidade comercial e cargos de Liderança. Atualmente, é Oficial do Exército Brasileiro/Ministério da Defesa e Coordenador do curso de Administração – EAD e Semipresencial da UNIGRAN. Como docente, atua nos cursos de Pós-graduação MBA executivo em Administração com ênfase em Recursos Humanos e MBA Contabilidade Gerencial e Controladoria. Na modalidade presencial, atua nos cursos de Administração de Empresas, Administração de Agronegócios, Comunicação Social e Publicidade & Marketing da UNIGRAN nas disciplinas de Estágio Supervisionado, Informática Aplicada ao Agronegócio, Gestão de Empresas Jornalísticas, Gestão de Empresas Publicitárias, Empreendedorismo e orientador do Trabalho de Conclusão de Curso (TCC) e na modalidade à distância nas disciplinas de Trabalho de Conclusão de Curso (TCC) e Estágio Curricular Supervisionado.

BRUM, Saulo França. Planejamento Estratégico.
Dourados: UNIGRAN, 2020.

64 p.: 23 cm.

1. Planejamento. 2. Estratégico

Sumário

Conversa inicial

Aula 01
A importância do planejamento para as organizações 5

Aula 02
O que é planejamento estratégico 13

Aula 03
Desafios para estratégia 21

Aula 04
Propósito da organização 27

Aula 05
Análise do ambiente interno 33

Aula 06
Análise do ambiente externo 43

Aula 07
Gestão estratégica 53

Aula 08
Formulação da estratégia 59

Referências 62

Conversa Inicial

Prezados(as) estudantes:

Bem-vindos(as) à disciplina de Planejamento Estratégico que objetiva compreender e desenvolver os processos necessários para estruturação do planejamento, com uma visão gerencial sobre sua importância, usando-o como ferramenta competitiva para as tomadas de decisões das empresas.

Para que seu estudo se torne proveitoso e prazeroso, esta disciplina foi organizada em oito aulas, com temas e subtemas que, por sua vez, são subdivididos em seções (tópicos), atendendo aos objetivos do processo de ensino-aprendizagem.

Após ter estudado a Aula 1 introdutória, que trata da importância do planejamento para as organizações, na Aula 2, descreveremos conceitos e definições de Planejamento Estratégico. Na Aula 3, detalharemos os desafios para as estratégias. Na Aula 4, será abordado os propósitos da Organização. Já na Aula 5 e 6, aprofundaremos os referenciais sobre a necessidade de análise sobre o ambiente interno e externo das Organizações. Na Aula 7, daremos um sentido sobre a gestão estratégica e, finalmente, na última aula 8, refletiremos um pouco sobre a formulação da estratégia.

Esperamos que, até o final da disciplina vocês possam:

- Desenvolver conhecimento e capacidade de planejamento estratégico;
- Gerir as atividades e recursos baseados em um plano estratégico, visando o alcance dos objetivos/metas estabelecidos com postura gerencial;
- Estimular o entendimento da importância da estratégia de diferenciação;
- Desenvolver expressão e comunicação compatível com o exercício profissional;
- Ampliar a capacidade crítica sobre a gestão estratégica, compreendendo sua posição e função na estrutura administrativa; e
- Conhecer a importância do pensamento sistêmico para o planejamento das estratégias.

Para tanto, a metodologia das aulas serão transcorridas da seguinte maneira:

- Atendimento personalizado individual, de orientação e esclarecimentos de dúvidas no acompanhamento das atividades;
- Atividades mediadas pelo professor no Ambiente de Aprendizagem Virtual (doravante AVA) em grupo e/ ou individual, a serem encaminhadas via plataforma;
- Aulas dialogadas, tendo como apoio o AVA da UNIGRANET com a utilização de ferramentas como Fóruns, Chats, Vídeos e Quadro de avisos;
- Pesquisas orientadas fazendo uso de bibliotecas existentes nos polos ou parcerias/convênios e virtuais;
- Devolutiva 9 das atividades corrigidas e devidamente avaliadas segundo os critérios de avaliação (notas);
- Encontros presenciais a serem realizados nos dias das provas.

No decorrer das aulas, se encontrarem alguma dificuldade no conteúdo, não hesitem em recorrer ao professor que estará sempre à disposição para esclarecê-las.

Vamos, então, à leitura das aulas? Boa leitura!

Aula 1º

A importância do planejamento para as organizações

O tema da aula, como o próprio título indica, apresentará a importância do planejamento estratégico para que os (as) futuros(as) gestores(as) possam aplicar corretamente as ferramentas no dia a dia do trabalho. Para tanto, serão evidenciados os elementos chaves relacionados aos princípios do planejamento, a hierarquia dos objetivos, os tipos de planejamento bem como a organização sistêmica, ou seja, a pirâmide organizacional.

Diversas Organizações, vinculadas ou não ao processo de gestão vêm se apoiando no Planejamento Estratégico como mecanismo de sobrevivência. Elas mantêm investimentos expressivos em todos os seus setores de atuação e vêm contribuindo de maneira substancial para o saldo positivo da balança comercial e para as divisas da economia nacional.

Numa situação hipotética, se as Organizações não estabelecessem um planejamento adequado, o que seria estimulado no desenvolvimento interno e externo a elas?

Nessa perspectiva, esperamos que ao final da aula você consiga elucidar uma resposta mais concreta para os questionamentos supracitados.

Bons estudos!

Objetivos de aprendizagem

Esperamos que, ao término desta aula, vocês serão capazes de:

- compreender o planejamento no processo de gestão como estratégia de gestão para as Organizações;
- identificar os conceitos mais apropriados para responder as demandas do planejamento estratégico;
- estimular o entendimento da importância da estratégia de diferenciação no processo de gestão.

Seções de estudo

1 – A importância do planejamento para as organizações
2 – Tipos de Planejamento
3 – Pirâmide Organizacional

1 - A importância do planejamento para as organizações

Turma, de acordo com o Plano de Ensino da disciplina anteriormente definido, atendendo aos objetivos de aprendizagem propostos, será possível perceber na Seção 1 que há certo tempo as organizações vêm buscando instrumentos que auxiliem a se manterem no mercado altamente competitivo. Uma das ferramentas encontradas é por meio do planejamento, que focando em estratégias consolidadas posicionam as empresas no sentido de saber "onde estão" e "onde querem chegar". Nesse sentido, vamos conhecer os princípios do planejamento assim como a hierarquia dos objetivos para identificar os elementos fundamentais para a gestão qualificada.

1.1 Introdução

Cada vez mais, as pessoas buscam abrir seu próprio empreendimento, e desde 2011, o Serviço Brasileiro de Apoio às Micro e Pequenas Empresas (SEBRAE)optou por realizar seus estudos de sobrevivência de empresas utilizando um tipo de metodologia, por meio do processamento do banco de dados da Secretaria da Receita Federal (SRF). Tomando como referência as empresas brasileiras constituídas em 2007, e as informações sobre estas empresas disponíveis na SRF até 2010, a taxa de sobrevivência das empresas com até dois anos de atividade foi de 75,6%. Essa taxa foi superior à taxa calculada para as empresas nascidas em 2006 (75,1%) e nascidas em 2005 (73,6%).

Como a taxa de mortalidade é complementar à da sobrevivência, pode-se dizer que a taxa de mortalidade de empresas com até dois anos caiu de 26,4% (nascidas em 2005), para 24,9% (nascidas em 2006) e para 24,4% (nascidas em 2007).

O índice apresentado pode estar relacionado à verificação das condições do mercado, no sentido do estudo de suas oportunidades, bem como a realização de um plano de negócios a ser seguido de acordo com as possibilidades de cada empresa.

Esse fato é um dos fatores importantes de se traçar estratégias antes de abrir qualquer negócio ou analisar seu posicionamento diante do mercado, porém cabe ressaltar que o planejamento é uma ferramenta continua que deve ser utilizado com critérios, de forma a enfrentar ameaças e aproveitar as oportunidades encontradas em seu ambiente externo, além de analisar suas fortalezas e fraquezas internas.

Empresas de todos os tipos estão chegando à conclusão de que essa atenção sistemática à estratégia é a maneira mais eficaz de se alcançar resultados, sejam elas de pequeno, médio ou grande porte.

No Brasil, mesmo considerando que as organizações vêm fomentando o uso de ferramentas do planejamento estratégico, ainda existem conflitos no entendimento adequado do que realmente se pretende alcançar.

Uns dos maiores questionamentos estão na aplicação dos termos "Planejamento Estratégico" e "Planejamento em Longo Prazo" como se fossem sinônimos. Segundo Igor Ansoff (1990), somente um número reduzido de empresas utilizam o verdadeiro sentido do Planejamento Estratégico. Infelizmente, ainda existem organizações que empregam antigas técnicas de planejamento em longo prazo.

Assim, a presente disciplina tem como objetivo principal, ao longo das oito aulas preparadas para os alunos matriculados na disciplina "Planejamento Estratégico Empresarial", promover a compreensão e desenvolvimento de processos necessários para estruturação do planejamento estratégico, com uma visão gerencial sobre a importância, usando-o como ferramenta competitiva para as tomadas de decisões das organizações empresariais.

1.2 Princípios do planejamento

"Planejamento é o esboço do futuro e a criação e seleção de meios para atingi-lo" (ACKOFF, 1996, s/p).

A propagação dos estudos sobre planejamento iniciado na década de 1970 vem ganhando cada vez mais espaço no mercado brasileiro e internacional. Para Mintzberg, Ahlstrand e Lampel (2000), as academias de planejamento da época afinavam a tendência do ensino das ciências administrativas, sobretudo, com processos formais e dados quantitativos a fim de analisar se os resultados ansiados estavam sendo alcançados.

Dentre as especifidades necessárias para realizar um bom planejamento, é preciso atenção ao tempo, esforço, custos, entre outros elementos, para que as metas sejam alcançadas. Corroborando com o pensamento de Mintzberg, Ahlstrand e Lampel (2000) existem algumas etapas para a elaboração de um planejamento estratégico, que são:

- estágio de fixação dos objetivos – nessa etapa o delineamento das ações de forma explicativa será mais viável de se alcançar o resultado almejado;
- estágio de auditoria externa – fase em que se recorre ao "olhar" do outro sobre os procedimentos adotados pela organização;
- estágio de avaliação da estratégia – aferir os níveis de ações elencadas de forma a compreender as fragilidades e ameaças em busca de oportunidades;
- estágio de operacionalização da estratégia – fase de testar o planejamento em ambiente real de atividade.

Como percebido anteriormente, para o planejamento adequado é necessário um arcabouço de informações e detalhes para garantir a "função ou técnica dinâmica de administração. É considerado um dos melhores métodos de preparar uma organização para as mudanças contínuas que ocorrem em seu ambiente" (MEGGINSON; MOSLEY; PIETRI JR., 1998). Portanto, como os próprios autores supracitados evidenciaram não há como desprezar a importância do conhecimento administrativo para o alcance dos objetivos propostos.

Porém, sabe-se que não existe um procedimento exato para que garanta os resultados esperados, nesse sentido, planejar significa pensar sistematicamente, ou seja, com método, analisando as possibilidades, as perspectivas, suas vantagens e desvantagens para propor objetivos, conforme Faria (1997) defender que é o processo que implica na formulação de um conjunto de decisões sobre as ações futuras, ou seja, planejar é decidir, antecipadamente, o que fazer.

Vinculando esse posicionamento a estratégia que vem do grego strategos, que quer dizer "chefe do exército", ou seja, o conjunto de técnicas administrativas com forte relação com o planejamento das guerras realizadas pelos "administradores" do exército: chefes e generais.

Fischmann e Almeida (1991) relataram que após algum tempo o termo passou a ser associado a jogos e entretenimento, e seus participantes eram considerados estratégicos, pois apresentavam uma visão geral da ação, podendo assim planejar suas jogadas de forma concisa.

Analisando o sentido etimológico, uma empresa segue os mesmos anseios de um ser humano, ou seja, precisa saber o que foi no passado, como está posicionada no presente e como será projetada no futuro. Acredita-se que as pessoas mais bem sucedidas são capazes de dizer com clareza o que desejam para o futuro. Da mesma forma como as grandes organizações que possuem um planejamento eficaz, pois conseguem compreender as modificações que ocorrem nos dias atuais e identificam a melhor maneira de se reposicionar no futuro.

Realizar um planejamento organizacional, portanto, é mais abstruso do que um planejamento pessoal, pois uma organização é constituída por diversos colaboradores que pensam e agem diferentes um dos outros. Nesse diapasão, incorporar os objetivos da empresa com o pessoal é mais um desafio conforme cita Faria (1997) "o planejamento determina os objetivos a atingir e os tipos de controle necessários que a administração da empresa deverá adotar".

Até o momento, é possível perceber no conjunto de subprocessos (etapas/fases) para atingir os resultados projetados, há de se considerar que o planejamento não é aleatório e sim sistemático, pois proporciona maior eficiência a uma atividade e aos objetivos definidos pela organização como defende Drucker (1984, p.133-136):

> É o processo contínuo de, sistematicamente e com o maior conhecimento possível do futuro contido, tomar decisões atuais que envolvem riscos; organizar sistematicamente as atividades necessárias à execução dessas decisões e, através de uma retroalimentação organizada e sistemática, medir o resultado dessas decisões em confronto com as expectativas alimentadas.

Nesse mesmo sentido, sua abordagem racional e científica visa à minimização de problemas de forma permanente, quando a ação é construída sobre um conjunto dinâmico de variáveis em determinado recorte histórico, bem como sistemático, porque se constitui de uma sequência de atos decisórios, ordenados em fases definidas e baseadas em conhecimentos científicos e técnicos.]

Quando associado à visão de futuro, o planejamento se configura com o estabelecimento de previsão, apesar de não se confundir com ela. Assim, o planejamento provoca uma relação entre coisas a fazer, os recursos e o tempo disponível para sua ação.

Nesse diapasão, pode-se dizer que o planejamento faz com que a empresa consiga realmente acompanhar o mercado minimizando os riscos, pois possibilita o conhecimento do meio em que está inserida para se posicionar diante do planejamento proposto.

1.3 Hierarquia dos Objetivos

Na hierarquia dos objetivos, o planejamento é um processo complexo que pode abranger todos os setores de uma organização, ou seja, o planejamento funciona como um meio de orientar o processo decisório, propiciando maior racionalidade e reduzindo a incerteza subjacente a qualquer tomada de decisão. Nesse caminho, o planejamento limita as alternativas de decisão e retira razoável parcela de liberdade para decidir, mas em compensação produz maior segurança e consistência nas escolhas feitas.

Segundo Certo & Peter (2005), o planejamento ajuda os gestores a perceberem a melhor forma para que as metas organizacionais sejam cumpridas, em vista disso, torna-se um processo de longo alcance que se estende geralmente de três a cinco anos. Em outras palavras, demonstra o que a empresa deve fazer para obter sucesso no tempo projetado.

Ainda conforme Certo e Peter (2005 p. 3), o processo de gerenciamento estratégico é constituído de cinco etapas como segue na figura abaixo:

Figura 1 – Etapas do processo de planejamento

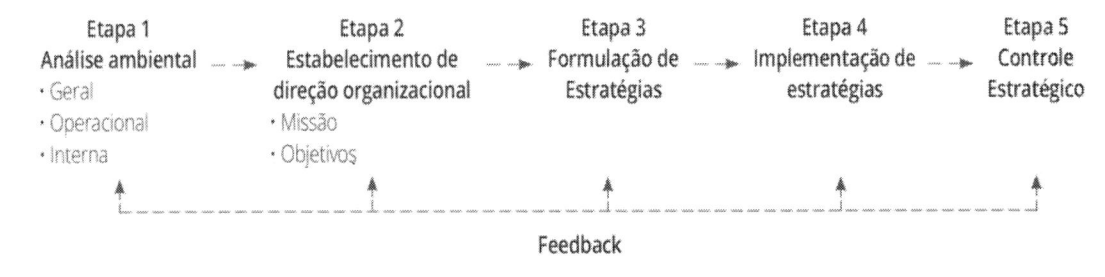

Etapa 1	Etapa 2	Etapa 3	Etapa 4	Etapa 5
Análise ambiental • Geral • Operacional • Interna	Estabelecimento de direção organizacional • Missão • Objetivos	Formulação de Estratégias	Implementação de estratégias	Controle Estratégico

Feedback

Fonte: Certo (2005)

Etapa 1 - Análise ambiental: uma análise do ambiente organizacional onde é possível verificar o meio em que a empresa se encontra e quais as influências ela sofre tanto no meio externo quanto interno. A análise ambiental engloba o exame de três ambientes:

- geral: a parte externa da empresa, que reúne os componentes econômicos, sociais, políticos, jurídicos e tecnológicos;
- operacional: componentes externos que possuem fatores que influenciam diretamente na administração da empresa, como clientes, concorrência, mão de obra, fornecedores, implicações internacionais;
- interno: implicações imediatas no gerenciamento, mais especificamente, planejamento, organização, influências e controle dentro da empresa.

Etapa 2 – Estabelecimento da direção organizacional: Após a análise ambiental os gestores podem identificar que caminho a empresa deve seguir, pra isso contam com dois fatores:

- determinação da missão organizacional: a razão de ser da empresa, somente sabendo essa razão a administração poderá focar as pessoas para que os objetivos sejam alcançados;
- objetivos: é o alvo da empresa, aquilo que ela pretende alcançar.

Etapa 3 - Formulação da estratégia: a forma que a empresa vai utilizar para alcançar seus objetivos. Essa formulação ocorrerá após ter sido realizada a análise ambiental e a criação da missão e objetivos, pois é preciso saber onde se quer chegar, para assim formular as estratégias de como chegar. As ferramentas mais utilizadas para a criação de estratégias são:

- análise das questões fundamentais: responder quatro questões básicas: Quais as finalidade e objetivos da organização? Para onde a organização está se dirigindo? Em que tipo de ambiente a organização insere-se atualmente? O que pode ser feito para melhor alcançar os objetivos organizacionais no futuro?
- análise SWOT: O termo SWOT é uma sigla oriunda do idioma inglês, e é um acrônimo de Forças (Strengths), Fraquezas (Weaknesses), Oportunidades (Opportunities) e Ameaças (Threats). Uma ferramenta que analisa os pontos fortes e fracos da empresa para que a partir dessa análise os gestores possam tomar as decisões cabíveis. Para Tiffany & Peterson, 1998 p. 159) "a análise SWOT permite que você construa um balanço estratégico de sua empresa, na análise, você reúne todos os fatores internos, inclusive os pontos fortes e fracos de sua empresa";
- análise do Portfólio de Negócios: baseia-se na mesma ideia de investimentos financeiros;
- modelo de Porter (1996) para a análise da indústria: uma das ferramentas mais conhecidas, baseia-se no preceito de que para o desenvolvimento de planejamento, os gestores devem entender e reagir às forças que determinam o nível de competitividade dentro da indústria. Ele considerou cinco fatores, as "forças" competitivas, que devem ser estudados para que se possa desenvolver uma estratégia empresarial eficiente. Uma mudança, seja ela identificada no micro ou macro ambiente, normalmente requer uma nova pesquisa (análise) para reavaliar o mercado.

Etapa 4 – Implementação de estratégias: consiste em colocar as ideias planejadas em ação, para que isso ocorra são necessárias quatro habilidades básicas:

- a habilidade de interagir: trata-se de saber lidar com pessoas, gestores que são verdadeiros líderes possuem essa habilidade, ou seja, conseguem entender as frustrações das pessoas e assim colocar a melhor maneira de incorporar todos os colaboradores no mesmo objetivo.
- a habilidade de alocação: trata de saber lidar com os recursos operacionais para que as opiniões sejam colocadas em prática, ou seja, programar tarefas, fazer orçamento de tempo e investimentos, e outros recursos organizacionais.
- a habilidade de monitoramento: é a capacidade de perceber se o que foi planejado está sendo cumprido e se eventuais problemas não estão bloqueando o processo.
- a habilidade de organizar: é a capacidade de fazer com que problemas, previstos, ou não, sejam resolvidos por meio de um trabalho em rede.

Etapa 5 – Controle estratégico: Consiste no monitoramento e avaliação do planejamento, o controle é realizado para a comprovação de que todos os passos estão sendo utilizados de forma adequada para que o objetivo seja alcançado.

O processo de planejamento estratégico é longo e dinâmico. Os passos para um gerenciamento estratégico descrito acima seguem as teorias de Certo (2005), porém, outros autores demonstram formas diferentes de planejar. O próprio autor mostra outra forma de planejamento: o planejamento tático realizado em curto prazo. Segundo Fischmann e Almeida (1991, p. 34) a sequência de etapas não é algo rígido, variando tanto entre autores como entre organizações.

No encerramento da Seção 1 foi possível perceber que existem diversas fases para se alcançar o planejamento adequado, assim como para cada estágio existem critérios operacionais e estratégicos que serão delineados pelo gestor.

Agora, na Seção 2 será possível identificar a existência de diversos tipos de planejamento, que além dos indicados, cada gestor dará forma ao que for mais adequado e conveniente para a organização em que estará liderando.

2 - Tipos de Planejamento

Como foi possível perceber até aqui, por meio dos conceitos e ideias apresentadas, o planejamento é uma ferramenta administrativa que tem por finalidade proporcionar a harmonia entre as oportunidades indicadas pelo ambiente e as capacidades internas da organização. No caso da pequena empresa, uma análise minuciosa de suas especificidades deve ser empreendida, de modo a adequar suas técnicas a suas necessidades.

De acordo com Almeida (2001), a eficácia da teoria de planejamento estratégico quando aplicado às pequenas empresas ocorre em função da adaptação dessa técnica às especificidades delas. De acordo com Kotler (1999), o planejamento estratégico do negócio pode ser dividido em etapas, conforme mostra a figura 2.

Figura 2 - O processo de planejamento estratégico do negócio

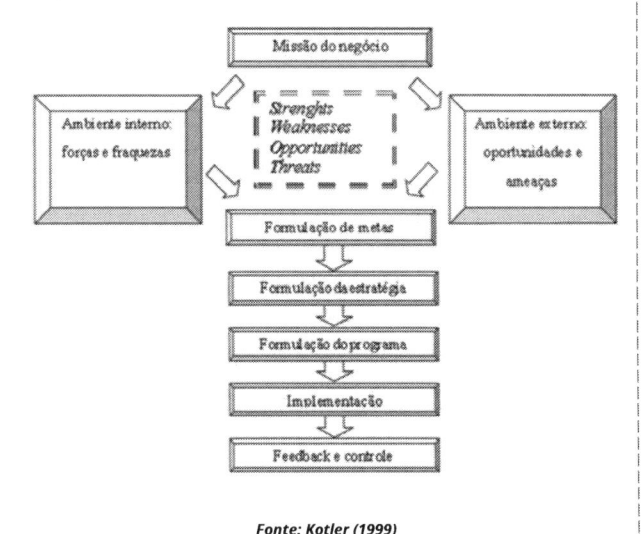

Fonte: Kotler (1999)

A partir da definição da missão, conforme apontado por Kotler (1999) acrescenta-se a ela a necessidade de definição da visão e dos valores da organização a fim de estabelecer ações que serão implementadas, analisadas e acompanhadas visando atingir os objetivos e metas estipuladas. Para isso, elabora-se uma estratégia corporativa. O plano de negócios de uma empresa, instrumento de planejamento e gestão, deve contemplar de forma objetiva essa formulação estratégica da empresa.

Em linhas gerais, a missão constitui o propósito ou as razões para a existência da empresa, seja ela pública ou privada bem como a sua proficuidade para os clientes. Definir a missão significa entender qual necessidade do mercado à organização satisfaz. A missão deve ser decidida para a finalidade ou utilidade da organização e não apenas pelo seu produto ou serviço (MAXIMIANO, 2000).

A definição da visão não estabelece ou expressa fins quantitativos, mas provê motivação, uma direção geral, uma imagem e uma filosofia que guia a empresa, além de apontar um caminho para o futuro. A visão, portanto, pode ser considerada como os limites que os principais responsáveis pela empresa conseguem enxergar dentro de um período de tempo mais longo e uma abordagem mais ampla (OLIVEIRA, 2001).

Já os valores, também definidos por Oliveira (2001), representam o conjunto de seus princípios e crenças fundamentais, bem como fornecem sustentação a todas as suas principais decisões. Entre elas, podemos exemplificar responsabilidade social, ambiental, ética profissional, pontualidade, discrição, comprometimento, entre outras razões organizacionais.

Na concepção de Mintzberg, Ahlstrand e Lampel (2000), a grande maioria das organizações delineiam o perfil institucional a partir da divisão do processo em fases, bem como a definição de objetivos, planos e orçamentos, conforme demonstra a figura 3 o diagrama da metodologia proposta por Steiner (1979).

Figura 3 - Estrutura e processo do planejamento estratégico.

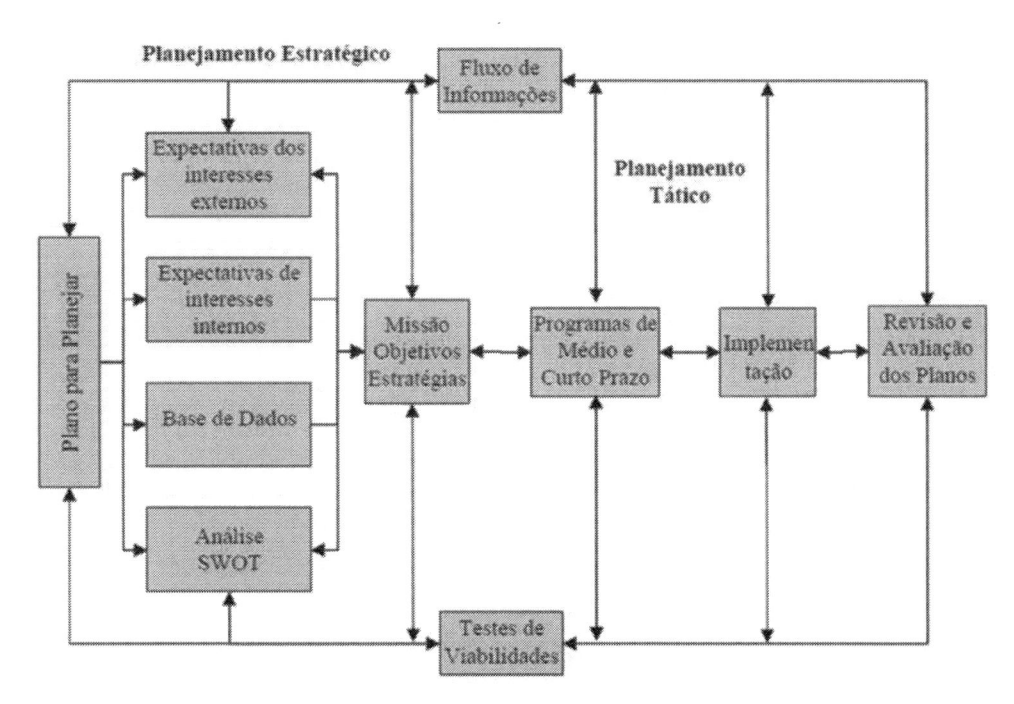

Fonte: Adaptado de Steiner (1979, p. 17).

Seguindo essa metodologia, o plano é a primeira fase para que se possa expressar o que os dirigentes esperam do planejamento, chamados muitas vezes de guia ou manual do planejamento. O próximo passo é a análise ou diagnóstico da situação atual que envolve as quatro atividades que ocorrem simultaneamente à análise dos pontos fortes, fracos, ameaças e oportunidades. A chamada base de dados inclui uma avaliação sobre o desempenho passado da organização, sua posição atual e previsões para o futuro.

O desconhecimento ou conhecimento parcial da técnica de planejamento por parte deles e, principalmente, a falta de tempo suficiente para se dedicarem a traçar um planejamento são alguns dos motivos que levam os pequenos e médios empresários a não planejarem.

Uma coisa é descobrir as oportunidades atraentes do ambiente, outra é possuir as competências necessárias para aproveitar bem essas oportunidades. Assim, é indispensável a avaliação periódica das forças e fraquezas de cada negócio. Não é necessário corrigir todas as fraquezas do negócio nem destacar suas forças, mas, sobretudo, identificar as melhores oportunidades.

Dessa forma, a principal razão de se escrever as metas e objetivos dos negócios é procurar adequar e orientar o caminho a ser seguido para que a empresa esteja cumprindo sua missão em direção à visão. A principal diferença entre metas e objetivos é que a meta indica intenções gerais da empresa e o caminho básico para chegar ao destino que se deseja. Já os objetivos são as ações específicas mensuráveis que constituem os passos para se atingir as metas.

Outra metodologia, entre as inúmeras existentes é a sugerida pelo SEBRAE, que é composta por quatro fases. Embora a primeira etapa seja denominada missão da empresa, ela envolve efetuar a análise externa, análise interna e avaliar a posição estratégica da empresa. A segunda etapa consiste em analisar o negócio, através da analise das potencialidades e fragilidades. A terceira etapa consiste em analisar a concorrência e montar as estratégias. A implementação e a avaliação compõem a quarta etapa desta metodologia.

Assim, cada atividade realizada, algumas características são formuladas visando enfrentar os aspectos percebidos através do levantamento feito pelas análises internas e externas da empresa. Dessa forma, para Almeida (2001, p.42), "deve-se partir das estratégias para se chegar aos objetivos. As possíveis estratégias elaboradas nesta etapa de diagnóstico são agrupadas e se chega então às grandes estratégias". Conforme, pode ser apresentado na figura 4.

FIGURA 4 – Metodologia apresentada por Almeida

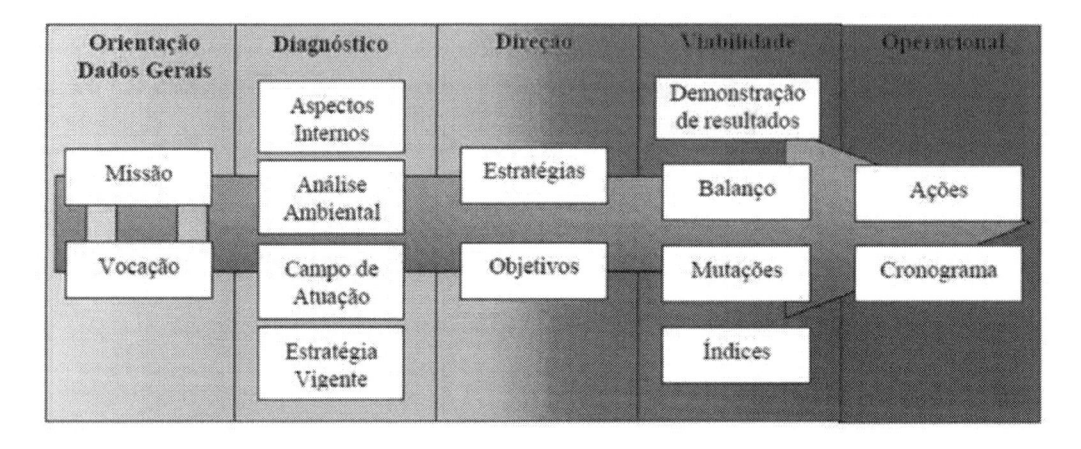

Fonte: Arquivo pessoal.

Ao finalizar a Seção 2, foi possível perceber que as metodologias utilizadas e sugeridas no planejamento organizacional são muito similares, porém, o que é preciso levar em conta é a adaptação necessária ao porte e às características intrínsecas na elaboração da estratégia de maneira simplificada. Na sequencia da Aula 1 teremos um entendimento na Seção 3 sobre os níveis hierárquicos de uma organização, de modo a compreender a razão de existência de cada grupo de colaboradores para o pleno desenvolvimento das ações.

3 - Pirâmide organizacional

Considerando a realidade do mercado, as empresas de modo geral estão buscando respostas que representam o cenário em que se encontra o que pretende ser e como fazer para tornar-se o que pretende na perspectiva do planejamento estratégico.

Nas pequenas empresas, a boa gestão organizacional é um fator determinante para sua sobrevivência. Assim, o planejamento estratégico torna-se uma ferramenta fundamental para o sucesso da organização e que pode ser implantado de forma simples e com baixo investimento nas pequenas e médias empresas.

Com a utilização do planejamento, são estabelecidas às direções da organização, assim como são formuladas, implantadas e controladas as estratégias. O processo de planejamento estratégico faz com que as pessoas envolvidas repensem as formas de organização, no que tange a missão, visão, premissas e de suas expectativas em torno dela. Esse repensar juntamente com a análise ambiental externa fornece a base para a finalidade de um planejamento.

Elencados os objetivos organizacionais a serem alcançados, o próximo passo é saber como alcançá-los, isto é, estabelecer a estratégia empresarial a ser utilizada para melhor alcançar aqueles objetivos e quais as táticas que melhor implementem a estratégia adotada. Nesse sentido, as organizações procuram alcançar simultaneamente vários e diferentes objetivos e precisam estabelecer graus de importância e prioridade para evitar possíveis conflitos e criar condições de sinergia entre eles.

Para decompor os objetivos maiores em objetivos menores recebem o nome de "cascata de objetivos". Ela começa pela missão da empresa, que dará origem ao planejamento estratégico, que se desdobrará em um plano tático, e este em um plano operacional.

Todos os três níveis se relacionam com objetivos da organização e se diferenciam em termos de amplitude (espaço organizacional) e de horizonte (tempo). Segundo Chiavenato, tem-se a seguinte classificação conforme a figura 5:

Figura 5 – Pirâmide organizacional de Chiavenato (2007).

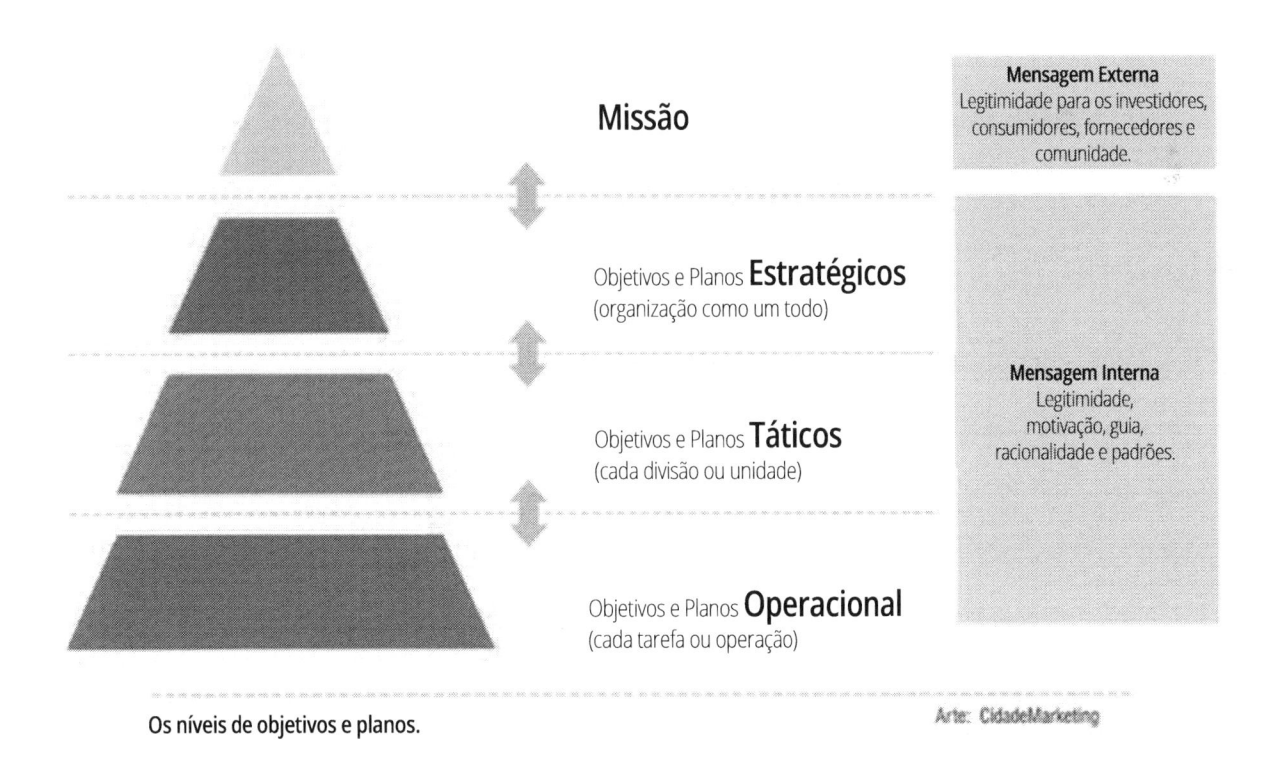

Os níveis de objetivos e planos.

Fonte: Cidade Marketing (2013).

Planejamento estratégico – Trata-se de objetivos globais e amplos, da organização como um todo, e definidos no longo prazo, isto é, entre dois a cinco ou mais anos pela frente. (Ex.: aumento do retorno sobre o investimento dos acionistas.);

Planejamento tático – Planeja-se em médio prazo e abrange cada unidade específica da organização. Traz, geralmente, objetivos divisionais ou departamentais relacionados com as áreas de produção, finanças, marketing e de recursos humanos da organização. (Ex.: Aumentar a qualidade das peças produzidas);

Planejamento operacional - É o tipo ação mais específica, de curto prazo e voltado às operações corriqueiras da empresa (Ex.: Admitir três inspetores da qualidade e incentivar novas ideias para diminuir falhas na produção).

Figura 6 – Etapas do Planejamento

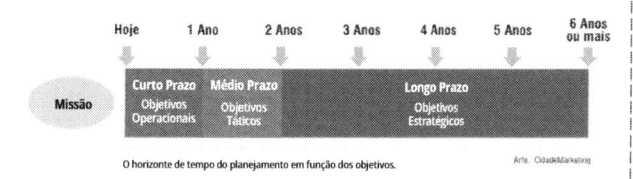

Como pode se perceber nas Seções anteriores, são gerados diversos benefícios quando se aplica o planejamento estratégico de forma adequada, dentre eles se evidencia a motivação e envolvimento dos colaboradores, a instrumentalização e a tomada de decisão sobre as ações elencadas pela equipe gestora. Portanto, para representar um nível de confiança aceitável, o planejamento precisa ser palpável, realista, desafiador, relevante e motivador.

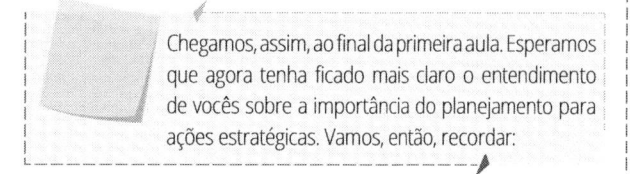

Retomando a aula

Chegamos, assim, ao final da primeira aula. Esperamos que agora tenha ficado mais claro o entendimento de vocês sobre a importância do planejamento para ações estratégicas. Vamos, então, recordar:

1 - A importância do planejamento para as organizações

Nessa parte da aula, foi demonstrada a necessidade que as organizações têm de se adaptarem às condições do mercado que requer fundamentalmente planejamento sobre as ações, tanto no que relaciona a questões financeiras como também aos aspectos logísticos, de recursos físicos e de infraestrutura, de pessoas, entre outros.

Para tanto, uma das formas identificadas é por meio de estratégias sólidas que posicionam as empresas na intenção de identificar "onde estão" e "aonde querem chegar".

2 – Tipos de Planejamento

Nesse tópico da aula foi possível perceber a existência de diversos tipos de planejamento para consolidar a ação estratégica. Vale lembrar ainda que cada tipo de ação deve se levar em conta o contexto em que está inserido assim como avaliar a dimensão em que se pretende alcançar.

Além disso, foi evidenciada a importância de se definir a visão e missão a fim de delinear os objetivos e metas organizacionais estipuladas. Não esquecendo, o plano de negócios de uma empresa é um instrumento eficaz de planejamento e gestão, devendo elucidar a formulação estratégica da empresa.

3 – Pirâmide organizacional

Nessa Seção foi indicada a razão de existência de cada grupo de colaboradores para o planejamento e organização das ações estratégicas.

Ademais, foram apresentados os três tipos de planejamento segundo Chiavenato, ou seja, o estratégico (objetivos globais e amplos da organização de longo prazo); o tático (abrange cada unidade específica da organização e de médio prazo); e o operacional (ação mais específica, de curto prazo).

Vale a pena

Vale a pena ler,

CHIAVENATO, Idalberto; SAPIRO, Arão. Planejamento Estratégico: fundamentos e aplicações. 2ª ed. Rio de Janeiro: Elsevier - Campus, 2009. OLIVEIRA, Djalma de P. R. de. Planejamento Estratégico: conceitos, metodologia, práticas. São Paulo: Atlas, 2012.

Vale a pena acessar,

Associação Brasileira do Agronegócio – ABAG (www.abag.com.br).
Confederação Nacional da Indústria – CNI (www.portaldaindustria.com.br/).
Serviço Brasileiro de Apoio às Micro e Pequenas Empresas SEBRAE (www.sebrae.com.br).

Vale a pena assistir,

11 Homens e um segredo (planejamento estratégico, gestão de pessoas, gestão de conflitos, liderança);
Apollo 13 (Tomada de decisão; Gestão de Projetos. Planejamento Estratégico; trabalho em equipe, liderança);
Limite Vertical (planejamento, definição de objetivos, trabalho em equipe);
O colecionador de Ossos (planejamento e estratégia);
Vida de Insetos (planejamento, liderança, gestão de conflitos).

Aula 2º

O que é planejamento estratégico

Neste segundo módulo da disciplina de "Planejamento Estratégico Empresarial" aprofundaremos sobre os conceitos, definições e realidade que acontecem quando se propõe a adaptar o planejamento diante das estratégias organizacionais. Essa compreensão será fundamental para que os(as) futuros(as) profissionais possam desenvolver competências, habilidades e atitudes diante dos desafios de gestão. Nesse sentido, serão apresentadas algumas correntes teóricas, visões equivocadas sobre planejamento estratégico assim como a necessidade de planejamento e visão futura do negócio em questão.

Caso fosse questionado por um grande investidor com a seguinte pergunta: De que forma vem implementando ações de médio e longo prazo nos últimos cinco anos, diante das incertezas do mercado externo? Qual a posição detalhada de seu negócio e a de seus concorrentes considerando a participação de mercado, pontos fortes por linha de produto e pontos fortes por região? O que mais te incomoda sobre o que seus concorrentes façam nos próximos três anos para alterar a imagem competitiva? Qual sua projeção de mercado para os próximos cinco anos?

Nesse contexto, acreditamos que definir a melhor resposta será quando alinhar suas expectativas estratégicas ao negócio e mercado envolvido, porém para se alcançar resultados será preciso maior preparo profissional, portanto, vamos aos estudos desse módulo.

Bons estudos!

Objetivos de aprendizagem

Esperamos que, ao término desta aula, vocês serão capazes de:

- identificar conceitos e definições sobre planejamento estratégico para melhor compreensão do sistema organizacional;
- perceber algumas experiências positivas e negativas sobre o planejamento estratégico;
- gerar conhecimento a partir da leitura e pesquisa sobre o assunto da aula para instrumentalizar o profissional para as futuras incertezas no mercado.

Seções de estudo

1 – O que é planejamento estratégico
2 – Planejamento à projeção futura

1 - O que é planejamento estratégico

Pessoal, nessa Seção 2 complementaremos os conceitos e definições do planejamento com o enfoque estratégico, ou seja, além de identificar mecanismos para compreensão e desenvolvimento do negócio será preciso avançar em função das necessidades do mercado interno e externo, assim configurando o posicionamento das lideranças para atingir objetivos de curto, médio e longo prazo.
Além de identificar as melhores ações em função da estratégia, trataremos de abordar algumas visões errôneas sobre planejamento estratégico a fim de elucidar melhor o assunto para os(as) futuros(as) profissionais.

1.1 Origem e conceitos

A origem do termo "estratégia" foi motivada a partir da 2ª Revolução Industrial (na metade do século XIX), e criado pelas ciências militares da época e, por volta dos anos de 1970, surge o termo Planejamento Estratégico (PE) como conhecido na atualidade (LUNKES, 2003). Nesse período, identificado pelas crises, entre elas, a guerra entre os árabes e israelenses que provocou o aumento do preço do petróleo no mundo; redução de energia e matéria-prima, recessão econômica e baixos índices de desemprego (BARBOSA, 2005).

Após esse período, o termo foi ganhando outros significados, e um dos recomendados é que se trata de um método que prepara a organização para o seu futuro, ou seja, possibilita condições de traçar objetivos e planos para alcançar as metas organizacionais. Porém, é fato que a decisão estratégica está sujeita a uma série de fatores, entre eles, a análise dos pontos fortes e fracos, ameaças e oportunidades (PADOVEZE, 2005).

Dessa forma, entende-se esse processo na consistência da análise sistemática dos pontos fortes e fracos da empresa, além das oportunidades e ameaças do ambiente externo com o intuito de estabelecer objetivos, estratégias e ações que possibilitam o aumento da visibilidade do negócio.

Corroborando com os autores supracitados, Chiavenato & Sapiro (2003, p.39) defendem também que trata-se de: "[...] um processo de formulação de estratégias organizacionais, no qual se busca a inserção da organização e de sua missão no ambiente em que ela esta atuando". Nessa fala, incita-se a ideia de metodologia gerencial que objetiva proporcionar aos tomadores de decisão uma estrutura que permita o exame do ambiente onde atua a organização.

Para Welch & Byrne (2001, p.438) também é enfatizado o papel dos concorrentes no processo estratégico. Para eles, cinco perguntas são salutares para definir esse tipo de planejamento:

1. Qual a posição global detalhada de seu negócio e a de seus concorrentes: participação de mercado, pontos fortes por linha de produto e pontos fortes por região?
2. Que ações seus concorrentes adotaram nos últimos dois anos que mudaram a paisagem competitiva?
3. O que você fez nos últimos dois anos que alterou a paisagem competitiva?
4. O que você mais receia que seus concorrentes façam nos próximos dois anos para alterar a paisagem competitiva?
5. O que você fará nos próximos dois anos para superar quaisquer manobras de seus concorrentes?

A cada resposta é possível puxar um leque de opções, já que elas erão reveladas conforme a realidade do mercado onde está inserido. Imaginando o cenário de um pequeno agricultor que cultiva produtos orgânicos (sem agrotóxicos) em pequena escala, poderíamos compará-lo com médios e grandes produtores que não se preocupam com o racionamento de agrotóxicos? Entretanto, caso houvesse a intensão desse pequeno agricultor expandir seus negócios, como ele perceberia as possibilidades caso não soubesse de seus concorrentes potenciais ou qual a demanda efetiva para esse crescimento?

Se imaginarmos esse cenário em larga escala no setor do agronegócio, também devemos estar atentos às intempéries de dentro e fora da organização, como por exemplo, perceber como esse segmento vem respondendo nos últimos anos diante das crises, quais os riscos relacionados às taxas tributárias, quais os profissionais disponíveis no mercado, quais as políticas de incentivo?

Outro ponto a ser observado pelo gestor é a relação existente entre o Planejamento Estratégico e a Administração Estratégica. Segundo Wright, Kroll & Parnell (2000, p.24), administração

> [...] é um termo que abrange os estágios iniciais de determinação da missão e os objetivos da organização no contexto de seus ambientes externo e interno. Desse modo, administração estratégica pode ser vista como uma série de passos em que a alta administração deve realizar as tarefas a seguir: analisar oportunidades e ameaças ou limitações existentes no ambiente externo; analisar os pontos fortes e fracos de seu ambiente interno; estabelecer a missão organizacional e os objetivos gerais; formular estratégias (no nível empresarial, no nível de unidades de negócio e no nível funcional) que permitam à organização combinar os pontos fortes e fracos da organização e as oportunidades e ameaças do ambiente; implementar as estratégias; e realizar atividades de controle estratégico para assegurar que os objetivos gerais da organização sejam atingidos.

Aliados a esses objetivos, é preciso evidenciar que o planejamento estratégico busca entre as formas existentes:
- Aumentar a competitividade da organização, ou

seja, deixá-la mais atrativa para competir com seus concorrentes;
- Diminuir riscos na tomada de decisão baseada na qualificação dos processos de aferimento de qualidade e de controle;
- Pensar no futuro para provocar uma previsão dos possíveis mercados potenciais, das incertezas, das ameaças, entre outros fatores endógenos e exógenos à organização;
- Integrar decisões isoladas em um plano, ou seja, materializar as ações definidas em metodologias para alcance de resultados;
- Fortalecer os pontos fortes e oportunidades além de minimizar os pontos fracos e ameaças dentro e fora da organização;
- Diminuir a influência dos concorrentes no mercado neutralizando-os com novas formas de gestão e de valor agregado aos produtos e/ou serviços oferecidos.

Dessa forma, deve-se, estudá-la como um todo, e não em partes. Neste sentido, Kotler (2000, p.86) afirma que: "O objetivo do planejamento estratégico é dar forma aos negócios e produtos de uma empresa, de modo que eles possibilitem os lucros e o crescimento almejado".

O processo de planejamento estratégico envolve alguns conceitos básicos, por meio dos quais as empresas empreendem uma pesquisa sobre o futuro e formula suas estratégias. No entanto, vale lembrar que entre eles, alguns possuem definições ambíguas.

Segundo Kotler (1992, p.63), "planejamento estratégico é definido como o processo gerencial de desenvolver e manter uma adequação razoável entre os objetivos e recursos da empresa e as mudanças e oportunidades de mercado". O objetivo do planejamento estratégico é, portanto, orientar e reorientar os negócios e produtos da empresa de modo que gere lucros e crescimento satisfatórios.

Fechando essa parte do estudo, dentre as definições apresentadas, têm-se ainda que o planejamento estratégico (PE) é uma abordagem poderosa para lidar com situações de mudanças, oferecendo grande auxílio em ambientes turbulentos como os de nossos dias. Merece, por isso, atenção como instrumento de gestão.

1.2 Visões errôneas sobre planejamento estratégico

Considerando a competitividade crescente das organizações empresariais, o aumento de exigências dos consumidores, a necessidade de manutenção da imagem das empresas tradicionais mesmo aquelas com características familiares, além de outros fatores, motivaram a inserção do planejamento estratégico como ferramenta administrativa.

Analisando a evolução do mercado, uma importante condição para a sobrevivência das pequenas e micro empresas é a clareza de seus objetivos e os caminhos a serem seguidos para alcançá-lo estão relacionados ao planejamento estratégico. Segundo Fischmann e Almeida (1991, p.45), as atividades de um plano estratégico variam conforme o tipo e o tamanho da organização. Nas organizações maiores as atividades são mais subdivididas, pois as pessoas têm uma especialização maior em razão da divisão das funções. Em função disso, nas empresas pequenas o planejamento torna- se mais fácil de ser incorporado pelos membros, pois o número de colaboradores é menor, fazendo com que os objetivos sejam de fácil transmissão.

A maior parte do pensamento convencional sobre planejamento estratégico, ou seja, o estabelecimento de metas e a formulação de planos para atingi-las, muitas vezes acontecem de forma equivocada. Muitas organizações, infelizmente, perdem tempo excessivo e energia intelectual tentando planejar e fazer um prognóstico de seu futuro sem observar com clareza os detalhes do presente.

A confusão se estabelece quando o gestor atribui ao processo de planejamento apenas pelo viés financeiro e de custos, ou seja, desconsidera questões relacionadas à gestão de pessoas, patrimonial, controle de qualidade, mercadológica, entre outros fatores. E quando a questão principal está relacionada ao gerenciamento dos custos, não crie uma forma de controle para não permitir o extrapolamento do orçamento de um ano para outro, sem as devidas correções para, por exemplo, ajustes de salários, compensação por depreciação ou manutenção de maquinários, pagamento de impostos. Sabe-se que esse tipo de ação com base no orçamento incomoda os gestores, levando-os muitas vezes a pensar que estão planejando corretamente, mas frequentemente há muito pouco ou nenhum planejamento vinculado (ALBRECHT, 1994).

De fato, os relatos acima promovem várias visões equivocadas sobre o planejamento estratégico, porém há de se considerar que a limitação profissional do gestor pode influenciar na incapacidade de prever efetivamente, pois não é uma tarefa fácil de concretizar. Vamos imaginar, por exemplo, que prever uma mudança no cenário político ou no próprio comportamento dos indivíduos podem ser questões complicadas de serem mensuradas e de certa forma são decisivos para se alcançar resultados positivos. É necessário, portanto, estar em sintonia com todos os ambientes e fatores variáveis que possam afetar de alguma forma o planejamento estratégico.

Ressalta-se ainda, que muitos processos produtivos advêm de operações não repetitivas o que as tornam mais complicadas de estabelecer um controle e padronização. Para tanto, é fundamental identificar as melhores rotinas de trabalho para minimizar as incertezas.

Por fim, em alguns casos, pode existir a tendência à inflexibilidade na gestão de planos e projetos, ou seja, o planejamento quando é formulado defini- se seu cronograma inicial de trabalho, porém existem diversos fatores críticos que podem inviabilizar de acontecê-los como previsto, ou quando pensados, não se considerou novas variáveis que podem ocorrer no meio do processo, assim seu "engessamento" não permitirá que haja uma flexibilidade para absorver as variáveis não previstas, o que não é salutar para qualquer organização.

Desse modo, ao final dessa seção identificamos que para consolidar o planejamento estratégico, várias formas de gestão foram implementadas mesmo considerando as interfaces que podem influenciar na visão equivocada do planejamento. Já na Seção 2 será possível perceber que existem mecanismos eficazes de equilíbrio entre os "velhos" os "novos" modelos de gestão estratégica.

2 - Planejamento à projeção futura

Há uma forma melhor de se pensar no futuro desde que vinculada ao planejamento, ou seja, pensar, falar e descrever como orientar os negócios. Planejar é a palavra apropriada para se projetar um conjunto de ações para atingir um resultado claramente definido, quando se tem plena certeza da situação em que as ações acontecerão e controle quase absoluto dos fatores que asseguram o sucesso no alcance dos resultados.

Nesse contexto globalizado, se algum indivíduo pretende investir seu tempo na competitividade do mercado é fundamental se apoiar a um processo de raciocínio que seja explorador, e não determinístico o que Albrecht (1994) o chama de projeção futura.

O planejamento como é feito convencionalmente tem pouco a oferecer em qualquer situação altamente bilateral, ou seja, quando os mecanismos de controle, incluindo as previsões, os planos de ação e os cronogramas frequentemente não passam de ilusão e amadorismo intelectual. Em alguns casos, as ilusões de exatidão que se criam podem levar ao desvio da concentração nos meios para se alcançar o sucesso almejado.

Desse ponto de vista, o ciclo típico do planejamento anual que tantas organizações seguem rigorosamente, na realidade, o estímulo ao travamento da agilidade para reagir às mudanças, ameaças e oportunidades. Redigir o plano estratégico e o orçamento anual é um processo tão exaustivo que muitas vezes ninguém deseja mudá-lo, mesmo que ocorram mudanças ambientais importantes no decorrer do ano.

É preciso tanto planejar quanto projetar o futuro para tornar uma organização bem-sucedida, ou seja, são necessários colaboradores qualificados nas duas tarefas para se definir "como agir" baseando-se no mapeamento da realidade imediata e no futuro próximo. Esse entendimento auxiliará no ato de "planejar" como parte das decisões sobre as ações gerenciáveis que serão implementadas.

Nesse contexto, para evitar a sensação de frustração ou impotência por parte do gestor para prever as situações futuras, é preciso o envolvimento de outras partes envolvidas na ação para auxiliar no planejamento. A intenção dessa reunião de pessoas e com elas as iniciativas estratégicas, além das competências e habilidades, são fundamentais para identificar uma estratégia mais adequada de ação para alcançar a meta estabelecida pela organização que demanda o planejamento.

A premissa norteadora para essa composição criativa advém da Administração Estratégica, como descrito por Certo & Peter (2005, p. 3) a "administração estratégica é definida como um processo contínuo e interativo que visa manter uma organização como um conjunto apropriadamente integrado a seu ambiente". Nessa descrição, fica evidente que a estratégia pode ser entendida como a maneira de como se pensar nas decisões sobre ações interativas, onde os adversários possuem reações não previsíveis e já os planos ou projetos estratégicos é um formato de documento para sistematizar as decisões estratégicas futuras.

2.1 Elaborando as estratégias

A definição das estratégias organizacionais são iniciadas, muitas vezes, nas empresas e, para Thompson (2003), são divididas em quatro níveis da organização. Já nas organizações que possuem um único negócio, existem apenas três níveis de elaboração de estratégia (estratégia de negócios, estratégia funcional e estratégia operacional).

Esse mesmo autor defende que as organizações necessitam de estratégias para orientá-las no cumprimento de seus objetivos e com isso provocar a transformação da realidade organizacional, ou seja, segundo Thompson (2003, p. 55):

> A elaboração da estratégia é tudo sobre como atingir as metas de desempenho, como superar os rivais, como atingir vantagem competitiva e sustentável, como reforçar a posição de longo prazo nos negócios da empresa, como transformar em realidade a visão estratégica da gerência para a empresa. Para associar aos quatro níveis defendidos pelo autor será utilizado o exemplo da BUNGE Brasil, com informações disponíveis no site (www.bunge.com.br) de forma a evidenciar as interfaces necessárias destacadas abaixo:

- Estratégia Corporativa: estende-se por toda a organização. "Trata-se de mudanças para estabelecer posições comerciais em diferentes indústrias e de como melhorar o desempenho do grupo de negócios em que a empresa se diversificou" (THOMPSON, 2003, p. 55).

A nova Bunge Brasil
Integração estabelece as bases para um novo ciclo de expansão e otimiza a utilização dos recursos ambientais e dos investimentos sociais.

Reestruturação estabelece novo ciclo de excelência
A reestruturação da Bunge no Brasil, levada a cabo em 2010, objetivou capturar sinergias entre as duas empresas do grupo no País (a Bunge Alimentos e a Bunge Fertilizantes), promover a integração de negócios, incorporar as melhores práticas de cada linha de negócio e otimizar a utilização dos recursos ambientais e dos investimentos sociais. O novo modelo está organizado em quatro unidades de negócio - Fertilizantes, Agronegócio & Logística, Alimentos & Ingredientes e Açúcar & Bioenergia - e quatro áreas de suporte, alocadas em uma única companhia: a Bunge Brasil.
A gestão integrada possibilitou reduzir custos, aperfeiçoar metodologias e processos, ganhar agilidade, reforçar a presença da Bunge nos mercados em que atua, concentrar esforços em áreas estratégicas dentro da política de sustentabilidade e estabelecer as bases para um novo ciclo de excelência da Bunge no Brasil. O processo de integração, que exigiu criterioso trabalho de ajustes, workshops e reuniões, entre outros recursos, garantiu a adequada integração, sem impacto para os stakeholders ou mudanças nos programas e investimentos ligados às áreas social e ambiental.

Reconhecida pela atuação integrada do campo à mesa, a Bunge pretende reforçar sua presença no mercado e concentrar esforços em questões estratégicas dentro da política de sustentabilidade, como o relacionamento com mais de 60 mil produtores rurais. A empresa, que tem como prática promover o desenvolvimento social nas regiões em que atua e incentivar a produção agrícola com respeito ao meio ambiente e aos direitos trabalhistas, é líder na aquisição e comercialização de grãos no País, no processamento de soja e trigo e na fabricação de óleos comestíveis.

Fonte: http://www.bunge.com.br/sustentabilidade/2011/port/areas-de-negocio-da-bunge-brasil/default.asp (10/10/2014).

- Estratégia de Negócios: é o projeto de ação para gerenciar uma linha de negócios, ou seja, com a intenção de formar uma posição competitiva mais agressiva de longo prazo.

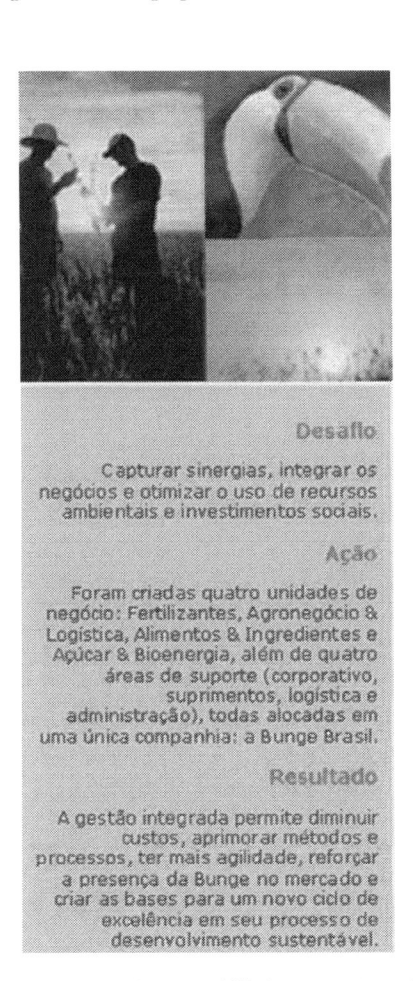

Desafio
Capturar sinergias, integrar os negócios e otimizar o uso de recursos ambientais e investimentos sociais.

Ação
Foram criadas quatro unidades de negócio: Fertilizantes, Agronegócio & Logística, Alimentos & Ingredientes e Açúcar & Bioenergia, além de quatro áreas de suporte (corporativo, suprimentos, logística e administração), todas alocadas em uma única companhia: a Bunge Brasil.

Resultado
A gestão integrada permite diminuir custos, aprimorar métodos e processos, ter mais agilidade, reforçar a presença da Bunge no mercado e criar as bases para um novo ciclo de excelência em seu processo de desenvolvimento sustentável.

Fonte: http://www.bunge.com.br/sustentabilidade/2011/port/areas-de-negocio-da-bunge-brasil/default.asp (10/10/2014).

- Estratégia Funcional: relaciona ao projeto gerencial de um departamento ou atividade funcional dentro do negócio. A sua intenção é subsidiar apoio para a estratégia geral dos negócios e descrever como cada área setorial pode atingir seus objetivos estabelecidos. Toda organização precisa de tantas estratégias funcionais quanto forem suas grandes atividades.

Fonte: http://www.bunge.com.br/sustentabilidade/2011/port/governanca-corporativa/estrategia-alinhada.asp (10/10/2014)

- Estratégia Operacional: "delineiam como gerenciar unidades organizacionais chaves dentro de um negócio e como executar atividades estrategicamente significativas" (THOMPSON, 2003, p.56). As estratégias operacionais são consideradas um complemento às estratégias funcionais e ao plano geral do negócio.

AGRONEGÓCIO & LOGÍSTICA

Líder no setor, a área de Agronegócio atua na originação (aquisição) de soja, trigo, milho, caroço, algodão, sorgo e girassol, no processamento e exportação desses grãos, e na fabricação de produtos para nutrição animal. Em 2010, o Agronegócio comercializou 21,65 milhões de toneladas de grãos e açúcar, volume ligeiramente superior (+3%) ao negociado em 2009. Para os próximos períodos, a empresa trabalha em um cenário de expansão de negócios, com pleno funcionamento de ativos importantes, como a fábrica de processamento de soja do município de Nova Mutum, a 264 km de Cuiabá (Mato Grosso), e o Moinho Suape, localizado no complexo industrial portuário de mesmo nome, na região metropolitana do Recife (Pernambuco).

Com o objetivo de expandir ainda mais sua produção e reforçar sua participação de mercado, a Bunge Brasil reativou, no início de fevereiro de 2011, as operações de industrialização de soja localizada em Ponta Grossa (PR), uma das plantas industriais mais tradicionais da cidade (polo agrícola do estado).

Desativada em 2009, a unidade recebeu investimentos para readequação e revitalização, para que possa operar dentro dos padrões de sustentabilidade.

Com a reativação, a Bunge passou a ter presença em todos os estados produtores de soja do país.

Logística cada vez mais competitiva

Para uma empresa como a Bunge Brasil, que leva seus produtos do campo à mesa, tem forte atuação nas exportações de grãos e comercializa fertilizantes para agricultores de todo o País, o segmento de logística é estratégico. O transporte de produtos e cargas, em todos os modais, respondem por uma parcela significativa dos custos de produção e, em decorrência, interfere diretamente na competitividade. Para assegurar melhor aproveitamento das sinergias entre as recém-criadas áreas de negocio, a Bunge criou a Diretoria Corporativa de Logística e integrou os departamentos.

Fonte: http://www.bunge.com.br/sustentabilidade/2011/port/areas-de-negocio-da-bunge-brasil/agronegocio.asp (10/10/2014)

Dessa maneira, a elaboração do plano estratégico de uma empresa consiste em uma coleção de estratégias desenvolvidas por diferentes níveis de hierarquia da organização corroborando com o pensamento de Drucker (1984, p.133-136):

> É o processo contínuo de, sistematicamente e com o maior conhecimento possível do futuro contido, tomar decisões atuais que envolvem riscos; organizar sistematicamente as atividades necessárias à execução dessas decisões e, através de uma retroalimentação organizada e sistemática, medir o resultado dessas decisões em confronto com as expectativas alimentadas.

Ao finalizar esse tópico, identificamos conceitos relacionados à necessidade de planejamento de ações futuras, associamos a um exemplo de sucesso. No próximo tópico vamos focar em visões estratégicas como fator diferencial das organizações.

2.2 - Visões estratégicas

> "O planejamento não diz respeito a decisões futuras, mas às implicações futuras de decisões presentes." (Peter Drucker)

Para iniciar esse tópico a citação de Peter Drucker (1984) evidencia que o planejamento futuro não pode estar desassociado do contexto presente, ou seja, para a composição do planejamento estratégico, não se pode considerar o projeto como um documento definitivo e estanque ao tempo, pelo contrário, deve ser composto como um instrumento passível de modificação e dinâmico, que contém projeções antecipadas para alinhamento da missão e visão organizacional.

Assim, a visão organizacional deve abarcar o perfil do que a empresa quer se tornar quando as intenções e recursos disponíveis forem reunidos de desenvolvidos de maneira conjunta por todos os colaboradores envolvidos para se tornarem realidade. Nesse contexto, de acordo com Oliveira (2002) a visão pode ser considerada como os limites que os principais responsáveis pela organização conseguem enxergar dentro de um período de tempo mais longo e uma abordagem mais ampla.

Analisando a evolução das organizações, à medida que a concorrência por mercados foram se intensificando e a mudança organizacional se difundia, houve a necessidade de se dimensionar várias estratégias ao invés de uma única, que ao tentar englobar todas as ações presentes e futuras, não oferecia mais a base para uma gestão eficaz das organizações no presente, nem tampouco para gerenciar as mudanças vitais.

Assim, a proposta do Prof. Derek F. Abell é a adoção do duplo planejamento. A diferença fundamental entre o planejamento para o presente ("hoje para hoje") e o planejamento para o futuro ("hoje para amanhã") não corresponde à diferença comum entre curto e longo prazo, na qual o plano de curto prazo não passa de um mero exercício detalhado sobre operações e orçamento feito no contexto de uma posição de mercado esperada para longo prazo.

Nesse contexto, no fechamento da Aula 2, com o desenvolvimento das Seções anteriores, o foco de análise está centrado para a forma de planejamento escolhido, observando que o presente requer uma estratégia própria, ou seja, uma visão de como a organização precisa funcionar na atualidade e de como deseja chegar ao futuro, numa relação sincrônica e sistêmica entre o passado, presente e futuro da organização. Nesse caminho, acredita-se que os passos dos gestores envolvidos nesse processo serão mais sólidos e longínquos.

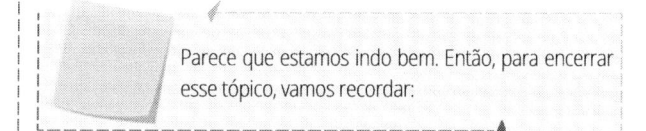

Retomando a aula

Parece que estamos indo bem. Então, para encerrar esse tópico, vamos recordar:

1 – O que é planejamento estratégico

Na primeira seção desta aula foi importante perceber a origem e evolução do pensamento estratégico, que motivado por uma forma de gestão militar desencadeou após a Revolução Industrial, novas formas de perceber que as organizações precisavam avançar para garantir resultados mais eficazes.

Além disso, os autores que fundamentaram a conceituação sobre o tema foram de certa forma unânimes em retratar que não há forma de perceber o processo de planejamento estratégico abandonando o entendimento da organização como um todo, mesmo incluindo as empresas de micro, pequeno, médio porte. A organização empresarial, portanto, deve estabelecer uma rotina de divisão de tarefas para agregar valor ao planejamento global incluindo as especificidades existentes em cada setor ou departamento.

2 - Planejamento à projeção futura

Percebemos no contexto apresentado na Seção 2 que o planejamento só será eficaz caso sua projeção do gestor ou da equipe envolvida contemple o conjunto de ações para atingir um resultado claramente definido. É necessário para tanto realizar um plano para se construir uma edificação, pilotar um avião, realizar um transplante, gerenciar uma fazenda, realizar um consórcio, investir numa viagem ao exterior, abrir um novo negócio ou lançar um novo produto ou prestar um novo serviço.

Portanto, definir o tipo de estratégia para se alcançar o resultado almejado, seja ele de médio ou longo prazo, requer atenção aos mínimos detalhes, pois a própria dinâmica do negócio indica a necessidade de adaptabilidade em consonância com a missão e visão organizacional.

Vale a pena

Vale a pena **ler,**

NEVES, Marcos Fava. *Agronegócios e desenvolvimento sustentável*: uma agenda para a liderança mundial na produção de alimentos e bioenergia. São Paulo: Atlas, 2007.

Vale a pena **acessar,**

BUNGE (www.bunge.com.br)
PORTAL DO AGRONEGÓCIO (www.portaldoagronegocio.com.br)

Vale a pena **assistir,**

Treze dias que abalaram o mundo (Thirteen Days, 2000) (aborda a crise dos mísseis em Cuba, em 1962. Explora o modelo de decisões do agente racional e expõe conceitos interessantes sobre tomada de decisões e estratégias).

A Verdade dos Bastidores (The Quiz Show, 1994) – (Trata de um caso real dos anos 50: um engano massivo da televisão, aborda o tema da corrupção.)

Minhas anotações

Minhas anotações

Aula 3º

Desafios para estratégia

Na aula 3, da disciplina de " Planejamento Estratégico Empresarial" daremos destaque para uma reflexão situacional sobre os desafios para o desenvolvimento de estratégias organizacionais.

Diante das adversidades enfrentadas pelos empresários brasileiros em detrimento do mercado concorrencial, destaca-se a procura comum por informações que possibilitem compreender de forma adequada a situação das organizações sobre sua responsabilidade. Nesse caso, cabe ao gestor (a) identificar instrumentos para dar conta da pressão que os empresários impõem na redução de gastos para evitar a ociosidade, ao mesmo tempo em que a cobrança se redobra para aumento da produtividade, dos lucros e da ampliação de valor do negócio.

Sendo arguido por seu chefe imediato com a seguinte pergunta: como ampliar a linha de produção ao mesmo tempo reduzindo os custos, o tempo de produção e de distribuição e ainda preservando a qualidade?

A resposta parece não ser fácil de ser respondida de imediato, justamente pela importância de se planejar com cautela as ações gerenciais para se alcançar as metas estipuladas, avaliando quais são realmente viáveis e mensuráveis para se atingir a qualidade esperada pelo cliente. Nessa relação dialética entre o necessário e o viável vamos avançar nos estudos estratégicos desse módulo.

Bons estudos!

Objetivos de aprendizagem

Esperamos que, ao término desta aula, vocês serão capazes de:

- perceber como se configura a realidade das organizações no que tange à imposição de limites de produtividade aos seus colaboradores;
- identificar mecanismos de planejamento para estabelecer estratégias que atendam as expectativas da organização;
- primar pelo equilíbrio necessário na composição do planejamento estratégico tendo como ponto de partida a relação existente entre oferta e demanda.

Seções de estudo

1 - Comportamento das OrganizaçõesT
2 - Ambientes Organizacionais

1 - Comportamento das organizações T

Pessoal, nesta Seção, provocaremos uma reflexão sobre as forma de gestão escolhidas pelas Organizações que diante das pressões internas, que são muitas vezes baseadas na alta produtividade, aumento dos lucros, expansão de mercado, entre outros fatores; e externas, que diante da necessidade do cliente requerer um produto ou serviço mais barato e da concorrência desleal, revelam incertezas e ameaças para sobrevivência do próprio negócio.

1.1 A importância da produtividade

A aceitação de um novo paradigma implica a mudança dos valores, que por sua vez requer uma ampla negociação, envolvendo pessoas de todos os níveis da organização (SILVEIRA J; VIVACQUA, 1996, p.23).

Ao destacar o comportamento das organizações nos últimos tempos, é evidente o investimento realizado em tecnologia, informação e comunicação. No entanto, esse desenvolvimento ocorre basicamente nas atividades operacionais das organizações, como faturamento, controle de estoque, emissão de notas fiscais, controle de pagamentos, entre outros. A existência de processos eficientes na operação das organizações é fator primordial para o sucesso de qualquer negócio, principalmente para estimular os índices de produtividade.

Martins e Laugeni (2005) destacam que o gerenciamento de produtividade corresponde ao processo formal de administração, envolvendo tanto os níveis estratégicos gerenciais e táticos como os operacionais, com a finalidade de reduzir os custos de produção. Da mesma forma, os autores afirmam que deve ser estabelecida a aferição da produtividade com a utilização de metodologias adequadas aos dados já existentes ou identificando novos instrumentos, para que seja possível comparar o desempenho de outras empresas concorrentes.

Nessa linha de pensamento, Tubino (2000) reforça que para as Organizações atingirem seus objetivos e metas, os sistemas produtivos devem exercer uma série de funções operacionais, desempenhadas por colaboradores, que vão desde o projeto dos produtos até o controle dos estoques, instrumentos fundamentais para estabelecer um escopo de planejamento.

Vários são os fatores que definem a produtividade de uma Organização, analisando o cenário do agronegócio no Brasil com a análise de Martins e Laugeni (2005) têm-se as seguintes preocupações:

- relação capital e trabalho: indica o nível de investimento em maquinário, equipamentos e instalações em relação à mão de obra empregada. Nessa relação, poderíamos citar do pequeno ao grande produtor. Utilizando o exemplo da agricultura familiar, no país, é possível identificar diversas ações. Entre elas o Programa Mais Alimentos que oferece linha de crédito do Programa Nacional de Fortalecimento da Agricultura Familiar (PRONAF), para modernizar as unidades familiares com novos tratores, caminhões e colheitadeiras (PORTAL BRASIL, 2014 - http://www.brasil.gov.br/economia-e-emprego/);
- a escassez de alguns recursos: não apenas o solo fértil, a indisponibilidade de água e de energia elétrica, a biodiversidade e trabalhadores qualificados impulsionam o agronegócio;
- mudanças na mão de obra: os custos de mão de obra aumentam conforme sua qualificação e também pelo êxodo rural;
- inovação e tecnologia: o aumento da produtividade a médio e longo prazos indicam investimentos em pesquisas e desenvolvimento. Nesse item, o país, por meio da Empresa Brasileira de Pesquisa Agropecuária (Embrapa), são essenciais para o aumento da produtividade da agricultura brasileira. Uma dessas pesquisas é sobre a produção de etanol de segunda geração, com primas alternativas, como o bagaço da cana-de-açúcar, capim, resíduos florestais e sorgo, encontrados em grandes quantidades na natureza e aproveitados na fabricação do novo tipo de etanol;
- restrições legais: como por exemplo, as restrições ambientais. No caso do agronegócio, a política agrícola brasileira incentiva a expansão do setor, por meio da concessão de crédito e benefícios fiscais, além de programas como o Seguro Rural (que permite ao produtor proteger-se contra perdas nas safras e rebanhos);
- fatores gerenciais que relacionados com a competência dos gestores buscarem programas de melhoria de produtividade em suas empresas; e de qualidade de vida onde muitas empresas procuram melhorar a qualidade de vida de seus funcionários visando assim, o aumento da produtividade. Existe no país o Programa de Aquisição de Alimentos que articula a compra, pelo governo, de produtos de pequenos agricultores que parte desses alimentos vão para os restaurantes populares, cozinhas comunitárias e outras entidades socioassistenciais (MINISTÉRIO DA AGRICULTURA, 2014).

Associados as perspectivas supracitadas, Martins e Laugeni (2005) também relatam que a produtividade é uma avaliação entre dois instantes no tempo, entre dois períodos consecutivos de tempo ou não e tem relação entre o valor do produto e/ou serviço produzido e o custo dos insumos para produzi-lo.

Um empreendedor, para tomar decisões estratégicas e com isso gerar maior produtividade, necessita de relatórios disponíveis que possibilitem uma visão holística sobre o negócio, tal como a distribuição de vendas de seus produtos por localidade em determinado período, não sendo adequado para esse tipo de gestor analisar uma lista contendo cada uma das notas fiscais emitidas pela empresa em determinado período. Essa seria a diferença básica entre dado e informação.

Dessa forma, a implantação de uma nova metodologia de trabalho numa organização vai esbarrar, quase sempre, em alguns obstáculos e dificuldades a serem vencidos com sabedoria, pertinácia e habilidade, principalmente, se essas organizações se depararem com mudanças que envolvam transformações culturais, de postura, atitudes ou estrutura organizacional.

Quando se busca implementar um processo de pensamento estratégico nas organizações, um dos grandes obstáculos a enfrentar é a dificuldade de percepção. Ou seja, bloqueios de toda espécie impedem a visualização de riscos, de um lado, e de oportunidades, do outro.

Quase sempre, as pessoas se surpreendem com situações do cotidiano que geram uma relação dialética entre a comodidade e a mudança de comportamento. Por exemplo, quando se procura em uma prateleira de supermercado algum produto e não é encontrado, pois ele não está exatamente no lugar que era esperado que estivesse, ou não está naquela embalagem à qual estava acostumado.

Nessa relação, geram-se os bloqueios da percepção que impedem de ver o novo, o diferente, ou seja, "olhamos, mas não vemos". Alguns contratempos, porém, vão além do olhar e não ver: estão relacionados com as dificuldades do processo de "pensar o impensável". Gera-se, então, a dificuldade em visualizar o que nunca foi imaginado antes.

Para tanto, os chamados modelos mentais são muito úteis para o aprendizado, a consolidação, a estruturação e a exposição de conceitos sobre determinado assunto, sistema ou fenômeno. Por outro lado, eles acabam se transformando em obstáculos mentais para a percepção de indícios, sinais ou informações que não se enquadrem nos modelos mentais preexistentes que, segundo Peter Senger (1990) deixamos de perceber muita coisa por não conhecer suas inter-relações sistêmicas.

1.2 Relação oferta e demanda

Sabe-se que numa situação macroeconômica, as Organizações são impulsionadas pela Lei da Oferta e da Procura (Demanda) que procura consolidar a demanda e a oferta de um determinado bem ou serviço. De forma geral, a oferta de determinado produto ou serviço é definida pelas várias quantidades que os produtores estão dispostos e aptos a oferecer ao Mercado consumidor, em função de vários níveis possíveis de preços, em dado período de tempo. A oferta, portanto, depende do preço, da quantidade, da tecnologia utilizada na fabricação entre outras coisas relacionadas aos produtos e serviços.

A procura é influenciada pela preferência do consumidor final, a compatibilidade entre preço e qualidade e a facilidade de compra do produto. É, inclusive, determinada pelas várias quantidades que os consumidores estão dispostos e aptos a adquirir, em função de vários níveis possíveis de preços, em dado período de tempo.

Associando ao contexto do agronegócio, essa relação deve ser entendida de forma sistêmica e estratégica para evitar que o desiquilíbrio aconteça entre a produção e o consumo.

Assim, analisando o texto abaixo, identifique os pontos que retratam o cenário da relação oferta e demanda no mercado suinocultor, que segundo a Associação Brasileira dos Criadores de Suínos (ABCS) é bastante positivo.

Os indicadores de preços são de certa forma, determinados pelo próprio consumidor, pois quando estes passam a buscar mais um produto qualquer, o produtor eleva o seu preço, fazendo com que o consumidor pague mais se deseja adquiri-lo. Se tivéssemos uma situação contrária, quando um produto não é mais procurado o produtor seria estimulado a deixar de produzi-lo para que não tenha despesas em relação à oferta sem demanda.

Assim, ao final da Seção 1 foi possível perceber a importância da produtividade para geração de divisas para o país e o aumento dos lucros das Organizações, entretanto, vários fatores são limitantes, que relacionados ao contexto imposto pelo mercado seja pela escassez da mão de obra como também dos recursos naturais que provocam reflexos decisivos no equilíbrio entre a oferta e demanda do setor produtivo.

2 - Ambientes organizacionais

2.1 Tipos de ambientes

Considerando que as Organizações não estão isoladas pela própria dinâmica macroeconômica mundial, proporcionada muitas vezes pelo processo produtivo que está interligado, da tecnologia e da informação, por esse motivo se torna um sistema aberto e múltiplo de valores e de longas fronteiras. Para Chiavenato (2005, p. 71), "ambiente é tudo o que está além das fronteiras ou limites da organização", ou melhor, é tudo o que está fora dela.

Por sua amplitude e complexidade, o ambiente pode se tornar uma fonte de recursos sejam eles de materiais, equipamentos, insumos e de oportunidades, mas também pode impor restrições e ameaças delineadas pelo mercado externo. Nesse sentido, a análise ambiental pode auxiliar a organização a identificar oportunidades e ameaças através da atividade de inteligência competitiva, ou seja, elementos que configuram o planejamento estratégico.

Ainda segundo Chiavenato (2005), para compreender melhor o ambiente deve-se dividi-lo em dois grandes segmentos: o ambiente geral e o ambiente específico (CHIAVENATO, 2005). O primeiro é mais abrangente e impacta toda a sociedade. Já o ambiente específico, ou microambiente, é mais restrito, ou seja, de onde se retiram os insumos e que geram seus produtos ou serviços.

Portanto, durante o planejamento estratégico, a organização não pode olhar apenas para o ambiente externo. Ela deve preocupar-se também com a sua situação interna. Segundo Chiavenato (2005, p. 581):

A análise organizacional refere-se ao exame das condições atuais e futuras da organização, seus recursos disponíveis e necessários (incluindo tecnologia), potencialidades e habilidades, forças e fraquezas da organização, sua estrutura organizacional, suas capacidades e competências.

Veja:

Figura 1: Análise do ambiente corporativo

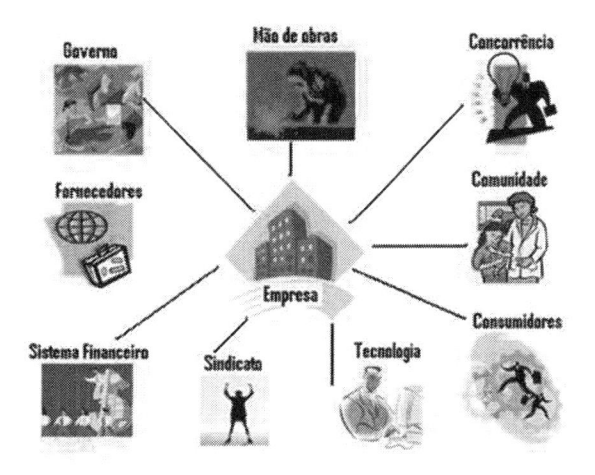

Fonte: https://www.google.com.br/imghp?hl=pt-PT&ei=UBu4VKzxIsLdggTVlYTgBA&ved=0CAMQqi4oAg

Para Morgan (1996) o enfoque principal sistêmico define que as organizações bem como os organismos estão abertos ao seu meio ambiente e devem atingir as relações apropriadas caso queiram sobreviver. Para o autor, ambiente e sistemas devem ser compreendidos como estado de interação e dependência mútua.

Assim, a capacidade das empresas de atingir suas metas depende do processo de planejamento e monitoração para identificar os riscos e oportunidades, tanto presentes como futuros, que possam influenciá-las. O propósito da análise de ambiente é avaliar de que modo à administração pode reagir adequadamente e aumentar o sucesso organizacional (PETER e CERTO, 1993), esquematizando os segmentos ou componentes do ambiente a fim de permitir seu estudo sistemático (MAXIMIANO, 1997).

Figura 2: Análise do ambiente externo

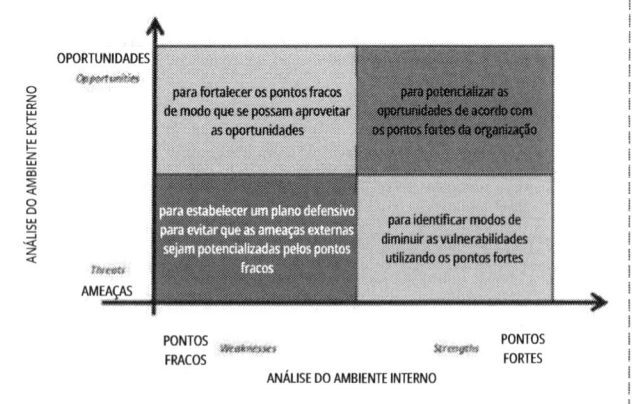

Fonte: http://teoadm1.blogspot.com.br/2011/06/e-ai-pessoal-mais-uma-unidade-sobre-as.html (10/10/2014)

2.2 Limitações das Organizações

Atualmente, em algum ponto da carreira, todo empreendedor encara uma questão crucial: até onde o negócio pode ir? Formulada no plano teórico, a pergunta aciona muitas vezes uma resposta-chave: "o céu é o limite!" Afinal, tudo seria possível mediante o compromisso de fazer acontecer, de ajustar o foco da visão de negócio e de perseguir objetivos com consistência.

Na vida real, muitas vezes, a teoria e a "visão romântica" foge do contexto prático. A "visão de futuro" da organização é obra em permanente construção, concretizada a cada decisão ou a cada medida implementada pelos gestores. Contudo, observa-se que o negócio possui limites estratégicos e muitas vezes estão aquém da sua consolidação. Dessa forma, quais seriam os limites? Independentemente de porte ou setor de atuação da empresa, é possível apontar três fatores: os relacionamentos empresariais; os paradigmas organizacionais; e os recursos estratégicos.

O primeiro limitador engloba as relações da empresa com seus "atores" externos (clientes, fornecedores, parceiros estratégicos, concorrentes diretos e indiretos, associações setoriais e órgãos do governo). As interações com esses públicos, em geral, definem os limites sociais do negócio.

Já os "paradigmas organizacionais" estão associados ao contexto interno da empresa, ou melhor, da cultura organizacional. Cada organização tem suas próprias verdades organizacionais, as quais, muitas vezes, são criadas e mantidas por atitudes das lideranças. Esses paradigmas podem ser úteis para controlar e administrar o negócio. Todavia, quando assumidas como leis pétreas, acabam por inibir a escolha de estratégias de negócio, a tomada de decisões críticas ou a introdução de mudanças importantes.

Por "recursos estratégicos" entendam-se os principais insumos estruturais do negócio: competências organizacionais, recursos financeiros, humanos e ativos, como marca, patentes e tecnologia, entre outros. A insuficiência de recursos estratégicos (ou a dificuldade de obtê-los ou acessá-los, ou, ainda, a falta de tempo para desenvolvê-los) dificulta a execução de uma estratégia de negócio.

Diante da limitação das organizações, as estratégias bem-sucedidas, na maioria dos casos, nascem em organizações que ousam desafiar os três limites descritos. Para tanto, o gestor tem de se empenhar para focar recursos, esforços e pessoal de qualidade, evidenciando uma proposta de valor ao mercado que seja clara e vá direto ao ponto. Portanto, é de suma importância que a empresa defina um modelo de negócio enxuto, simplificado, orientado por uma lógica econômica eficaz e alicerçado em competências indispensáveis para a visão de futuro.

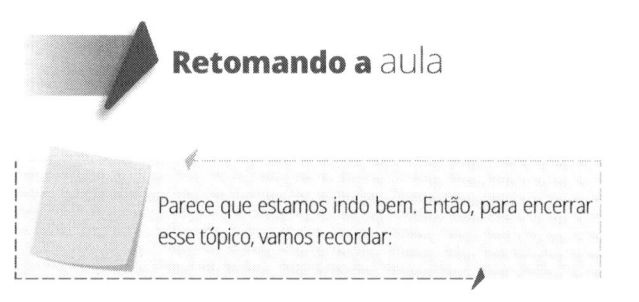

Retomando a aula

Parece que estamos indo bem. Então, para encerrar esse tópico, vamos recordar:

1 - Comportamento das Organizações

Na primeira seção desta aula foi importante perceber a

importância da produtividade para garantir a consolidação dos lucros das Organizações. Para tanto, a observação da relação interna e externa com o planejamento, muitas vezes, são impulsionados pela abundancia ou escassez dos recursos.

Entre os itens principais a serem destacados, temos: a observância da relação capital e trabalho; limitação de recursos naturais e artificiais; mudanças no perfil da mão de obra; inovação e tecnologia; restrições de caráter legal; fatores gerenciais que relacionados com a competência dos gestores, entre outros elementos-chave.

Na relação de oferta e demanda é preciso que o gestor realize o planejamento mais preciso, ou seja, de olho no poder de compra, na concorrência, na qualidade, na satisfação do cliente entre outros fatores para atingir patamares de produtividade, eficiência e qualidade.

2 - Ambientes Organizacionais

Verificamos no segundo módulo da aula que diante da dinâmica mundial que ao promover a internacionalização das informações e da tecnologia, impulsionam as Organizações para um mercado aberto, sistêmico, dinâmico, múltiplo de valores e de longas fronteiras.

Dentre os limites apontados na aula destacamos atenção: aos relacionamentos empresariais; aos paradigmas organizacionais; e aos recursos estratégicos. No primeiro caso, diz respeito às relações organizacionais e seus limites sociais do negócio com os clientes, fornecedores, parceiros estratégicos, concorrentes diretos e indiretos, associações setoriais e órgãos do governo. No segundo caso, associa- se ao contexto da cultura organizacional da Organização. Por último, os recursos estratégicos dizem respeito as competências organizacionais, recursos financeiros, humanos e ativos, como marca, patentes e tecnologia, entre outros.

Vale a pena

Vale a pena ler,

KAWANO, B. R.; MORAES, G. de V.; SILVA, R. F.; CUGNASCAS, C. E. Estratégias para resolução dos principais desafios da logística de produtos agrícolas exportados pelo Brasil. Artigo publicado na Revista AgEcon Search in Agricultural & Applied Economics (ISSN 1679-1614). Disponível em: http:// ageconsearch. umn.edu/bitstream/141142/2/Revista%20ARTIGO%204.pdf. Acesso em 05/10/2014.

Vale a pena acessar,

MINISTÉRIO DA AGRICULTURA (BRASIL) (http://www.agricultura.gov.br/)

Vale a pena assistir,

Procurando Nemo (Planejamento Estratégico)
Tróia (Estratégias empresariais)

Minhas anotações

Minhas anotações

Aula 4º

Propósito da organização

Na aula 4 da disciplina de " Planejamento Estratégico Empresarial" daremos destaque para uma reflexão sobre os propósitos da Organização, ou seja, vinculados à definição precisa da Missão, Visão e Valores, como referenciais estratégicos.

Levando-se em conta que o futuro é imprevisível, entre desistir de prever o que vai acontecer e conseguir se aproximar intelectualmente dos acontecimentos futuros, as organizações têm escolhido a segunda opção (BETHLEM, 2004). Nesse contexto, a criação de cenários é uma técnica cada vez mais utilizada, porque busca prever combinações de variáveis de diversas naturezas e origens, sejam elas econômicas, sociais, políticas, mercadológicas, entre outras, na busca da melhor forma para lidar com incertezas sobre as decisões a serem tomadas.

Essas variáveis, muitas vezes, são potencializadas pelo desconhecimento ou planejamento ineficiente da equipe estratégica que abarque as informações sobre a cultura organizacional pautada na Missão, Visão e Valores, sejam eles definidos em pequeno, médio e longo prazo.

Imaginemos o cenário de uma empresa, que pelo desconhecimento não previu os propósitos da Organização, assim, vale a pena refletir: como os colaboradores enxergam a missão, ou melhor, os objetivos que se propõe o negócio em si? Qual sua visão de futuro? Como podem alcançar progressão funcional em virtude do crescimento do negócio? Quais são os valores e princípios organizacionais que os colaboradores precisam evidenciar na rotina de trabalho?

Essas e outras perguntas devem ser respondidas pelo Gestor(a) a fim de criar uma política estratégica transparente tanto para o público interno como o externo, envolvido direta e indiretamente no negócio.

Boa aula!

Bons estudos!

Objetivos de aprendizagem

Esperamos que, ao término desta aula, vocês serão capazes de:

- identificar a necessidade de definir os propósitos de uma organização para estabelecer uma harmonia interna e externa à Organização;
- apontar projeções futuras a partir dos referenciais estratégicos definidos pela gestão superior;
- desenvolver de forma conjunta os princípios de diferenciam as finalidade da Missão, Visão e Valores.

Seções de estudo

1 - Propósitos da Organização
2 - Definindo ações estratégicas

1 - Propósitos da organização

> Pessoal, nesta Seção, vamos evidenciar os propósitos da organização, ou seja, apresentar a importância de se definir ações estratégicas em função da missão, da visão e dos valores. Acreditamos que um planejamento consistente pode provocar mudanças positivas na cultura organizacional e que serão refletidas no comportamento do consumidor e dos fornecedores vinculados à marca institucional.

1.1 Introdução

A palavra propósito, segundo o Dicionário On line de Português, derivada do latim propositum que está relacionada à grande vontade de realizar e/ou alcançar alguma coisa; desígnio; aquilo que se busca atingir. Está associada ainda ao que se quer fazer; aquilo que se tem intenção de realizar; resolução; razoabilidade; e prudência (Disponível em: www.dicio.com.br. Acesso em: 10 out. 2014).

Segundo seu significado e aliando ao posicionamento estratégico, o propósito organizacional é aquilo que nos direciona, nos move, nos faz seguir adiante mesmo diante das dificuldades e incertezas que se apresentam no caminho do mundo dos negócios. Nessa perspectiva, as grandes organizações na atualidade buscam ter uma finalidade compartilhada por seus colaboradores e entregar valor em toda sua atividade.

Saber claramente o propósito organizacional ajuda a determinar de que forma as pessoas teriam engajamento de responder à pergunta: "por que esta organização existe?" Para Tavares (2005), o propósito da organização deve consistir em um processo sistematizado para identificar, classificar e avaliar as variáveis ambientais e analisar como afetam ou poderão afetar, positiva ou negativamente, o desempenho da organização, transformando-se em oportunidades e ameaças, por meio do desenvolvimento de modelos hipotéticos de possíveis ambientes futuros.

Esse processo de prospecção precisa levar em consideração variáveis que afetam o ambiente. Serra, Torres e Torres (2004) denominam essas variáveis de forças motrizes e as classificam da seguinte forma: dinâmica social, fatores econômicos, fatores políticos e fatores tecnológicos. Tavares (2005) acrescenta as variáveis demográficas, política interna, política externa, legal, culturais e naturais.

1.2 Conceitos

Segundo Borras e Toledo (2005), o fato de cada segmento tradicionalmente administrar seu negócio de maneira individualizada mostra-se prejudicial à competitividade da cadeia, o que faz da integração e colaboração entre os segmentos um fator primordial para o sucesso.

A preocupação com o valor atribuído aos propósitos da missão, visão e aos objetivos organizacionais se deve ao fato de que muitos profissionais consideram que o envolvimento das pessoas em torno de um propósito comum é fundamental para orientar o comportamento e o desempenho das organizações (LUSTRI et al., 2007). Considerando a relação entre o desempenho de uma organização e a sua cultura, há de se considerar o alcance dos significados atribuídos pelos colaboradores aos propósitos institucionais como ponto estratégico de gerenciamento.

No contexto acima apresentado, podemos associar os propósitos com a cultura organizacional, assim, para Chiavenato (2000, p. 446), "cultura organizacional é o conjunto de hábitos, crenças, valores e tradições, interações e relacionamentos sociais típicos de cada organização". Nessa citação, o autor nos elucida novamente que a organização é "um sistema humano e complexo, com características próprias típicas da sua cultura e clima organizacional".

Na perspectiva supracitada, evidencia que toda empresa, seja ela pública ou privada, possui uma cultura, involuntariamente da intensidade com a qual ela atua e entusiasma o comportamento e atitudes dos membros dessa organização. Sua importância para a gestão da organização é prontamente percebida, caso haja compreensão acerca do assunto, principalmente quando existem vantagens individuais e coletivas, como afirma Robbins (2002, p. 498), "compreender em que consiste a cultura de uma organização, como ela é criada, sustentada e aprendida pode melhorar nossa capacidade de explicar e prever o comportamento das pessoas no trabalho".

Assim sendo, corroborando com o autor, a definição clara dos propósitos pode influenciar comportamentos e atitudes e também "uma forte cultura organizacional oferece aos funcionários uma compreensão clara" da "maneira como as coisas são feitas aqui" e que "ela oferece estabilidade a organização" (ROBBINS, 2002, p.497).

Diante desse contexto, para compreensão dos propósitos organizacionais, serão evidenciadas a prospecção e análise do ambiente interno, entre eles, Visão, Missão e Valores.

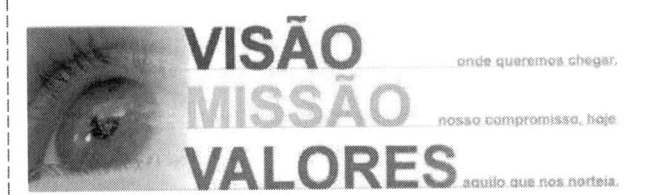

VISÃO — onde queremos chegar.
MISSÃO — nosso compromisso, hoje.
VALORES — aquilo que nos norteia.

Fonte: http://teoadm1.blogspot.com.br/2011/06/e-ai-pessoal-mais-uma-unidade-sobre-as.html (10/10/2014)

> Ao final da Seção 1 foi possível perceber a importância de estabelecer a definição dos propósitos e da cultura organizacional para o direcionamento do posicionamento estratégico bem como para mediar as rotinas de trabalho das equipes envolvidas. Nesse contexto, saber "onde", "como" e "quando" chegar considerando os objetivos internos e externos de qualquer negócio já é o primeiro passo para o sucesso almejado e o efetivamente conquistado pelos colaboradores.

2 - Definindo ações estratégicas

2.1 Missão

> A Missão da organização, de forma objetiva, é a razão de a empresa existir (BETHLEM, 2004; COSTA, 2005; WRIGHT, KROLL e PARNELL, 2000; TAVARES, 2005).

O primeiro elemento de destaque na relação organizacional interna é a definição da Missão, que para Chiavenato (2005) significa uma tarefa que é recebida. Ou seja, é a própria razão de existência da organização já que são definidos seus objetivos estratégicos. Sem esquecer de considerar o ambiente externo, a missão possui a prerrogativa de oferecer algo que responda a sua ansiedade. Nesse sentido, é possível perceber que a estratégia deve estar alinhada com missão, uma vez que a estratégia deve atingir o objetivo da missão, ou seja, a estratégia tem como objetivo realizar a missão (CHIAVENATO, 2005).

Para Chiavenato (2005, p.63):

> A missão funciona como o propósito orientador para as atividades da organização e para aglutinar os esforços dos seus membros. Serve para clarificar e comunicar os objetivos da organização, seus valores básicos e a estratégia organizacional. Cada organização tem a sua missão própria e específica. A missão pode ser definida em uma declaração formal e escrita, o chamado credo da organização, para que funcione como um lembrete periódico a fim de que os funcionários saibam para onde e como conduzir o negócio.

Para definir uma missão, Rodrigues et al (2009) acredita que é preciso que ela passe por uma triagem, ou seja, que oriente o processo organizacional respondendo algumas questões-chave, entre elas: Qual o negócio da organização? Quem é o seu cliente? Onde ela tem sua base de atuação? Qual a sua vantagem competitiva? Qual sua contribuição social? Após essa reflexão é possível identificar a missão organizacional.

Ainda assim, Tavares (2005) estabelece algumas diretrizes que as empresas podem utilizar para estabelecimento da sua missão, dentre elas:

a. viabilizar a criação de novas demandas, o ingresso em novos mercados e o desenvolvimento de novos produtos;
b. resultar do monitoramento contínuo das possibilidades tecnológicas, de mudanças de hábitos e de estilo de vida do consumidor, mudanças na economia e na estrutura do setor.
c. levar em consideração, dentro de uma perspectiva externa, a capacidade da empresa em estabelecer alianças, parcerias e redes, no sentido de viabilizar o seu cumprimento;
d. considerar os stakeholders (clientes, acionistas, fornecedores, entre outros).

> Exemplo 1 (**BUNGE**): "Melhorar a vida, contribuindo para o aumento sustentável da oferta de alimentos e bioenergia, aprimorando a cadeia global de alimentos e do agronegócio". (http://www.bunge.com.br/Bunge/Visao_Missao_Valores.aspx, 2014).
>
> Exemplo 2 (**EMBRAPA**): "Viabilizar soluções de pesquisa, desenvolvimento e inovação para a sustentabilidade da agricultura, em benefício da sociedade brasileira". (https://www.embrapa.br/missao-visao-e-valores, 2014).
>
> Exemplo 3 (**USINAS ITAMARATY**): "Oferecer soluções em energia renovável com foco constante na melhoria contínua, promovendo o crescimento dos empregados em harmonia com o meio ambiente, fornecedores e a comunidade, sempre agregando valor ao acionista." (https://www.embrapa.br/missao-visao-e-valores, 2014).

2.2 Visão

Tavares (2005) recomenda que após a definição do negócio, o passo seguinte é saber como a organização pretende ser vista e reconhecida, através de uma visão de futuro. Dessa forma, a visão é uma projeção do lugar ou espaço esperado que a organização venha ocupar no futuro e, a partir da articulação das aspirações de seus componentes no presente, imaginar o tipo de projeto necessário para alcançá-lo.

Corroborando com o autor anteriormente citado, Costa (2005) ressalta que a visão precisa ser um modelo mental claro, ou seja, que a situação desejável seja plenamente possível de ser realizada no futuro e não uma ideia utópica. Dessa forma, ela não pode ser percebida como um "sonho", "utopia", "fantasia" ou "quimera".

> Sabe-se ainda que a definição clara da Visão, a organização se apoia:
> a) naquilo que ela deseja se tornar no futuro;
> b) unifica as expectativas internas e externas;
> c) dá um senso de direção;
> d) auxilia na comunicação;
> e) fomenta o trabalho em equipe;
> f) estabelece as diretrizes estratégicas, táticas e operacionais.

> Exemplo 1 (BUNGE): "O mundo vai precisar de muito mais alimento e energia, e os recursos naturais são cada vez mais escassos."(http://www.bunge.com.br/Bunge/Visao_Missao_Valores.aspx, 2014).
>
> Exemplo 2 (EMBRAPA): "Ser um dos líderes mundiais na geração de conhecimento, tecnologia e inovação para a produção sustentável de alimentos, fibras e agroenergia.". (https://www.embrapa.br/missao-visao-e-valores, 2014).
>
> Exemplo 3 (USINAS ITAMARATY): "Ser referência nacional em competitividade na produção e comercialização de energia limpa e renovável até 2015." (https://www.embrapa.br/missao-visao-e-valores, 2014).

2.3 Valores

Os valores consistem em tornar evidentes as crenças nas quais a organização se apoia para pautar suas ações, em face das situações presentes e futuras relacionadas à implementação do processo de gestão estratégica e a sua própria vida. São atributos realmente importantes para a organização, virtudes que precisam ser preservadas, meritizadas e incentivadas (COSTA, 2005).

De modo geral, os valores quando bem definidos e descritos, promovem:
a) valorização do indivíduo;
b) ética, lealdade e cidadania;
c) qualidade e produtividade;
d) satisfação e respeito aos clientes, fornecedores e colaboradores;
e) pioneirismo;
f) trabalho em equipe;
g) respeito ao meio ambiente.

Exemplo 1 (**BUNGE**): "Nossos valores garantem a eficácia de nossa abordagem integrada e descentralizada e nos ajudam a alcançar nosso objetivo de aprimorar a cadeia global de alimentos e do agronegócio". Estão pautados:

Integridade – "A integridade é a base de tudo o que fazemos. Isso significa fazer não apenas o que é necessário, mas o que é certo. Significa atuar de forma ética e justa e cumprir nossas promessas com colegas e clientes. Honestidade e justiça direcionam todas as nossas ações.";

Trabalho em Equipe – "Trabalho em equipe é essencial porque ninguém domina o mercado apenas com boas ideias. Os empreendedores mais bem-sucedidos, apesar de terem espírito competitivo, trabalham melhor quando atuam em equipe - compartilhando visões, combinando esforços e multiplicando seus pontos fortes. Valorizamos a excelência individual e o trabalho em equipe para benefício da Bunge e das partes envolvidas."

Cidadania – "Nosso senso de cidadania se estende a todas as partes envolvidas. Contribuímos para o desenvolvimento das pessoas e da estrutura social e econômica das comunidades em que operamos. Também buscamos ser defensores do meio ambiente, usando recursos naturais de maneira eficiente e responsável."

Empreendedorismo – "O empreendedorismo faz as mudanças acontecerem. Ele nos impulsiona a desafiar a sabedoria convencional, a questionar nossas suposições e, assim, a criar novas oportunidades e a melhorar continuamente. Prezamos a iniciativa individual de encontrar oportunidades e gerar resultados".

Abertura e Confiança – "Incentivamos a livre discussão e depositamos confiança nos nossos colegas. Valorizamos novas ideias e opiniões, mesmo que sejam um contrassenso, e esperamos ouvir informações exatas, mesmo - ou especialmente - quando não trazem boas notícias. A confiança na honestidade e na capacidade dos nossos colegas é o que torna nossa equipe mais eficiente. Somos abertos a ideias e opiniões diferentes e confiamos em nossos colegas."

Fonte: (http://www.bunge.com.br/Bunge/Visao_Missao_Valores.aspx, 2014).

Exemplo 2 (**EMBRAPA**): "Os valores que balizam as práticas e os comportamentos da Embrapa e de seus integrantes, independentemente do cenário vigente, e que representam as doutrinas essenciais e duradouras da empresa", são:

Excelência em pesquisa e gestão - "Estimulamos práticas de organização e gestão orientadas para o atendimento das demandas dos nossos clientes, e, para isso, pautamos nossas ações pelo método científico e pelo investimento no crescimento profissional, na criatividade e na inovação."

Responsabilidade socioambiental - "Interagimos permanentemente com a sociedade, na antecipação e na avaliação das consequências sociais, econômicas, culturais e ambientais da ciência e da tecnologia, e contribuímos com conhecimentos e tecnologias para a redução da pobreza e das desigualdades regionais."

Ética – "Somos comprometidos com a conduta ética e transparente, valorizamos o ser humano com contínua prestação de contas à sociedade."

Respeito à diversidade e à pluralidade – "Atuamos dentro dos princípios do respeito à diversidade em todos os seus aspectos, e, por isso, encorajamos e promovemos uma perspectiva global e interdisciplinar na busca de soluções inovadoras."

Comprometimento – "Valorizamos o comprometimento efetivo das pessoas e das equipes no exercício da nossa Missão e na superação dos desafios científicos e tecnológicos para a geração de resultados para o nosso público-alvo."

Cooperação – "Valorizamos as atitudes cooperativas, a construção de alianças institucionais e a atuação em redes para compartilhar competências e ampliar a capacidade de inovação, e, para isso, mantemos fluxos de informação e canais de diálogo com os diversos segmentos da sociedade".

Fonte: Disponível em: https://www.embrapa.br/missao-visao-e-valores, 2014. Acesso em 20 dez. 2014.

Exemplo 3 (**USINAS ITAMARATY**): "Ética e responsabilidade; Agregar valor ao acionista; Respeito ao meio ambiente; Foco na segurança, no crescimento e desenvolvimento do ser humano; Melhoria constante na qualidade de nossos produtos e serviços.."

Fonte: Disponível em: https://www.embrapa.br/missao-visao-e-valores, 2014. Acesso em 20 dez. 2014.

Retomando a aula

Ao final da quarta aula da disciplina, observamos várias características vinculadas aos propósitos organizacionais, sejam eles associados pela missão, visão ou valores. Para tanto, vamos recordar o que foi aplicado até o momento:

1 - Comportamento das Organizações

Na primeira seção desta aula vimos que definir o propósito organizacional auxilia na determinação das tarefas bem como o engajamento dos colaboradores para responder a seguinte pergunta: "por que esta organização existe?"

Analisar com cautela o cenário interno e externo auxiliará

na definição dessa estratégia, pois são elas que poderão afetar positiva ou negativamente o desempenho da organização, decompondo-se em pontos positivos, pontos negativos, oportunidades e/ou ameaças.

Para compreensão dos propósitos organizacionais, são apresentados de forma estratégica a análise do ambiente interno, entre eles, Visão, Missão e Valores que serão relembrados a seguir.

2 - Ambientes Organizacionais

Ao desenvolver o segundo módulo da aula, observamos as características específicas para composição da missão, visão e valores, que de modo sintético, são caracterizados da seguinte forma:

- **Missão:** estabelece algumas diretrizes que as organizações podem utilizar para:
  a. viabilizar a criação de novas demandas de produtos e/ou serviços;
  b. resultar do monitoramento contínuo das possibilidades tecnológicas, de mudanças de hábitos e de estilo de vida do consumidor, mudanças na economia e na estrutura do setor;
  c. levar a capacidade da empresa em estabelecer alianças, parcerias e redes, no sentido de viabilizar o seu cumprimento;
  d. considerar os stakeholders (clientes, acionistas, fornecedores, entre outros).

- **Visão:** definição daquilo que ela deseja se tornar no futuro. Seu propósito está relacionado:
  a. unificação das expectativas internas e externas;
  b. direcionamento;
  c. auxílio na comunicação corporativa;
  d. fomenta o trabalho em equipe;
  e. estabelece as diretrizes estratégicas, táticas e operacionais.

- **Valores:** apresenta a filosofia da organização e quando bem definidos promovem a valorização do indivíduo e as relações sociais positivas entre os colaboradores internos e externos.

Vale a pena

Vale a pena ler,

VALADARES, M.C.B. Planejamento Estrétágico Empresarial. Rio de Janeiro: QualityMark, 2002.

Vale a pena acessar,

Embrapa (https://www.embrapa.br)
Usinas Itamaraty (http://www.usinasitamarati.com.br)

Vale a pena assistir,

MONSTROS (definição de missão, visão e valores)

Minhas anotações

Minhas anotações

Aula 5º

Análise do ambiente interno

Na aula 5 da disciplina de "Planejamento Estratégico Empresarial" demonstraremos a necessidade de se analisar o ambiente interno de uma Organização a fim de alcançar a nítida noção das potencialidades e fragilidades.

No contexto do planejamento estratégico, encontrar a resposta para a pergunta "qual a real situação da empresa, considerando os aspectos internos?", está entre as principais expectativas dos gestores.

Esse questionamento se faz necessário para compreender, de forma global como está posicionado o negócio e, com isso, aplicar estratégias decisórias no planejamento da organização.

Essas e outras perguntas devem ser respondidas pelo(a) Gestor (a) para perceber os pontos críticos internos a fim de serem transformados em oportunidades de gestão quando comparados no contexto externo definido pelos concorrentes.

Bons estudos!

Objetivos de aprendizagem

Esperamos que, ao término desta aula, vocês serão capazes de:

- perceber a necessidade de identificar as fragilidades e potencialidades do ambiente interno organizacional;
- encontrar metodologias de aferição da qualidade interna da Organização;
- desenvolver competências e habilidades para transformar o cenário interno favorável ao crescimento do negócio.

Seções de estudo

1 - Análise do Ambiente Interno
2 - Definindo ações estratégicas internas

1 - Análise do ambiente interno

Pessoal, nesta Seção, vamos evidenciar a importância de se observar o dia a dia da Organização a fim de estabelecer criteriosamente quais são os pontos críticos ou fragilidades e também as fortalezas ou pontos positivos dentro do ambiente interno de qualquer negócio. A noção exata refletirá em definições estratégicas na busca de resultados quantitativos e qualitativos.

1.1 Introdução

Na resposta às mudanças organizacionais e ao cenário global, nenhuma empresa pode considerar- se imune às ameaças. Por esse motivo, revisões periódicas estratégicas de produtos versus mercado e de outras atividades, dentro de um processo contínuo, são vitais.

Dessa forma, para estabelecer um olhar para "dentro" da organização, ou seja, colocar em evidência as deficiências e qualidades da empresa que está sendo analisada, os pontos fortes e fracos deverão ser determinados diante de sua atual posição no mercado. Essa análise deve tomar como perspectiva de comparação outras empresas do mesmo setor, sejam elas concorrentes diretas ou indiretas.

Inclinado nesse contexto, Tavares (2005) salienta que a análise do ambiente interno é o instrumento que propicia à organização conhecer suas competências e habilidades atuais e potenciais para dar direção e significado ao cumprimento da sua missão e visão.

Para Mintzberg, Ahlstrand e Lampel (2000), ainda que seja possível encontrar diversos critérios para se classificar e avaliar o conjunto dos componentes internos de uma empresa há um núcleo comum que não varia. O que muitas vezes pode ser diferente é o nível de sistematização, ou seja, o rigor nos detalhes e sofisticação, que uma proposta pode ter em relação à outra. Esse modelo proposto pelos autores considera a mais comum das análises das potencialidades e fraquezas da organização, realizada a partir das suas áreas funcionais (marketing, finanças, recursos humanos e produção), ou dos principais recursos que permitem a atuação da empresa, composto de funções adicionais como time gerencial, pesquisa e desenvolvimento e sistemas de informações gerenciais, conforme sugerido pelos autores acima.

Nessas condições, partindo-se da hipótese de que a equipe gerencial realmente esteja empenhada em pensar estrategicamente, aconselha-se que, para cada item descrito em cada um dos grupos de variáveis abordados nas análises interna e externa, os membros da organização que participam do processo decisório façam a ponderação no sentido de dizer o quanto cada item é favorável ou desfavorável à organização.

Na realidade, além dos pontos fortes e fracos da empresa, devem-se considerar, inclusive, os pontos neutros, que são aqueles que, em determinado momento ou situação, não estão sendo considerados nem como deficiências nem como qualidades da empresa. Como o planejamento é um processo dinâmico, esses pontos neutros vão sendo encaixados como pontos fortes ou pontos fracos ao longo do tempo (MINTZBERG, AHLSTRAND E LAMPEL, 2000).

Dentre os pontos fortes e pontos fracos destacados no ambiente interno, têm-se:

- O produto ou Serviço: composto pela marca, embalagem, sabor, preço, durabilidade, participação de mercado, inovação, entre outros;
- O processo: compreendido pelo custo, agilidade, qualidade, tecnologia empregada, automação, segurança, entre outros;
- As instalações: analisado pela adequação, localização, layout interno, conforto, entre outras;
- As máquinas e equipamentos: considerando a modernidade, adequação, manutenção, facilidade de operação, entre outras;
- A equipe: composto pelo treinamento, capacitação, qualificação, motivação, experiência, entre outros aspectos.

Considerando os aspectos já abordados e corroborando com essa análise, na visão de Wright, Kroll e Parnell (2000), esse passo do processo estratégico, ou seja, na análise do ambiente interno, exige que a administração determine a orientação que a empresa deve tomar dentro do seu ambiente externo. Bethlem (2004) menciona ainda que essa análise da empresa como um todo serve para determinar a estratégia compatível com os recursos de que dispõe, inclusive para quantificar a disponibilidade atual bem como base para o plano de obtenção de novos recursos futuros.

Essas ponderações podem ser realizadas também por meio de uma escala de cinco pontos, como sugerido por Mintzberg, Ahlstrand e Lampel (2000): muito desfavorável; desfavorável; neutro; favorável; e muito favorável.

Esses pontos convergem aos pontos fortes, ou seja, aos fatores, características, competências internos à empresa que contribuem para sua competitividade (aumento de vendas, alcance de seus objetivos e propósitos, entre outros). Podem ser pontuados como de baixo, médio ou alto impacto para futura priorização.

Já os pontos fracos são fatores, características e competências internos à empresa que atrapalham e/ou prejudicam a execução e/ou alcance dos propósitos da organização. Assim, como os pontos positivos, podem ser pontuados como de baixo, médio ou alto impacto para futura priorização, pois, em geral, não haverá recurso financeiro suficiente para correção de todas as fraquezas.

Para estabelecer esse cruzamento, é preciso observar analiticamente todos os departamentos da organização e definir tudo o que é bom e ruim. Olhar cada área e perguntar/analisar quais são os pontos fortes e quais são os pontos fracos. Preferencialmente, deve ser feita com a participação dos colaboradores das áreas, pois, estes serão os primeiros a indicar os pontos fortes e fracos de seu setor.

1.2 Conceitos

> Para elucidar o conceito mais apropriado de análise interna recorremos a Maximiano (2008, p.235) que trata esse assunto como a "a identificação de pontos fortes e fracos dentro da organização anda em paralelo com a análise do ambiente". Nesse sentido, o estudo das potencialidades e fragilidades organizacionais é pautado na análise das áreas funcionais de uma organização sejam elas vinculadas a produção, marketing, recursos humanos e/ou finanças, além da comparação do desempenho destas áreas com organizações de destaque, para alguns autores definidos como benchmarking que para o mesmo autor Maximiano (2008, p.235-236):
>
>> Benchmarking é o processo por meio do qual a organização compra o seu desempenho com o de outra. Por meio do benchmarking, uma organização procura imitar outras organizações, concorrentes ou não, do mesmo ramo de negócios ou de outros, que façam algo de maneira particularmente bem-feita.

Desse modo, o benchmarking pode ser entendido como uma "inspiração" das melhores práticas desenvolvidas pelos concorrentes, o qual pode passar a representar o ponto de referência ou padrão a ser limitado pela organização (MAXIMIANO, 2008). O autor evidencia ainda a abertura do marco de referência ou padrão a ser "copiado", podendo ser casual, por meio de observações às organizações, veiculadas ou não ao mesmo ramo de atividade, ou de maneira proposital, quando comprovado a necessidade de se resolver alguma dificuldade que esteja dificultando o desempenho organizacional.

Dentre as dificuldades identificadas na definição do ambiente interno da empresa, podemos citar os aspectos organizacionais que conglomeram a rede de comunicação e de tecnologia, a estrutura administrativa da organização, o conjunto de objetivos, a política e cultura organizacional, as competências e habilidades da equipe envolvida.

> Ao final da Seção 1 foi possível perceber as diferenças de se comparar as fragilidades e fortalezas, que caracterizam a situação do ambiente interno de uma organização.
> Vimos também que por meio dessa análise holística do empreendimento pode determinar a estratégia compatível com os recursos disponíveis, incluindo a noção exata para identificar a disponibilidade atual para obtenção de novos recursos.
> Dentre as potencialidades e fragilidades destacamos os produtos e serviços; os processos; as instalações e infraestrutura; maquinário e equipamentos; e as pessoas.

2 - Definindo ações estratégicas internas

2.1 Análise dos pontos fortes e pontos fracos segundo a matriz SWOT

Seguindo a proposição de Peter e Certo (1993), depois de concluídas as análises interna e externa, uma das etapas mais importantes do processo decisório racional é o cruzamento das tendências ambientais com as condições internas da empresa. Avaliar se um ponto interno considerado fraco, relativamente a uma tendência ambiental tida como ameaça, trará consequências negativas de difícil superação, ou, se os pontos fortes permitirão explorar as prováveis oportunidades, são exemplos das avaliações que devem ser realizadas nesta etapa.

Os autores Peter e Certo (1993), ainda acrescentam que o chamado modelo *SWOT* (*Strenghts* = Forças, *Weakness* = Fraquezas, *Opportunities* = Oportunidades, *Threats* = Ameaças), é uma das mais difundidas formas de proceder esses cruzamentos. Sua lógica é bastante simples, consiste em listar os principais pontos fracos e fortes (obtidos a partir do julgamento da análise interna) e as principais ameaças e oportunidades (obtidos a partir do julgamento da análise externa) e cruzar as listas em uma tabela de dupla entrada, respondendo, para cada cruzamento, que intensidade de correlação pode se esperar em cada ponto. O modelo de análise SWOT simplesmente pode ser entendido como o exame cruzado das forças internas e das fraquezas de uma organização, bem como de seu ambiente, identificando oportunidades e ameaças.

Figura 1: Análise *SWOT*

Fonte: Disponível em: http://projetual.com.br/a-importancia-da-analise-swot-para-a-comunicacao-da-sua-empresa/analise-swot/). Acesso em 19 dez. 2014

Peter e Certo (1993) propõem terminologias diferenciadas, porém com o mesmo propósito de analisar o ambiente interno e externo, considerando os pontos positivos e negativos como DAFO (Dificuldades, Ameaças, Fortalezas e Oportunidades); FOFA (Fortalezas, Oportunidades, Fraquezas e Ameaças), entre outras.

- Exemplos: *Strengths* (forças, fortalezas, pontos positivos)
- vantagens internas da empresa em relação às concorrentes. Ex.: qualidade do produto oferecido, bom serviço prestado ao cliente, solidez financeira, etc.
- *Weaknesses* (fraquezas, pontos negativos) - desvantagens internas da empresa em relação às concorrentes. Ex.: altos custos de produção, má imagem, instalações desadequadas, marca fraca, etc.;
- *Opportunities* (oportunidades) – aspectos externos positivos que podem potenciar a vantagem competitiva da empresa. Ex.: mudanças nos gostos

dos clientes, falência de empresa concorrente, etc.;
- *Threats* (ameaças) - aspectos externos negativos que podem pôr em risco a vantagem competitiva da empresa. Ex.: novos competidores, perda de trabalhadores fundamentais (PETER E CERTO, 1993, s/p).

Figura 2: Planejamento e estratégia empresarial

Forças	Fraquezas	Oportunidades	Ameaças
Estratégia poderosa	Falta de estratégia	Nossos clientes	Novos concorrentes potenciais fortes
Forte condição financeira	Instalações obsoletas	Expansão geográfica	Perda de vendas para substitutos
Marca (imagem ou reputação) forte	Balanço ruim	Expansão da linha de produtos	Queda de crescimento do mercado
Líder de mercado reconhecido	Custos mais altos que os concorrentes	Absorção de novas tecnologias	Mudanças nas taxas de câmbio ou política de comércio
Tecnologia própria	Ausência de perspectiva de mercado	Tirar mercado dos concorrentes	Crescimento do poder de clientes ou fornecedores

Figura 3: Liderança

Vantagens de custos	Lucros reduzidos	Aquisição de rivais	Mudanças demográficas
Muita propaganda	Problemas operacionais	Formação de novas alianças ou parcerias	Redução de demanda do mercado
Talento para inovação	Atraso em P&D	Abertura para extensão de marca	
Produto de melhor qualidade	Linha estreita de produtos	Certificação de Qualidade	
Alianças ou parcerias	Falta de talento em marketing	Abetura do mercado	

Fonte: Disponível em: http://peeufmt.wordpress.com/planejamento-e-estrategia-empresarial/matriz-swot/. Acesso em 19 dez. 2014

2.1.1 Utilizando a matriz SWOT como instrumento de gestão

Buscando a identificação da aplicabilidade da análise SWOT, recorremos ao site Portal Gestão (http://www.portal-gestao.com/an%C3%A1lise-swot.html) que por meio de um software específico da empresa (Análise Financeira) com aplicação pelo programa Excel proporciona um diagnóstico estruturado em oito etapas para auxiliar na estratégia organizacional.

A aplicação está organizada em oito separadores, ou seja:

1. Liderança — 72/95 Pontos

A empresa deve ter direção e orientação através de um sistema de liderança geral. Os sistemas de liderança incluem uma equipa equilibrada e forte de líderes, uma estrutura organizacional eficaz, e outros atributos que permitam à empresa mover-se rapidamente sem uma dependência excessiva de um único líder, como por exemplo do seu CEO.

Liderança de topo

1.1 Até que ponto gestão de topo está envolvida nos esforços de melhoria da qualidade? Esta questão envolve aspectos como planeamento, comunicação, mensuração, mudança, mentoring, etc. — 100%

1.2 A gestão de topo está a integrar os valores da qualidade em tudo o que diz e faz, interna e externamente? — 100%

1.3 A gestão de topo está a comunicar eficazmente o enfoque no cliente e na qualidade a todos os níveis da organização? — 100%

1.4 Quão eficaz é a gestão de topo no desenvolvimento e avaliação das suas próprias competências de liderança e no envolvimento pessoal na organização? — 80%

Gestão pela qualidade

1.5 A empresa dispõe de orientações específicas para responsabilizar os seus gestores pela qualidade, assim como supervisores e outros membros a diferentes níveis da empresa? — 30%

1.6 O enfoque no cliente e na qualidade são eficazmente comunicados a todos os empregados na empresa? — 100%

1.7 Os empregados têm formação regular e apoios para reduzir os erros e melhorar a qualidade, assim como avaliações periódicas dos planos de melhoria? — 50%

1.8 Quão eficazes são os gestores e supervisores a reforçar os valores da qualidade e do enfoque no cliente junto dos empregados? São os gestores e supervisores avaliados por este papel? — 60%

Responsabilidade social

1.9 A empresa dispõe de práticas integradas de ética, responsabilidade social, proteção ambiental e segurança na sua gestão? — 40%

1.10 A empresa antecipa a reação e o impacto de um produto ou serviço na sua comunidade local, no ambiente e na segurança humana? — 40%

1.11 A empresa é considerada um cidadão exemplar na sua comunidade? — 70%

1.12 A empresa dispõe de evidência que demonstre claramente que está a lidar com questões sociais e que está ativamente envolvida na prestação de serviços à comunidade, na educação, na proteção ambiental, nos cuidados de saúde, e outros programas de qualidade? — 80%

Fonte: Disponível em: http://www.portal-gestao.com/an%C3%A1lise-swot.html>. Acesso em 10 out. 2014.

Figura 4: Informação e Análise

2. Informação e Análise	45/75 Pontos

A empresa deve recolher dados e transformá-los em informação útil à tomada de decisão eficaz e atempada. Um sistema de avaliação da implementação estratégica, como o Balanced Scorecard, por exemplo, e um sistema de recolha de informação de mercado são dois elementos importantes desta categoria.

Gestão de dados

2.1	A organização recolhe dados relacionados com o desempenho de clientes, produtos, empregados e fornecedores? São estes dados úteis e compreensíveis pelos decisores?	40%
2.2	Quão fiáveis são os dados? São distribuídos regularmente pelos decisores?	100%
2.3	Como avalia e melhora as práticas de gestão de dados, tais como o encurtamento do ciclo de processos e a transformação de dados em informação útil?	60%

Análise competitiva

2.4	A sua empresa utiliza benchmarks externos e dados sobre a concorrência para conduzir melhorias, desenvolver a performance operacional e o planeamento?	30%
2.5	Quão extensos são os dados de benchmarking?	100%
2.6	A empresa utiliza o benchmarking para melhorar processos críticos, criar inovação, e atingir objetivos planeados?	50%
2.7	A empresa avalia e revê a abrangência e a fiabilidade dos seus dados de benchmark para melhorar o planeamento e o seu desempenho?	60%

Análise e utilização dos dados

2.8	A empresa analisa os dados sistematicamente para determinar as tendências junto dos consumidores, problemas, novas oportunidades, e áreas de melhoria?	40%
2.9	Existe algum processo de melhoria contínua quanto à recolha e análise de dados, por forma a tornar as pessoas mais produtivas por via do melhor acesso à informação?	40%
2.10	A empresa recolhe dados financeiros, operacionais e outros para a produção de informação útil para empregados e outros decisores?	70%
2.11	Como é que a empresa melhora a integridade dos dados que disponibiliza aos decisores?	80%

Fonte: Disponível em:< http://www.portal-gestao.com/an%C3%A1lise-swot.html>. Acesso em 10 out. 2014.

Figura 5: Planeamento Estratégico

3. Planeamento Estratégico	31/75 Pontos

O planeamento estratégico deve ser uma área importante na gestão da empresa e deverá conduzir uma grande parte das ações e atividades executadas pelos colaboradores. A empresa deverá dispender proporcionalmente muito mais tempo a executar a estratégia do que a defini-la.

O processo de planeamento

3.1	Como está o planeamento estratégico integrado com o planeamento operacional a nível de unidade de negócio ou departamento para as decisões de curto e longo prazo?	80%
3.2	A empresa realinha ou redefine processos para assegurar que eles se enquadram na estratégia?	80%
3.3	Os planos estratégicos são divulgados por toda a empresa?	0%
3.4	O plano estratégico é avaliado e melhorado regularmente?	60%

Análise competitiva

3.5	A empresa tem objetivos estratégicos de melhoria de qualidade?	30%
3.6	Quão eficaz é a empresa na partilha e desenvolvimento dos seus objetivos de curto-prazo com os seus empregados, fornecedores e outros stakeholders que têm que executar a estratégia?	40%
3.7	Como é que os objetivos de longo-prazo da empresa se relacionam com a melhoria da qualidade?	50%
3.8	A empresa partilha os seus objetivos de longo prazo com clientes, fornecedores, empregados e outros stakeholders? A empresa utiliza benchmarks para esse efeito?	60%

Analise o seguinte comentário e avalie até que ponto reflete a realidade da empresa. Ajuste a pontuação, se necessário.

Algumas áreas-chave da empresa dispõem de planos operacionais que estão ligados à estratégia geral da empresa. Os gestores são responsáveis por atingir objetivos estratégicos. O processo de planeamento estratégico utiliza alguns indicadores-chave, pesquisas, e outros dados de benchmark. A gestão de topo aprova o plano estratégico final.

Fonte: Disponível em:< http://www.portal-gestao.com/an%C3%A1lise-swot.html>. Acesso em 10 out. 2014.

Figura 6: Recursos Humanos

4. Recursos Humanos	65/150 Pontos

A empresa deve dispor de um sistema global de gestão de recursos humanos de forma a maximizar o capital humano. Este sistema pode incluir diversos componentes - práticas de recrutamento, planos de compensação, desenho de funções, programas de recompensa/reconhecimento, formação, segurança e satisfação dos colaboradores.

Planeamento e gestão de RH
- 4.1 Os planos de desenvolvimento humano são conduzidos pela estratégia de melhoria de qualidade, por exemplo: formação, recrutamento, empowerment, criação de equipas, etc? — 20%
- 4.2 As estratégias de desenvolvimento humano estão relacionadas com objetivos de melhoria de qualidade? — 10%
- 4.3 Como é que a empresa utiliza a informação relativa aos seus empregados na melhoria da gestão de recursos humanos (práticas de recrutamento, formação, etc.)? — 40%

Envolvimento dos colaboradores
- 4.4 Como é que a organização promove a contribuição dos empregados para os objetivos de melhoria da qualidade? — 80%
- 4.5 Como é que a organização dá autoridade e apoio aos empregados para a resolução de problemas e melhorias dentro das suas áreas de trabalho? — 10%
- 4.6 A empresa mede e avalia a eficácia do envolvimento dos empregados, do empowerment e da inovação? — 50%
- 4.7 A empresa encoraja o envolvimento dos empregados a todos os níveis e dispõe de indicadores-chave para monitorar o seu envolvimento? — 60%

Educação e formação
- 4.8 A empresa avalia sistematicamente as necessidades da sua força de trabalho e desenvolve planos para a formação e educação a vários níveis e categorias? — 30%
- 4.9 A formação dos empregados é considerada como parte do seu trabalho e é aplicada eficazmente na sua área de trabalho? — 40%
- 4.10 A empresa utiliza indicadores para avaliar que a formação está a ajudar quer o empregado quer a sua qualidade de trabalho na sua área? — 50%
- 4.11 A empresa mede a formação atribuída por categoria de trabalho? — 60%

Desempenho do pessoal e reconhecimento
- 4.12 O sistema de avaliação de desempenho apoia objetivos de melhoria de qualidade? — 30%
- 4.13 A empresa revê e melhora regularmente os seus programas de compensação, avaliação de desempenho e reconhecimento dos seus empregados? — 40%
- 4.14 A empresa dispõe de evidência e de dados sobre programas de reconhecimento dos seus empregados, tais — 50%

Fonte: Disponível em :<http://www.portal-gestao.com/an%C3%A1lise-swot.html> Acesso em 10 out. 2014

Figura 7: Gestão por Processos

5. Gestão por processos	51/140 Pontos

Os produtos e serviços requerem diversos processos: desenvolvimento de produtos, produção e distribuição, apoio, fornecedores, qualidade, entre outros. Até que ponto é a empresa eficaz na gestão dos seus processos?

Desenho e lançamento de produtos e serviços
- 5.1 A empresa recolhe sistematicamente informação sobre as necessidades e desejos dos seus clientes, que traduz em revisões, modificações ou outras melhorias no desenvolvimento de produtos ou serviços? — 20%
- 5.2 Como é que a empresa desenha e testa um novo produto ou serviço? — 10%
- 5.3 A empresa avalia e encurta os processos de desenho e criação de novos produtos e serviços? — 40%

Processos de produção e distribuição
- 5.4 A empresa tem controlo sobre os processos, incluindo o controlo sobre variações e defeitos em processos que são utilizados para produzir e entregar produtos e serviços? — 30%
- 5.5 A empresa utiliza uma abordagem sistemática para avaliar processos de melhoria de qualidade, ciclos, tempos, defeitos e outros atributos de desempenho operacional? — 10%

Processos de apoio
- 5.6 Como é que a empresa gere o controlo de qualidade nos processos de rotina e de apoio, tais como os recursos humanos, a área financeira, a área legal, de processamento salarial, relações públicas, etc? — 30%
- 5.7 A empresa capta, mantém e utiliza indicadores-chave para as suas atividades principais e de apoio? — 40%
- 5.8 Como é que a empresa identifica as áreas de melhoria? — 50%

Qualidade dos fornecedores
- 5.9 A empresa comunica claramente os padrões de qualidade aos seus fornecedores? — 30%
- 5.10 A empresa dispõe de um processo de certificação de qualidade que os fornecedores têm que cumprir? — 40%
- 5.11 A empresa avalia e melhora as suas políticas e práticas de compras? — 50%
- 5.12 A empresa mantém uma relação cooperativa com os seus fornecedores, incluindo programas de recompensa, certificação e outras políticas que constroem relações duradouras? — 60%

Avaliação da qualidade
- 5.13 A empresa avalia ou audita os seus produtos e serviços, incluindo os sistemas e processos que criam e gerem esses produtos e serviços? — 30%
- 5.14 A empresa revê regularmente os processos e ferramentas de resolução de problemas? — 40%

Fonte: Disponível em:< http://www.portal-gestao.com/an%C3%A1lise-swot.html> Acesso em 10 out. 2014.

Figura 8: Operações

6. Operações	54/180 Pontos

A empresa deve ser eficiente e eficaz na execução e gestão das suas operações - seja na qualidade de produção, nas operações de apoio ou na qualidade das operações executadas pelos seus fornecedores.

Qualidade dos serviços e produtos

| 6.1 | A empresa dispõe de pelo menos dois anos de dados relacionados com melhorias de qualidade nos seus produtos e serviços? | 20% |
| 6.2 | A empresa compara os seus resultados de qualidade com a sua concorrência? | 10% |

Resultados das operações

| 6.3 | A empresa mede o desempenho operacional (tempos de ciclos, produtividade, defeitos, erros, etc.)? | 30% |
| 6.4 | Como é que o desempenho operacional da empresa se compara com o da concorrência? | 10% |

Resultados das operações de apoio

| 6.5 | A empresa recolhe dados de melhoria da qualidade? | 30% |
| 6.6 | O benchmarking indica que a empresa é melhor do que a média do seu setor? | 40% |

Resultados da qualidade dos fornecedores

| 6.7 | A empresa mede os resultados dos fornecedores relacionados com a qualidade? | 30% |
| 6.8 | Como é que os resultados de qualidade dos fornecedores comparam com os de outros fornecedores? | 40% |

Analise o seguinte comentário e avalie até que ponto reflete a realidade da empresa. Ajuste a pontuação, se necessário.

Os resultados de produtos e/ou serviços estão a mostrar sinais de melhoria. Além disso, os inquéritos a clientes indicam alguma melhoria. Alguns fornecedores são capazes de cumprir com os padrões de qualidade. No entanto, são necessárias novas melhorias. Algumas partes da empresa demonstram uma tendência positiva. As métricas para monitorar os resultados de toda a empresa não estão ainda implementadas. São necessários resultados mais abrangentes.

Fonte: Disponível em : <http://www.portal-gestao.com/an%C3%A1lise-swot.html>. Acesso em: 10 out. 2014

Figura 9: Clientes

7. Clientes	99/300 Pontos

A empresa deve identificar e compreender claramente os seus clientes. Deve também ser capaz de analisar o mercado. Os requisitos dos clientes e a sua satisfação são críticos, mas a empresa deve ir além deles e ser capaz de construir alianças e relacionamentos com os clientes para assegurar a sua lealdade.

Expetativas dos clientes

7.1	Como é que a empresa determina os requisitos do cliente a curto e longo prazo?	20%
7.2	Como é que a empresa define que novos produtos e serviços vai lançar assim como que novas funcionalidades vai desenvolver em produtos e serviços existentes?	10%
7.3	Como é que a empresa melhora o seu processo de identificação de desejos e necessidades dos seus clientes?	10%

Gestão do relacionamento com clientes

7.4	Como é que a empresa constrói relações fortes com os seus clientes?	30%
7.5	O que é que a empresa faz para desenvolver processos de serviço ao cliente que lhe dê a capacidade de se envolver com o cliente?	10%
7.6	Como é que a empresa maximiza as oportunidades dos clientes comentarem e participarem no seu negócio?	10%
7.7	Quão eficaz é o seu contacto com os clientes no que diz respeito aos seus produtos e serviços?	10%
7.8	Como é que a empresa utiliza o feedback e reclamações dos clientes?	30%
7.9	Como é que a empresa que os empregados que lidam diretamente com os clientes estão devidamente alinhados com cada um dos segmentos. Recebem formação e ferramentas adequadas para lidar com cada tipo de clientes?	10%
7.10	Como é que a empresa avalia a sua relação com os seus clientes?	10%

Compromisso com o cliente

| 7.11 | Como é que a empresa constrói confiança em redor dos seus produtos e serviços? | 30% |
| 7.12 | Como é que a empresa avalia e melhora a imagem da empresa no que diz respeito ao seu compromisso com a qualidade? | 40% |

Determinar a satisfação do cliente

7.13	Como é que a empresa determina a satisfação do cliente dentro dos seus diversos segmentos?	30%
7.14	Como é que a pontuação da satisfação dos clientes da empresa se compara com a da concorrência?	40%
7.15	Como é que a empresa avalia e melhora a sua abordagem à análise da satisfação dos clientes em relação à sua concorrência?	40%

Fonte: disponível em: < http://www.portal-gestao.com/an%C3%A1lise-swot.html>. Acesso em 10 out. 2014.

Figura 10: Oportunidades e Ameaças

Fonte: Disponível em: http://www.portal-gestao.com/an%C3%A1lise-swot.html. Acesso em 10 out. 2014.

Cada um dos separadores coloca um conjunto de questões, às quais deverá ser atribuído uma pontuação dentro de uma escala entre 0 e 100%, sendo cada um dos separadores coloca um conjunto de questões, às quais deverá ser atribuído uma pontuação dentro de uma escala entre 0 e 100%, sendo 0% o valor a atribuir se discorda totalmente da afirmação apresentada ou se ela reflete o desempenho mais fraco possível e 100% se concorda totalmente com a afirmação ou se ela representa de forma perfeita o desempenho da empresa.

Figura 11: Análise SWOT

Fonte: Disponível em: <http://www.portal-gestao.com/an%C3%A1lise-swot.html>. Acesso em 10 de out 2014.

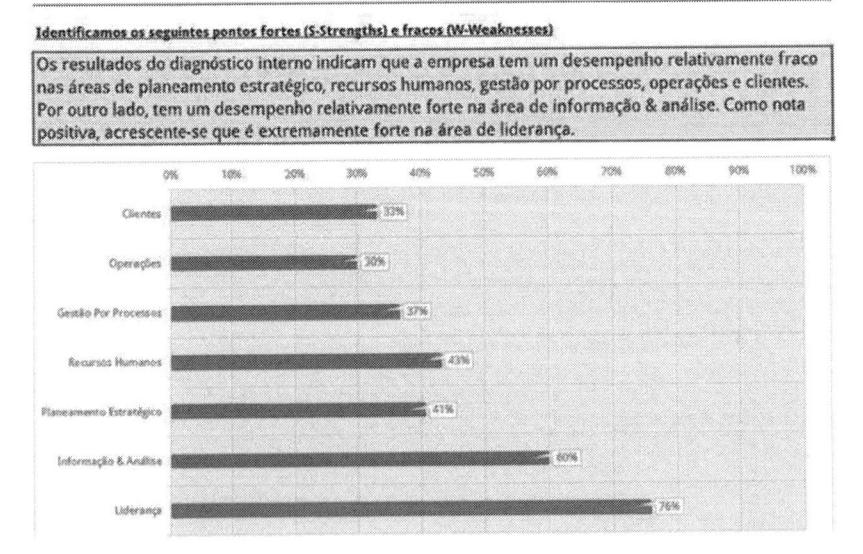

Para cada uma das oito dimensões será atribuída uma pontuação, sendo possível verificar imediatamente até que ponto a empresa é competitiva ou necessita de agir rapidamente no sentido de melhorar e em que áreas deverão agir com mais intensidade. No último separador é apresentado um sumário com o diagnóstico final que o ajudará a identificar as forças, fraquezas, ameaças e oportunidades.

Esta folha de cálculo é compatível com o Microsoft Excel versão 2007 ou superior e utiliza macros que terão de ser ativadas. A folha está preenchida com dados de demonstração (http://www.portal-gestao.com, 2014).

2.2 Cadeia de Valor

Marca a série de atividades relacionadas e desenvolvidas pela empresa para satisfazer às necessidades dos clientes, desde as relações com os fornecedores e ciclos de produção e venda até a fase da distribuição para o consumidor final:

> A cadeia de valor desagrega uma empresa nas suas atividades de relevância estratégica para que se possa compreender o comportamento dos custos e as fontes existentes e potenciais de diferenciação em cada processo do negócio. (PORTER, 1998, p.31).

Ou seja, cada elo dessa cadeia de atividades está ligado à seguinte estrutura. Nessa perspectiva, adquirir vantagem competitiva utilizando a cadeia de valor como ferramenta estratégica, a organização necessita compreender toda a sua cadeia assim como dos seus principais concorrentes, como percebido por Maximiano (2008) na utilização da técnica do benchmarking principalmente na determinação dos custos para possibilitar uma vantagem competitiva de liderança estratégica.

CADEIA DE VALOR

ATIVIDADES DE APOIO

- **Infra-estrutura da empresa** (Exemplo: financiamento, planejamento, relações com os investidores)
- **Gestão de recursos humanos** (Exemplo: recrutamento, treinamento, sistema de remuneração)
- **Desenvolvimento tecnológico** (Exemplo: projetos de produto, testes, projetos de processo, pesquisa de materiais e de mercado)
- **Compras** (Exemplo: componentes, máquinas, publicidade, serviços)

ATIVIDADES PRIMÁRIAS

- **Logística Interna** (Exemplo: armazenamento do material que chega, compilação dos dados, acesso aos clientes)
- **Operações** (Exemplo: montagem, fabricação de componentes, operações de filiais)
- **Logística Externa** (Exemplo: processamento dos pedidos, administração dos depósitos, preparação de relatórios)
- **Marketing e vendas** (Exemplo: força de vendas, promoções, publicidade, exposições, apresentação de propostas)
- **Serviços Pós-Venda** (Exemplo: instalação, apoio ao cliente, atendimento e resolução de queixas, consertos)

Margem — O que os compradores estão dispostos a pagar

Adaptado: Vantagem competitiva, Michael Porter, 1990.

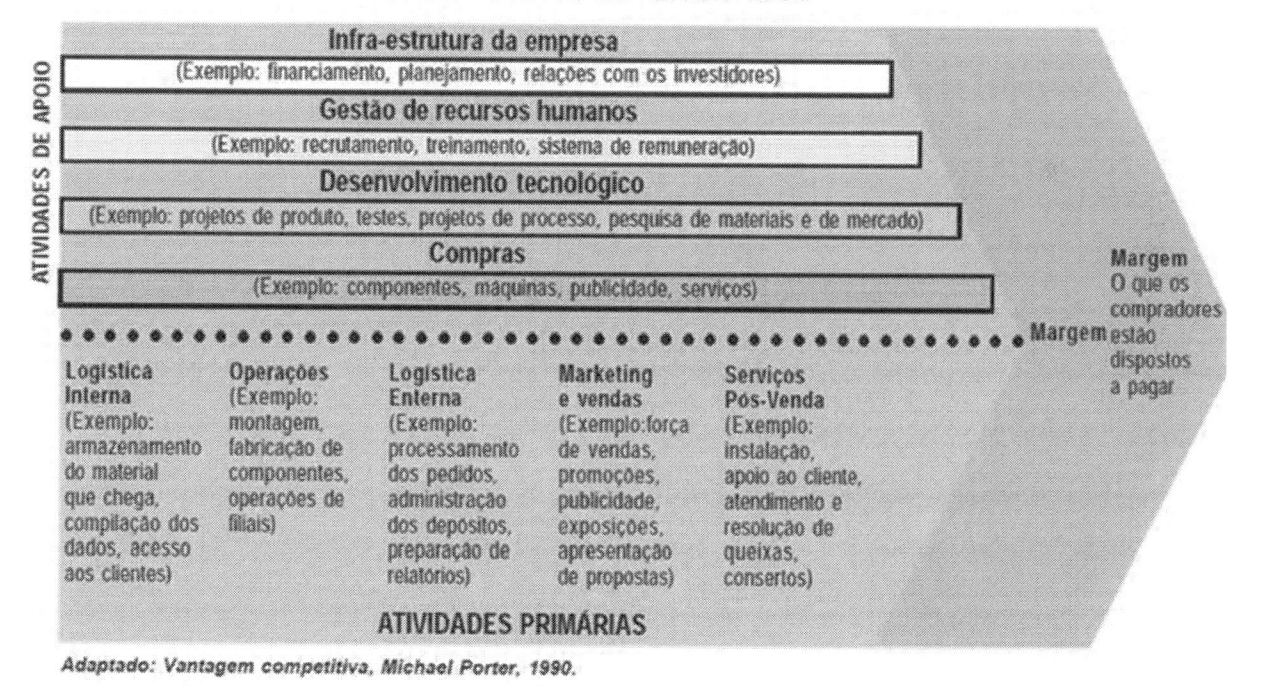

Fonte: Disponível em: <http://www.portal-gestao.com/an%C3%A1lise-swot.html>. Acesso em 10 de out 2014.

Para dimensionar a cadeia de valor, Porter (1998, p. 34) afirma que "valor é o montante que os compradores estão dispostos a pagar por aquilo que uma empresa lhes fornece". Dessa forma, para que uma organização conquiste sua vantagem competitiva é fundamental a criação de valor para o consumidor, caso contrário, se sobressairão os custos. Logo, nessa relação, a percepção do consumidor precisa estar associada à ideia de investimento pela necessidade de adquirir o bem ou serviço e não de custos propriamente definida pela organização.

A cadeia de valor, nesse contexto, pode estimular uma função valiosa no planejamento da estrutura organizacional, já que em sua formatação provoca mudanças de comportamento desde a equipe estratégica, tática e operacional sobre as relações comerciais estabelecidas com fornecedores e clientes, considerando inclusive, as intempéries temporais para redefinição de estratégias conjunturais a fim de alcançar o sucesso almejado no planejamento da equipe de gestão.

Retomando a aula

Ao final da quinta aula da disciplina, observamos várias características vinculadas à análise interna organizacional, ou seja, identificação dos seus pontos fortes e fracos, além da noção sobre cadeia de valor. Para tanto, vamos recordar o que foi aplicado até o momento:

1 - Análise do ambiente interno

Na primeira seção desta aula verificamos a necessidade de identificar as fragilidades e potencialidades do ambiente interno organizacional a fim de auxiliar no planejamento estratégico. Cada organização possui seu contexto próprio de potencialidades e incertezas, por esse motivo, reunir suas equipes de trabalho auxilia no mapeamento da realidade.

Nessa mesma seção foi verificado que a metodologia de benchmarking maximiza os resultados organizacionais, pois sua operacionalidade é caracterizada pela comparação com outros estabelecimentos concorrentes, sobretudo, das melhores práticas de gestão.

2 - Definindo ações estratégicas internas

Ao desenvolver o segundo módulo da aula, observamos a necessidade em desenvolver competências e habilidades para transformar o cenário interno favorável ao crescimento do negócio.

Vimos que por meio da análise SWOT é possível analisar o ambiente interno, considerando os pontos positivos e negativos ou fortalezas e fraquezas. Nessa metodologia, verificamos que é razoável gerenciar a organização seja por meio de um software específico como também no cruzamento da matriz, evidenciando os elementos relacionados à liderança, a informação e análise do planejamento estratégico, os recursos humanos, os processos, as operações, os clientes bem como as oportunidades e ameaças (do ambiente externo que será visto na próxima aula).

Vale a pena

Vale a pena ler,

MAXIMIANO, Antônio C. A. Teoria Geral da Administração. 1.ed. 5.reimpr. São Paulo: Atlas, 2008.

Minhas anotações

Aula 6º

Análise do ambiente externo

Depois de compreendido a configuração da análise ambiental interna visto na aula anterior, agora, na aula 6 serão evidenciados os pontos de ameaças e oportunidade gerados no contexto externo.

Ao se perguntar "como a organização se manterá em crescimento considerando as intempéries comerciais?" Ou "quais os incentivos fiscais gerados pelo governo para manter o negócio sadio?" geram expectativas que estão além do controle dos gestores, ou seja, dependem, sobretudo, de uma política de incentivo para potencializar o desenvolvimento comercial das Organizações seja no contexto nacional como também nas relações internacionais.

Buscar respostas para essas e outras perguntas são importantes para que o profissional se mantenha bem posicionado na liderança estratégica diante do cenário macro e microeconômico.

Bons estudos!

Objetivos de aprendizagem

Esperamos que, ao término desta aula, vocês serão capazes de:

- perceber a necessidade de identificar as ameaças e oportunidades do ambiente externo das organizações;
- encontrar metodologias de aferição da qualidade externa da Organização;
- desenvolver competências e habilidades para transformar o cenário externo favorável ao crescimento do negócio.

Seções de estudo

1 - Análise do ambiente externo
2 - Definindo ações estratégicas externas

1 - Análise do ambiente externo

Vamos apresentar nesta etapa a importância da análise do ambiente externo, ou melhor, das oportunidades e ameaças ao ambiente organizacional. Importante perceber que toda organização sofre influência de maior ou menor grau em função do cenário externo, seja por meio da tecnologia, da comunicação, das políticas nacionais e internacionais, entre outras intempéries.

1.1 Introdução

Analisar o contexto organizacional não parece ser uma tarefa fácil, porém ao considerar as ferramentas estratégicas disponíveis, as incertezas são minimizadas, principalmente relacionadas ao macroambiente externo, que por sua natureza, foge às vezes do controle das equipes de gestão.

Maximiano (2008) descreve que a análise do ambiente externo atua como um dos pilares de sustentação do planejamento estratégico, portanto, é imprescindível conhecer o mercado externo antes de se planejar uma estratégia eficiente para superar os concorrentes. Nesse mesmo sentido, concordando com o autor anterior, Porter (1999, p. 22) diz que "a essência da formulação de uma estratégia competitiva é relacionar uma organização ao seu ambiente. Embora o ambiente relevante seja muito amplo".

Para Porter (1999), a amplitude da concorrência em uma organização não é uma questão de coincidência ou de má sorte. Pelo contrário, a concorrência tem ascendências em sua estrutura econômica e vai muito além do comportamento dos atuais concorrentes. Nesse sentido, o nível de concorrência está relacionado a cinco forças competitivas básicas propostas por Porter (1980), são elas: ameaça de novos entrantes potenciais; ameaça de produtos ou serviços substitutos; rivalidade entre as empresas existentes - os concorrentes na indústria; poder de negociação dos compradores; e poder de negociação dos fornecedores, conforme demonstrado na figura abaixo:

Figura 1: 5 Forças competitivas segundo Michael Porter

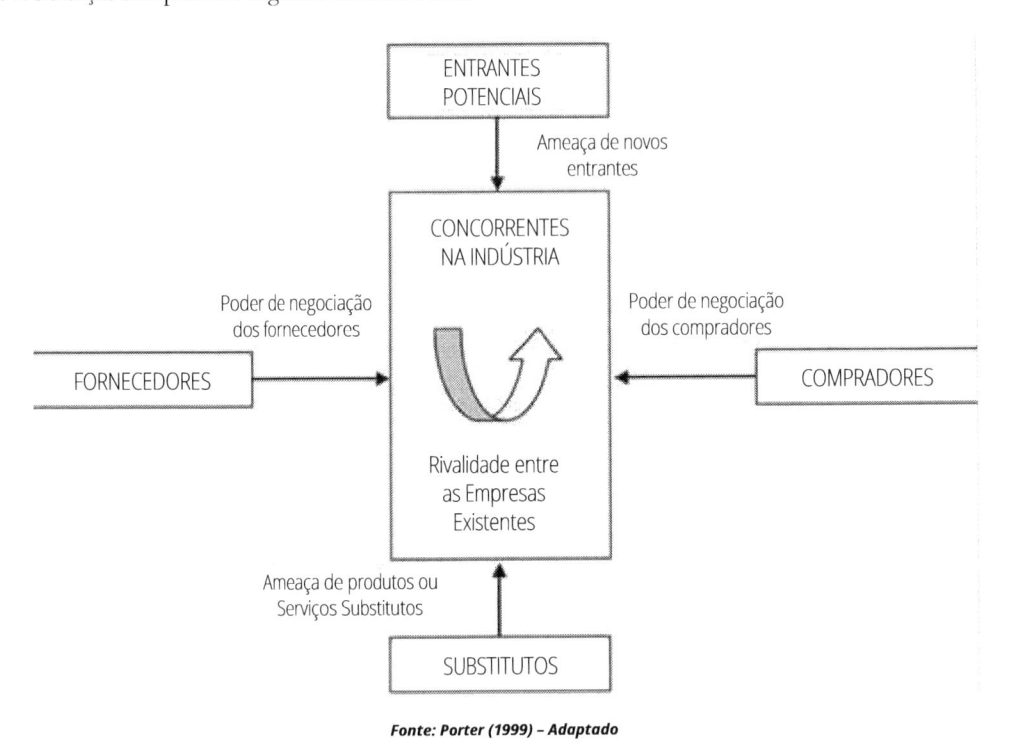

Fonte: Porter (1999) – Adaptado

Na organização das cinco forças retratadas por Porter, foi identificada ainda a existência de barreiras de entradas que atrapalham o ingresso de novas organizações, mencionadas em seis fontes identificadas por Porter (1999, p. 25-31) como sendo as principais:
- Economias de escala;
- Diferenciação do produto;
- Necessidades de capital;
- Custos de mudança;
- Acesso aos canais de distribuição;
- Desvantagem de custo independente de escala; e
- Política governamental.

Em cada uma delas, existem mecanismos de planejamento, controle e avaliação, de forma a compor a configuração da relação existente entre a organização e seu ambiente, verificando a sua situação atual e futura existente na relação entre produto e mercado.

A gestão estratégica deve, portanto, estar apoiada na dinâmica apontada pelo mercado externo procurando aproveitar as oportunidades, bem como abrandar ou absorver as ameaças ou, simplesmente, adaptar-se a elas uma vez que o mercado é bastante dinâmico.

No ambiente externo a empresa pode ter OPORTUNIDADES E AMEAÇAS, entre elas destacam-se:
- O Fornecedor: apresentam as reais condições de pagamento, privilégio exclusivo, parcerias, inovação, produtos alternativos, entre outros;
- O Cliente: identifica a quantidade, poder aquisitivo, escolaridade, localização, faixa etária, etc;
- O Concorrente: identifica a marca, o preço, a participação de mercado, a inovação, etc;
- O Mercado financeiro e econômico: definem os juros, a linha de financiamentos, os empréstimos, renda real da população, taxa de crescimento da renda, configuração geográfica, padrão de consumo e poupança, nível de emprego, taxas de juros, câmbio e inflação, mercado de capitais, distribuição de renda, balança de pagamentos, Produto Interno Bruto (PIB) e reservas cambiais;
- Os Aspectos jurídicos e legais: ligados à isenção, benefícios fiscais, restrições ambientais, restrição legal, legislação sobre proteção ambiental, saúde e segurança, legislação federal, estadual e municipal e estrutura de poder, etc;
- O Mercado externo: definidos pela exportação, barreiras fiscais, câmbio, produção externa, etc;
- Aspecto Ecológico: nível de desenvolvimento ecológico, índices de poluição e legislação existente (CHIAVENATO E SAPIRO, 2003);
- Aspectos Tecnológicos: passo tecnológico, processo de destruição criativa, aplicação em novos campos, identificação dos padrões aceitos, manifestações em reação aos avanços tecnológicos, aquisição, desenvolvimento e transferência de tecnologia, velocidade das mudanças tecnológicas e atualização do país, proteção de marcas e patentes, nível de pesquisa e desenvolvimento do país e incentivos governamentais ao desenvolvimento tecnológico. Gasto do governo em pesquisa e transferência tecnológica (CHIAVENATO E SAPIRO, 2003).
- Os Aspectos Políticos: apresenta a estabilidade, ingerências políticas, cultura local, disputas, políticas monetária, fiscal, tributária e previdenciária, legislação tributária, comercial e trabalhista, política de relações internacionais, segurança do produto, políticas de regulamentação e desregulamentação (CHIAVENATO E SAPIRO, 2003).

No contexto acima apresentado, podemos considerar as oportunidades, contida na análise externa, como a representação das tendências macro e microeconômicas, incluindo o mercado, a tecnologia, a política, a economia, os aspectos socioculturais, entre outros aspectos. Exemplo: tendência de queda do dólar, o que para empresas importadoras terá como impacto positivo a redução dos custos de insumo; e no caso do agronegócio, no caso de redução fiscal por parte do governo, poderá influenciará positivamente no aumento da exportação e consequentemente nos lucros da organização.

No caminho inverso, as ameaças, apresentam os impactos negativos promovidos pelo mercado e que influencia diretamente na competitividade da organização. Exemplo: considerando a queda do dólar, as empresas exportadoras, incluindo as do segmento do agronegócio, sofrem impactos negativos com a perda de rentabilidade com as exportações. O que vale para o gestor é saber identificar o exato mapeamento da realidade a fim de transformar a situação em estratégias concretas de competitividade.

1.2 Conceitos

> Segundo Oliveira (1997, p.173), numa empresa, a estratégia está "relacionada à arte de utilizar adequadamente os recursos físicos, financeiros e humanos, tendo em vista a minimização dos problemas e a maximização das oportunidades".

Dessa forma, compreender cada elo no planejamento estratégico torna-se uma ferramenta e um grande aliado ao gestor, para tanto, Oliveira (2007, p. 45-47) destaca:

> Por oportunidade, entendemos a força ou a variável incontrolável pela organização que pode favorecer as suas estratégias. Obviamente que para isso ela tem que ser conhecida e depois estudada da melhor forma para ser aproveitada em benefício da organização. E a maneira de aproveitá-la é por intermédio da formulação de uma estratégia diretamente ligada a essa oportunidade.
> [...]
> As ameaças são os elementos negativos, ou seja, continuam sendo uma força obstáculos à sua estratégia; no entanto, poderão ser evitadas quando conhecidas a tempo de serem administradas. São os fatores externos que dificultam o cumprimento da Missão da organização, e as situações do meio ambiente que colocam a organização em risco.

As organizações, diante da apresentação que se configura o contexto econômico, social, cultural e ambiental, que refletem em oportunidades e ameaças, devem se preparar com estratégias de conquista e manutenção de seus clientes numa relação de "sedução". O custo para aquisição e manutenção de um cliente nos releva o alto investimento necessário além de forças humanas para mantê-lo "motivado".

O posicionamento preventivo reforça, portanto, que ao estabelecer uma abordagem cada vez mais surpreendente e inovadora, os indivíduos, sejam eles clientes potenciais ou reais, se posicionam mais inclinados e motivados para fidelização no consumo. A fala popular "um cliente bem atendido divulga sua satisfação para uma ou duas pessoas, porém, quando ocorre o contrário, essa informação reflete para dez ou mais possíveis consumidores", fato esse motivado inclusive pela expansão das redes sociais.

2 - Definindo ações estratégicas externas

2.1 Análise das ameaças e oportunidades

Na mesma lógica que a aula anterior, segundo referencial de Peter e Certo (1993), a análise do ambiente externo, nesse caso, das Ameaças e Oportunidades são condicionantes para determinar como estão configuradas as premissas e restrições da Organização diante das incertezas exógenas.

Esse entendimento será fundamental para compor a análise SWOT na medida em que o cruzamento das forças internas com o ambiente externo será capaz de elucidar as oportunidades e ameaças. Mesmo considerando suas diferenças, a inter-relação existe de forma complementar, do mesmo modo, as oportunidades e as ameaças surge das forças e fraquezas organizacionais (LUPETTI, 2007).

Nesse sentido, as oportunidades advêm de aspectos externos que podem oferecer de algum modo uma vantagem para a organização assim como as ameaças podem impedir ou limitar a implantação de uma estratégia de ação.

Para melhor entendimento e estimular a percepção sobre a análise externa veja um exemplo abaixo de uma reportagem publicada na Revista de Agronegócio da FGV Analisys (2008) que identifica dois cenários do agronegócio:

OS CENÁRIOS FUTUROS OPORTUNIDADES E DESAFIOS

A seguir, estão os sumários de possíveis cenários futuros, com suas oportunidades e ameaças, que oferecem, tanto ao planejamento da produção agrícola, quanto à geração de tecnologias e à formulação de políticas públicas, elementos de reflexão e parâmetros para definição de estratégias para atuação dessas organizações de maneira a garantir sua sobrevivência e o possível crescimento econômico ou institucional. Os cenários variam de horizonte ótimo, pleno em oportunidades, até aquele que se configura o mais avesso, repleto de ameaças e dificuldades. O desafio dos gestores e lideranças é divisar a maneira de preparar suas organizações para, independente do cenário que se verificar, aproveitar as oportunidades e suplantar as dificuldades.
Vejam os cenários:

Cenário 1 - Sem barreiras para o crescimento

Um dos cenários considerados vislumbra um futuro extremamente favorável para a evolução do negócio agrícola do Brasil e das instituições de pesquisa agropecuária.

De modo que, assim como o agronegócio, o sistema público de pesquisa agrícola experimentaria um processo de expansão e de fortalecimento, devido à sua crescente inserção nas redes mundiais de pesquisa e de negócios.

Além disso, iria contribuir decisivamente para a maior disseminação da inovação tecnológica, para a elevada agregação de valor dos bens produzidos pelo negócio agrícola brasileiro e para o uso sustentável da biodiversidade. Não havendo ameaças, apenas oportunidades a serem aproveitadas.

Nesse contexto favorável, o agronegócio brasileiro deve se consolidar como um dos mais importantes vetores do desenvolvimento econômico e social do Brasil, exibindo níveis de produtividade e eficiência em condições tropicais surpreendentes, mesmo para padrões das regiões temperadas. O desempenho do sistema produtivo garantiria o suprimento equilibrado de produtos agropecuários, agroindustriais e agroflorestais, sendo essencial para a segurança alimentar e energética do País e do mundo.

Tal cenário considera que o País fortaleceria o seu protagonismo na produção de agroenergia e poderia assumir posição de vanguarda na geração de tecnologias voltadas ao setor. Dado o sucesso que teria no desenvolvimento de novos processos e cultivares para a obtenção de produtos energéticos, o Brasil se consolidaria como referência mundial no desenvolvimento de novas tecnologias de segunda e terceira gerações em bioenergia.

Esse cenário apresenta uma fase de excelente aproveitamento do rico patrimônio genético da fauna e flora brasileiras para criação de produtos de alto valor agregado, trazendo a expansão de novos segmentos de mercado, sobretudo aqueles relacionados a alimentos funcionais e orgânicos.

Isso, fruto do esforço continuado no desenvolvimento de matérias-primas, processos e produtos diferenciados de um sistema de pesquisa agrícola que cresceria e se expandiria porque, além da atuação regional integrada, estaria perfeitamente inserido nas redes mundiais de pesquisa.

Diante dessa realidade favorável, o reconhecimento da sociedade do papel da pesquisa agropecuária para o sucesso do agronegócio e do desenvolvimento rural sustentável é traduzido em crescentes investimentos públicos e privados em inovação agrícola, podendo alcançar a marca de 2,5% do PIB nacional. Estimulados pelo fortalecimento dos mecanismos de propriedade intelectual e de incentivo à pesquisa, pela estabilidade regulatória, cresceriam as parcerias estratégicas entre empresas e instituições públicas de ciência e tecnologia.

No plano internacional, o crescimento econômico seria elevado nesse cenário favorável. Impulsionada pela liberalização comercial e pela expansão de fluxos de bens e serviços, e após um ciclo de importantes avanços econômicos, institucionais e educacionais, a América Latina volta a ganhar espaço no cenário mundial e se torna mais próspera e competitiva diante de outras partes do mundo.

Os preços das commodities agrícolas deverão se manter estáveis, em patamar elevado, e a demanda mundial por alimentos e tecnologias para o agronegócio cresceria de modo contínuo e acelerado. Impulsionado por esse ambiente externo favorável, o País conseguiria aprimorar sua infraestrutura logística e energética para garantir ampla inserção internacional e acelerar seu crescimento econômico. A economia brasileira cresceria a taxas acima da média mundial.

O setor agropecuário deve apresentar expansão elevada e diversificada, adensando suas principais cadeias produtivas, com maior inserção internacional, sobretudo nos segmentos de grãos, carnes, frutas e cana-de-açúcar. O setor se beneficiaria, ainda, de políticas agrícolas modernas e eficazes, com ativa presença do Estado na regulação dos instrumentos voltados ao aumento da eficiência produtiva, à estabilização da renda e à redução dos riscos dos produtores rurais.

No plano ambiental seriam visíveis a desaceleração do desmatamento, a melhoria da qualidade dos recursos hídricos e a expansão do mercado de sequestro e retenção de carbono. Registrando ainda maior sustentabilidade no uso da biodiversidade, contribuindo para que o impacto das mudanças climáticas sobre a produtividade agrícola e o uso da terra fosse menor nos diferentes biomas do País.

Cenário 2 - Crescimento seguro em terreno conhecido

Um segundo cenário admitido nas prospecções sobre o futuro da Agricultura Tropical muito se assemelha ao que vivemos hoje: o Brasil caminhando em ritmo diferente do mundo e se fortalecendo internamente, apesar da conjuntura internacional desfavorável. O Brasil iria modernizar, de forma gradual, mas persistente, seu parque produtivo e aceleraria o ritmo de crescimento de sua economia.

O agronegócio nacional cresce e se diversifica nesse cenário, beneficiado pelo dinamismo maior do mercado interno e pela demanda internacional por alimentos e energia que, apesar dos problemas econômicos, será significativa ao longo do período.

Graças à adoção de políticas públicas eficazes, de indução do desenvolvimento rural, estabilização da renda e redução dos riscos dos produtores rurais, o agronegócio pode ampliar sua participação no PIB brasileiro.

Os reflexos desse bom desempenho do agronegócio iriam incidir positivamente na pesquisa agropecuária, agroflorestal e agroindustrial. Cresce a demanda por pesquisa.

O sistema público de pesquisa agrícola se torna alvo de crescentes investimentos públicos e privados, porque está perfeitamente integrado às redes regionais de pesquisa e orientado pelas demandas do setor produtivo.

Trata-se de cenário de aposta no Estado brasileiro, que, movido por novas e ágeis formas de governança, capazes de mobilizar os atores do mercado e da sociedade civil, e focadas na obtenção e divulgação de resultados, criaria um ambiente favorável às instituições públicas de pesquisa cianótica, o que lhes facultaria maior viabilização de parcerias estratégicas com o setor privado. No âmbito internacional, as empresas brasileiras teriam facilidade em trafegar nos mercados regionais emergentes, tais como os da África, Ásia, América Latina e Caribe.

As instituições públicas de pesquisa agrícola poderiam transferir seu conhecimento e participar, com naturalidade, do esforço de desenvolvimento da África e dos países bolivarianos (é o que ocorre nesse momento com a Embrapa, com convênios de transferência de tecnologia em Gana e na Venezuela, e com laboratórios virtuais na Europa e nos Estados Unidos).

O cenário estima ainda que, com bons investimentos em pesquisa e o uso adequado da rica biodiversidade nacional, esse sistema integrado de inovação consegue criar novos cultivares e processos de produção que o tornam referência mundial em tecnologias de segunda e de terceira gerações em bioenergia e biocombustíveis e no desenvolvimento de produtos biotecnológicos de alto valor agregado.

O País teria maior consciência ambiental, o que se refletiria na redução dos índices de desmatamento da Amazônia Legal, na estabilidade da oferta de água nas bacias brasileiras e na expansão do mercado de sequestro e retenção de carbono, além do baixo impacto nas mudanças climáticas, inclusive sobre o uso das terras e sobre a produtividade agrícola.

Essa combinação de condições favoráveis permitiria ao Estado uma atuação mais firme na implantação de políticas de regulação do mercado e indução do desenvolvimento, o que contribuiria para a redução das desigualdades regionais brasileiras. A retomada do crescimento da economia, decorrente de investimentos públicos e privados crescentes, acaba por fortalecer a integração da infraestrutura regional, estimulando a melhoria da competitividade das regiões.

A decisão do sistema público de pesquisa de intensificar o esforço de desenvolvimento de sistemas integrados de produção, focados no melhor aproveitamento dos recursos mais abundantes em cada bioma, a exemplo do sol da caatinga, da água e da biodiversidade da Amazônia, da Mata Atlântica e do Pantanal, e da disponibilidade de terras do cerrado e do pampa, contribuiria para isso.

No entanto, estima-se que a desaceleração da demanda mundial por alimentos, combinada com a elevação dos mecanismos protecionistas, pode impedir que a economia agrícola regional venha a crescer em direção ao mercado externo, pois as regiões de grande potencial agropecuário acompanham o ritmo de crescimento da economia brasileira, mas estão contidas em mercados regionais (...).

Fonte: www.agroanalysis.com.br/especiais_detalhe.php?idEspecial=21&ordem=3. Acesso em 10 out. 2014.

Diante dos dois cenários apresentados na reportagem, vocês conseguiram perceber que a análise externa assim como a interna, muitas vezes, elas se apresentam de forma concomitante? Faça um exercício e extraia cada ameaça e oportunidade identificada na reportagem assim estará estimulando sua percepção de gestão estratégica.

2.1.2 Matriz SWOT cruzada

Considerando que o empreendedor não queira investir no software específico conforme indicado anteriormente, poderá cruzar as informações com a utilização de quatro quadrantes, de forma a obter uma moldura que permita delinear estratégias importantes para o futuro da empresa/instituição.

Para desenvolver a análise SWOT cruzada é preciso identificar primeiramente a análise clara do ambiente, ou seja, pesquisar profundamente as forças e fraquezas organizacionais. Para cada cruzamento é importante saber criar objetivos/estratégias, entre elas:

- Pontos fortes x Oportunidades = estratégia ofensiva / desenvolvimento das vantagens competitivas;
- Pontos fortes x Ameaças = estratégia de confronto para modificação do ambiente a favor da empresa;
- Pontos fracos x Oportunidades = estratégia de reforço para poder aproveitar melhor as oportunidades;
- Pontos fracos x Ameaças = estratégia defensiva com possíveis modificações profundas para proteger a empresa.

Figura 2: Análise SWOT Cruzada

	Análise Interna	
	S (strenghs) Pontos Fortes	**W** (weaknesses) Pontos Fracos
O (oportunities) oportunidades	**SO** (maxi-maxi) Tirar o máximo partido dos pontos fortes para aproveitar ao máximo as oportunidades detectadas.	**WO** (mini-maxi) Desenvolver as estratégias que minimizem os efeitos negativos dos pontos fracos e que em simultâneo aproveitem as oportunidades emergentes.
T (Threats) Ameaças	**ST** (maxi-mini) Tirar o máximo partido dos pontos fortes para minimizar os efeitos das ameaças detectadas.	**WT** (mini-mini) As estratégias a desenvolver devem minimizar ou ultrapassar os pontos fracos e, tanto quanto possível, fazer face às ameaças.

Fonte: http://peeufmt.files.wordpress.com/2011/05/swot-01.jpg. Acesso em 24 out. 2014.

A análise SWOT cruzada consiste em agrupar as informações dos quatro quadrantes, de forma a obter uma moldura que permita delinear estratégias importantes para o futuro da empresa/instituição.

Análise Cruzada: (1x3); (2x4); (2x3) e (1x4):

estabelece a correlação dos fatores internos e externos, possibilitando à empresa identificar formas de potencializar as oportunidades e mitigar as ameaças.

Figura 3: Análise SWOT Oportunidades e Ameaças

7. Análise SWOT
7.3 Oportunidades

	Descrição das Oportunidades	Prazo	Descrição do IMPACTO na sua empresa	Grau de Impacto	Nota
A	Desvalorização do dólar	2	redução do custo de produção	3	5
B	Venda para países com menos carga tributária	2	Aumento de venda	3	5
C	Atrativos fiscais e trabalhistas da China	1	Redução do custo de produção	3	4
D	Disseminação da TV digital	1	Aumento de venda	3	4
E	Redução significativa de impostos	1	Maior lucro para a empresa	4	5
F	Aumento no consumo de aparelhos eletrônicos	2	Aumento de venda	4	6
G	Investimento em Responsabilidade Social	2	Maior reconhecimento da marca	2	4
H	Globalização de mercado	2	Aumento de venda	3	5
I	Envelhecimento da população	1	Revisão em seu portifólio de produtos	4	5
J	Globalização de tecnologias	2	Facilidade de acesso a novas tecnologias	3	5

7.4 Ameaças

	Descrição das Ameaças	Prazo	Descrição do IMPACTO na sua empresa	Grau de Impacto	Nota
A	Globalização de mercado	2	Mercado mais competitivo	3	5
B	Atrativos fiscais e trabalhistas da China	1	Mercado mais competitivo	3	4
C	Apagão elétrico	1	Redução de vendas	2	3
D	Custo de mão de obra elevado	2	Aumento dos lucros	3	5
E	Falta de mão de obra qualificada	2	Custo elevado em capacitação de pessoal	1	3
F	Surgimento de outras formas de entretenimento	1	Redução do volume de vendas	2	3
G	Novos concorrentes no mercado nacional	2	Redução do volume de vendas	2	4
H	Envelhecimento da população	1	Redução do volume de vendas	4	5
I	Globalização de tecnologias	2	Maior competitividade de mercado	3	5
J	Baixo custo dos conversores para TV Digital	2	Redução de vendas	4	6

Fonte:http://patriciainez.blogspot.com.br/2011/03/planejamento-estrategico-missao-visao.html.

Pontos Fortes x Oportunidades: a análise nesta correlação é quanto poder este ponto forte tem para ajudar a organização a aproveitar o(s) impacto(s) dessa oportunidade.

Pontos Fracos x Ameaças: a análise nesta correlação é quanto este ponto fraco pode piorar o impacto desta ameaça?!

Pontos Fracos x Oportunidades: a análise nesta correlação é quanto o ponto fraco pode comprometer a oportunidade? Muitas vezes a empresa tem ótimas possibilidades, porém, está cheia de fraquezas que a impedem de aproveitar as oportunidades (seus impactos).

Pontos Fortes x Ameaças: A análise nesta correlação é quanto o ponto forte pode bloquear a ameaça? Uma empresa que trabalha bem seus pontos fortes (investe em desenvolvê-los) reduz o impacto de muitas ameaças.

Para a análise SWOT Cruzada é preciso primeiro fazer uma análise clara do ambiente, ou seja, pesquisar profundamente as forças e fraquezas e saber identificar as oportunidades e ameaças. Para cada cruzamento é importante saber criar objetivos/estratégias:

- Pontos Fortes x Oportunidades = estratégia ofensiva / desenvolvimento das vantagens competitivas.

Figura 4: Análise SWOT Pontos Fortes x Oportunidades

7. Análise SWOT
7.5 Correlação Pontos Fortes x Oportunidades

Ponto fraco / Ameaça	Mercado mais competitivo	Mercado mais competitivo	Redução de venda	Redução dos lucros	Custo elevado em capacitação de pessoal	Redução do volume de vendas	Redução do volume de vendas	Redução do volume de vendas	Maior competitividade de mercado	Redução do volume de vendas	Soma
Custo elevado dos produtos	2	0	2	2	0	2	2	2	0	2	14
Competitividade interna	0	0	0	0	0	0	0	0	0	0	0
Capacitação de equipe de venda	0	0	2	2	2	2	2	2	0	2	14
Poucas fábricas no país	2	2	1	1	0	1	1	1	2	1	12
Elevado indice de acidente de trabalho	0	0	0	0	2	0	0	0	0	0	2
Equipe de produção pequena	2	2	1	1	1	1	1	1	2	1	13
logística complexa	1	1	1	1	0	1	1	1	1	1	9
Falta de objetivos claro por parte da diretoria antiga	1	1	0	0	0	0	0	0	1	0	3
Falta de mão de obra capacitada para instalação	0	0	1	1	1	1	1	1	0	1	7
Incompatibilidade do sistema operacional em alguns produtos	0	0	1	1	0	1	1	1	0	1	6

Fonte: http://patriciainez.blogspot.com.br/2011/03/planejamento-estrategico-missao-visao.html. Acesso em 10 out. 2014.

• Pontos fracos x ameaças = estratégia defensiva com possíveis modificações profundas para proteger a empresa.

Figura 5: Análise SWOT Pontos Fracos x Ameaças

7.6 Correlação Pontos Fracos x Ameaças

Ponto fraco / Ameaça	Mercado mais competitivo	Mercado mais competitivo	Redução de venda	Redução dos lucros	Custo elevado em capacitação de pessoal	Redução do volume de vendas	Redução do volume de vendas	Redução do volume de vendas	Maior competitividade de mercado	Redução do volume de vendas	Soma
Custo elevado dos produtos	2	0	2	2	0	2	2	2	0	2	14
Competitividade interna	0	0	0	0	0	0	0	0	0	0	0
Capacitaçaõ de equipe de venda	0	0	2	2	2	2	2	2	0	2	14
Poucas fábricas no país	2	2	1	1	0	1	1	1	2	1	12
Elevado indice de acidente de trabalho	0	0	0	0	2	0	0	0	0	0	2
Equipe de produção pequena	2	2	1	1	1	1	1	1	2	1	13
logística complexa	1	1	1	1	0	1	1	1	1	1	9
Falta de objetivos claro por parte da diretoria antiga	1	1	0	0	0	0	0	0	1	0	3
Falta de mão de obra capacitada para instalação	0	0	1	1	1	1	1	1	0	1	7
Incompatibilidade do sistema operacional em alguns produtos	0	0	1	1	0	1	1	1	0	1	6

Fonte:http://patriciainez.blogspot.com.br/2011/03/planejamento-estrategico-missao-visao.html. Acesso em 10 out. 2014.

• Pontos Fracos x Oportunidades = estratégia de reforço para poder aproveitar melhor as oportunidades.

Figura 6: Análise SWOT Pontos Fracos e Oportunidades

7.8 Correlação Pontos Fracos x Ameaças

Ponto fraco / Oportunidade	Redução do custo de produção	Aumento de venda	Redução do custo deprodução	Aumento de venda	Maior lucro para a empresa	Aumento de venda	aior reconhecimento da marca	Aumento de venda	Revisão em seu portifólio de produtos	Facilidade de acesso a novas tecnologias	Soma
Custo elevado dos produtos	2	2	2	2	2	2	0	2	0	0	14
Competitividade interna	0	0	0	0	0	0	0	0	0	0	0
Capacitaçaõ de equipe de venda	0	2	0	2	2	2	0	2	0	0	10
Poucas fábricas no país	1	2	1	2	2	2	0	2	0	0	12
Elevado indice de acidente de trabalho	1	0	1	0	0	0	0	0	0	0	2
Equipe de produção pequena	0	2	0	2	2	2	0	2	0	0	10
Logística complexa	1	1	1	1	1	1	0	1	0	0	7
Falta de objetivos claro por parte da diretoria antiga	1	1	1	1	1	1	0	1	0	0	7
Falta de mão de obra capacitada para instalação	0	2	0	2	2	2	1	2	0	0	11
Incompatibilidade do sistema operacional em alguns produtos	0	2	0	2	2	2	1	2	0	0	11

Fonte:http://patriciainez.blogspot.com.br/2011/03/planejamento-estrategico-missao-visao.html. Acesso em: 10 out. 2014.

• Pontos Fortes x Ameaças = estratégia de confronto para modificação do ambiente a favor da empresa.

Figura 7: Análise SWOT Pontos Fortes e Ameaças

7.7 Correlação Pontos Fortes x Ameaças

Ponto fraco / Oportunidade	Redução do custo de produção	Aumento de venda	Redução do custo de produção	Aumento de venda	Maior lucro para a empresa	Aumento de venda	Maior reconhecimento da marca	Aumento de venda	Revisão em seu portifólio de produtos	Facilidade de acesso a novas tecnologias	Soma
Custo elevado dos produtos	2	2	2	2	2	2	0	2	0	0	14
Competitividade interna	0	0	0	0	0	0	0	0	0	0	0
Capacitação de equipe de venda	0	2	0	2	2	2	0	2	0	0	10
Poucas fábricas no país	1	2	1	2	2	2	0	2	0	0	12
Elevado indice de acidente de trabalho	1	0	1	0	0	0	0	0	0	0	2
Equipe de produção pequena	0	2	0	2	2	2	0	2	0	0	10
Logística complexa	1	1	1	1	1	1	0	1	0	0	7
Falta de objetivos claro por parte da diretoria antiga	1	1	1	1	1	1	0	1	0	0	7
Falta de mão de obra capacitada para instalação	0	2	0	2	2	2	1	2	0	0	11
Incompatibilidade do sistema operacional em alguns produtos	0	2	0	2	2	2	1	2	0	0	11

Fonte: http://patriciainez.blogspot.com.br/2011/03/planejamento-estrategico-missao-visao.html. Acesso em: 10 out. 2014.

Retomando a aula

Ao final da sexta aula da disciplina, observamos várias características vinculadas à análise externa organizacional, ou seja, identificação das ameaças e oportunidades. Para tanto, vamos recordar o que foi aplicado até o momento:

1 - Análise do ambiente externo

Na Seção 1 pudemos constatar que o estabelecimento de parcerias estratégicas é uma ótima resposta às mazelas que o mercado apresenta aos gestores e suas organizações.

Compreender que o ambiente empresarial não é um conjunto estável, uniforme e disciplinado, já é a primeira premissa positiva de análise.

Observa-se que uma mesma tendência mercadológica pode ser considerada ao mesmo tempo uma ameaça, uma oportunidade ou as duas coisas simultaneamente. O detalhamento no planejamento se transformará em instrumento de gestão estratégica.

2 - Definindo ações estratégicas externas

Ao desenvolver o segundo módulo da aula, observamos que as ações estratégicas vinculadas à análise do ambiente externo são percebidas quando o gestor, junto de sua equipe estratégica, identifica claramente o que vem a ser ameaças e oportunidades. Ao pensar que toda Organização não está livre desse contexto, surge à necessidade de identificar mecanismos de conversão, ou seja, de cada ponto fraco ou ameaça identifica-se uma oportunidade.

Ao desenvolver a análise cruzada dos resultados internos e externos, o gestor poderá estabelecer ou redefinir o planejamento estratégico. Nesse sentido, essa metodologia de gestão, oportuniza de forma clara e precisa a visualização da Organização de forma global e, ao mesmo tempo, possibilita o maior controle sobre as variáveis que permeiam seu ambiente.

Vale a pena

Vale a pena assistir,

O Terminal (The Terminal - 2004 - Dirigido por Steven Spielberg).

A Lista De Schindler (Schindler's List - 1993 - Dirigido por Steven Spielberg e escrito por Steven Zaillian).

Minhas anotações

Minhas anotações

Aula 7º

Gestão estratégica

Aprimorar o processo de gestão nas organizações é uma questão de sobrevivência levando em conta a alta competitividade e especialização do mercado. Diante desse contexto, o aumento da concorrência faz com que as organizações busquem constantes inovações nos processos metodológicos, assim como ferramentas para manutenção e melhoramento da qualidade a que se propõe a oferecer para o consumidor, seja ele em forma de produto e/ou serviço.

Considerando esse aspecto, uma dúvida poderia ser estimulada por você estudante: considerando a necessidade de se planejar e gerir uma organização, as ações estratégicas são vinculadas apenas no setor privado?

A resposta é que o processo de gestão estratégica é seguramente aplicável a qualquer tipo de organização. Deste modo, suas orientações são aplicáveis tanto a instituições públicas como privadas. O que ocorre em alguns casos é a inexperiência dos gestores públicos em aplicar ferramentas estratégicas fomentadas pelas ciências administrativas.

Buscar respostas para essa e outras perguntas é importante para que o(a) Profissional e mantenha bem posicionado na gestão estratégica.

Bons estudos!

Objetivos de aprendizagem

Esperamos que, ao término desta aula, vocês serão capazes de:

- identificar a necessidade de aliar o planejamento com as ações estratégicas nas organizações;
- encontrar formas de gerir negócios a partir dos princípios estratégicos;
- desenvolver competências estratégicas sobre gestão;
- aplicar as técnicas de conhecimentos adquiridas a uma realidade organizacional na busca de uma solução para o(s) problema(s);

Seções de estudo

1 - Gestão Estratégica

1 - Gestão Estratégica

> Nesse primeiro tópico da Aula, cada estudante poderá buscar os referenciais teóricos que auxiliem nas decisões estratégicas que serão lançadas pelo mercado de trabalho, assim como nos desafios de gerir um negócio ou até mesmo uma função administrativa no poder público.

1.1 Introdução

A gestão estratégica refere-se a um modelo de gestão que agrega os princípios de pensamento e instrumentos do planejamento, desenvolvimento, controle e avaliação estratégicos e sua aplicação nos diversos subsistemas que compõem o sistema administrativo de uma organização.

Definindo a palavra "Gestão", tem-se como base o "ato de gerir, administrar ou dirigir uma atividade produtiva ou um negócio empresarial" (DICIONÁRIO MICHAELIS, 2007). A ação de gerir uma organização foi inicialmente fomentada por Henri Fayol, engenheiro de minas francês. Ele foi o fundador da teoria clássica da administração e se tornou um dos teóricos clássicos da ciência da administração mais renomados e respeitados por organizar e sistematizar os princípios fundamentais da administração industrial e geral de empresas no século XIX (MAXIMIANO, 2004).

Para Porter (1999), a essência da formulação de uma estratégia competitiva é relacionar uma organização ao seu ambiente. Embora o ambiente relevante seja muito amplo, abrangendo tanto forças sociais como econômicas, o aspecto principal do meio ambiente da empresa é a indústria ou as indústrias em que ela compete.

A estrutura industrial tem uma forte influência na determinação das regras competitivas do jogo, assim como das estratégias potencialmente disponíveis para a empresa. Forças externas à indústria são significativas principalmente em sentido relativo, uma vez que as forças externas em geral afetam todas as empresas na indústria; o ponto básico encontra-se nas diferentes habilidades das empresas em lidar com elas.

Porter (1999) aponta ainda que a intensidade da concorrência em uma indústria não é uma questão de coincidência ou de má sorte. Ao contrário, a concorrência em uma indústria tem raízes em sua estrutura econômica básica e vai além do comportamento dos atuais concorrentes.

Figura 1: Estratégias para construir o futuro

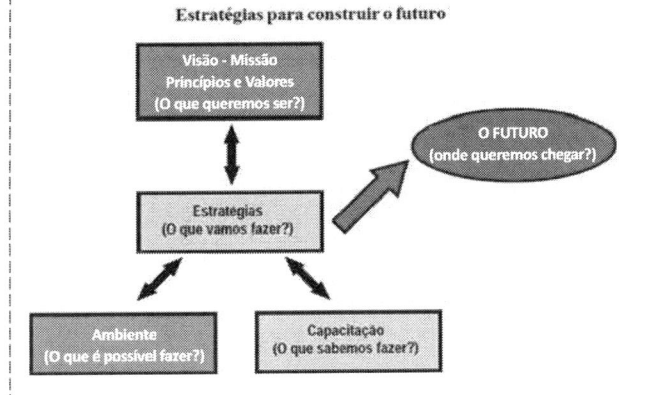

Fonte: http://slideplayer.com.br/slide/1567580/. Acesso em: 10 out. 2014.

Sintetizando, a gestão estratégica é um processo contínuo e interativo que visa auxiliar a gestão administrativa no gerenciamento da organização e se baseia em três pilares fundamentais:

Planejamento Estratégico: estabelecimento da diretriz organizacional: A MISSÃO, que define a razão de ser da organização; A VISÃO DE FUTURO, que define o que a empresa aspira a ser ou a se tornar; e OS OBJETIVOS ESTRATÉGICOS, que são as metas da organização. Definido o foco se estabelece metas e seleciona o que é prioritário.

Execução da estratégia: conversão do curso de ação escolhido para o alcance dos objetivos em resultados e ações concretas, por meio de projetos e iniciativas.

Acompanhamento estratégico: Monitoração e avaliação do processo de administração estratégica, para melhorá-lo e assegurar que tudo acontecerá conforme o planejado, checando o alcance das metas e o andamento dos projetos.

1.2 Conceitos

Analisando as literaturas disponíveis sobre gestão estratégica, Bhalla et al. (2009), elucida que o assunto ganhou mais atenção, tanto acadêmica quanto empresarial, somente na década de 1950, mas seu desenvolvimento começou a partir dos anos 1960 e 1970 cujo objetivo é integrar estratégia, organização e ambiente de forma sinérgica.

Segundo Porth (2002), a gestão estratégica surgiu como parte do planejamento estratégico, que na atualidade é compreendido como um dos seus principais instrumentos. Já Stead e Stead (2008) afirmaram que a gestão estratégica resultou do conceito de política empresarial, que em sua essência explicava a organização como um sistema no qual são empregados recursos econômicos e são ordenadas a partir das atividades funcionais na intenção de obtenção de lucros.

De modo geral, a gestão estratégica é considerada um termo amplo que compreende a definição da missão, visão, valores e os objetivos da organização no contexto de seus ambientes internam e externo. Nesse sentido, segundo Wright, Kroll e Parnell (1997, p. 24),

> Gestão estratégica pode ser vista como uma série de passos em que a alta gestão deve realizar as tarefas a seguir:
> (a) Analisar oportunidades e ameaças ou limitações que existem no ambiente externo;

> (b) Analisar os pontos fortes e fracos de seu ambiente interno;
> (c) Estabelecer a missão organizacional e os objetivos gerais; (d) Formular estratégias (no nível empresarial, no nível de unidades de negócios e no nível funcional) que permitam à organização combinar os pontos fortes e fracos da organização com as oportunidades e ameaças do ambiente;
> (e) Implantar as estratégias; e
> (f) Realizar atividades de controle estratégico para assegurar que os objetivos gerais da organização sejam atingidos.
>
> Nesse sentido, a gestão estratégica é referendada como um modelo de desenvolvimento de habilidades para antecipar as mudanças necessárias assim como discutir incertezas futuras pela definição de procedimentos para realizar os objetivos da organização (BRACKER, 1980).

1.3 Fases das ações estratégicas

Para Dess, Lumpkin e Eisner (2007), a gestão estratégica deve ser considerada um caminho singular que norteia as ações em toda a organização baseada em julgamentos, deliberações e ações empreendidas nas organizações para criar e amparar vantagens competitivas. Para tanto, em sua configuração, apresentam-se por dois elementos que estão no centro da gestão estratégica: no primeiro, baseado em três processos contínuos, ou seja, em análises, decisões e ações; no segundo momento, a essência é mapear por que algumas organizações têm desempenho melhor que outras, ou seja, com mais vantagens competitivas.

Nessa configuração, a gestão estratégica deve ser considerada como uma metodologia para provocar o êxito de uma organização, tanto no presente como no futuro. Para que sua aplicabilidade seja coerente é preciso pensar em no mínimo três etapas distintas: planejamento; execução; e controle.

O objetivo desse tripé estratégico é identificar os riscos e propor planos para minimizá-los e até mesmo evitá-los; identificar os pontos fortes e fracos de uma organização em relação à concorrência e ao ambiente de negócio; conhecer o mercado e definir estratégias para seus produtos e serviços.

A configuração proposta por Maximiano (2002) configura a gestão estratégica em algumas fases, entre elas:

Fase 1: é a do planejamento estratégico, que se desdobra em outras quatro subfases, a saber:
- Diagnósticos estratégicos, quando são feitas as análises internas (forças e fraquezas da empresa) e externas (oportunidades e ameaças ambientais);
- Definição da missão da organização, ou seja, a determinação do objetivo fundamental da organização e do que a organização pretende ser no seu ambiente de negócios;
- Determinação dos instrumentos prescritivos e quantitativos tais como objetivos, metas, estratégias, políticas e projetos;
- Definição do controle de avaliação (critérios e parâmetros).

Fase 2: é a do desenvolvimento estratégico, está relacionada com a implantação organizacional das determinações definidas na fase anterior.

Esta fase consiste em converter as determinações em resultados e ações concretas, viabilizados através de planos táticos (planos dos níveis intermediários da empresa) e operacionais da estrutura organizacional. Nela se pressupõe uma mudança organizacional para incorporação de novos papéis, nova matriz hierárquica, o sistema de retroalimentação organizacional e as peculiaridades da estrutura de pessoal.

Fase 3: refere-se ao controle estratégico, e considera as definições no plano estratégico da organização e avalia periodicamente o grau de consecução e desvio obtidos, relativamente aos padrões determinados, de modo a corrigir distorções e aperfeiçoar os resultados alcançados (MAXIMIANO, 2002).

O controle estratégico possibilita a geração de informações úteis para as duas fases anteriores, permitindo o aprimoramento das ações prescritas e praticadas, viabilizando o melhoramento contínuo, por mudanças de processos, e de adaptação a diferentes situações surgidas ao longo do tempo.

Pelo exposto, a gestão estratégica, diferentemente das confusões conceituais, apresenta características que transcendem o planejamento estratégico. Deste modo, o processo de administração estratégica procura se pautar em uma série de etapas que são repetidas ciclicamente constituindo assim um processo integral, contínuo, flexível e criativo que propicia um enquadramento que orienta os outros componentes da gestão (elaboração de planos táticos e operacionais, avaliação de recursos etc.).

Como objetivos fundamentais da administração estratégica, destacam-se (MAXIMIANO, 2002):
- A reorientação de recursos materiais, financeiros e humanos;
- O estabelecimento de padrões de excelência;
- Implantação do processo de melhoria contínua;
- A definição de valores comuns;
- As formas de lidar com a incerteza;
- O fornecimento de uma base para o controle de avaliação.

As principais etapas esboçadas aqui são essenciais ao processo de gestão estratégica. Os gestores devem ser criativos para projetar e operar os sistemas com flexibilidade o bastante para adaptar seus usos às circunstâncias organizacionais com que se defrontam.

1.4 Modelos

Com a disseminação da concepção estratégica, que surgiu a partir de 1990, as organizações começaram a implantar um processo cíclico de planejamento, organização, execução, controle e avaliação. As etapas estavam relacionadas dinamicamente entre si para tingir um objetivo, atuando sobre as entradas, ou seja, matéria-prima (cana de açúcar, petróleo) fornecendo saídas processadas (combustível, energia ou matéria) (RODRIGUES et. ali., 2005; OLIVEIRA, 2004).

Nesse contexto, a gestão estratégica caracterizou-se pelo potencial de novas contribuições ao processo, sobretudo, pela natureza imprevisível e complexa dos novos cenários, ilustrada na figura abaixo, proposto por Rodrigues et. ali. (2005, p. 32) adaptado por Camacho (2009, p. 40):

Figura 2: Gestão estratégica competitiva

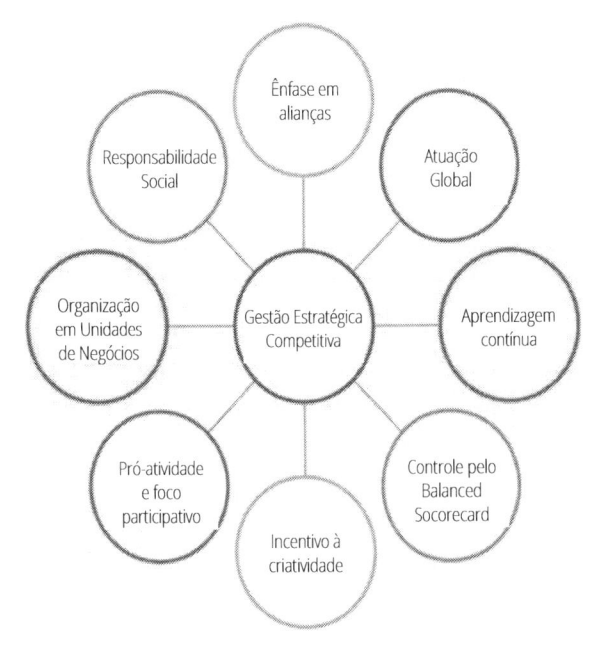

https://www.google.com.br/imghp?hl=pt-PT&tab=wi&ei=Q1m5VKyeDPiKs QStsYLACg&ved=0CAQQqi4oAg

A figura 3 ilustra, portanto, oito principais características da escola de gestão estratégica que, segundo Rodrigues (2005), esse modelo referencia a Gestão Estratégica Competitiva como o centro das atenções, incluído nela a definição clara da missão, visão e valores organizacionais, já mencionados nas aulas anteriores.

Além do modelo supracitado, existem outros esquemas organizacionais, como mencionados nas figuras 3 e 4, logo abaixo.

Figura 3: Esquema de Modelo de Gestão estratégica

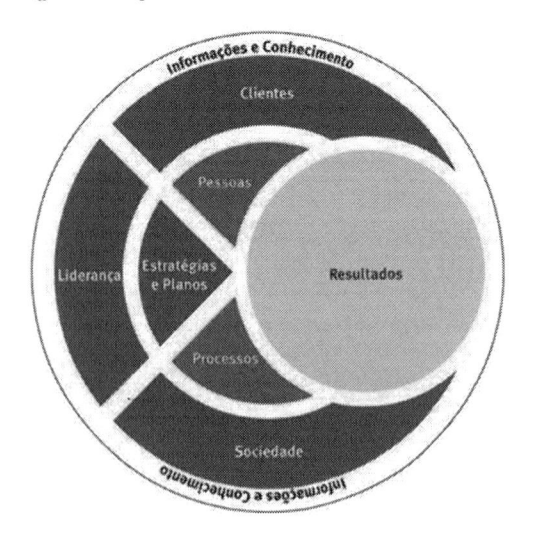

Fonte:< www.pse.ice.bas.bg>. Acesso em 10 out. 2014. - ADAPTADO

1.4.1 Metodologia PDCA

A metodologia PDCA é deriva das iniciais em inglês Plan (planejar), Do (fazer), Ceck (verificar) e Act (atuar). Apreciada como a filosofia do melhoramento contínuo, também conhecido como ciclo de Shewhart, seu idealizador, ou ciclo de Deming, o responsável por seu desenvolvimento e reconhecimento. Esta representação é uma metodologia gerencial para desenvolvimento da melhoria contínua e ajuíza nas quatro fases, a base da filosofia do melhoramento contínuo mediante a prática cíclica e ininterrupta de práticas de gestão empresarial, consolidando as padronizações e promovendo a melhoria contínua e sistemática dos processos organizacionais (ANDRADE, 2003).

A metodologia é dividida da seguinte forma:

1ª fase: definem-se os objetivos e metas para que sejam estabelecidos métodos, procedimentos e padrões para alcançá-los.

2ª fase: pratica-se o planejamento realizado previamente definindo as pessoas bem como os treinamentos de forma que os métodos propostos sejam desenvolvidos adequadamente. No desenrolar desse processo, procede-se à coleta de dados que serão empregados na terceira fase do processo de melhoria.

3ª fase: acontece a averiguação da consistência do planejamento realizado na primeira fase, comparando-se as metas planejadas e os resultados obtidos. Normalmente aplicam-se ferramentas de controle e acompanhamento para fundamentar as análises que são feitas com base em fatos e dados.

4ª fase: consiste na busca das causas fundamentais para precaver a repetição dos efeitos indesejados, no caso de insucesso no cumprimento das metas planejadas e a segunda, consiste em adotar como padrão o planejado na primeira fase, devido à dimensão das metas anteriormente estabelecidas (ROCHA et. al i. 2006; RODRIGUES, 2006; ANDRADE, 2003).

Figura 5: Ciclo PDCA

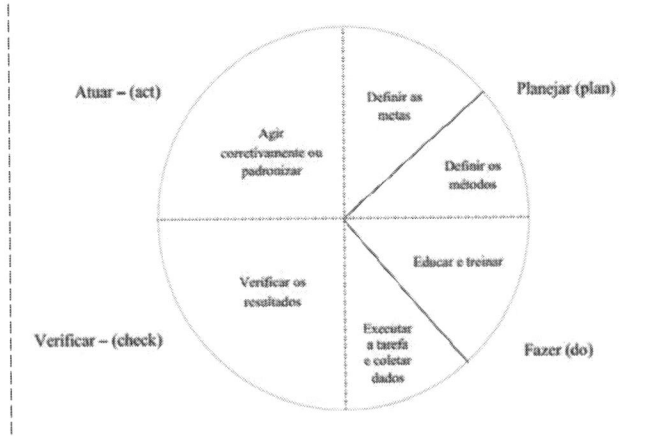

Fonte: RODRIGUES (2006, p 89) adaptado por Camacho (2009, p.43).

Ao realizar o termo "girar o ciclo PDCA", refere-se à busca de previsibilidade nos processos e incremento da competitividade organizacional. A previsibilidade ocorre pela execução dos padrões estabelecidos, pois quando a melhoria ocorre, adota-se o método planejado, padronizando-o; caso contrário, volta-se ao padrão anterior e reinicia-se o ciclo de melhoria contínua gestão (ROCHA et. ali. 2006; RODRIGUES, 2006; ANDRADE, 2003).

1.4.2 Metodologia BALANCED SCORECARD

A metodologia do Balanced Scorecard (BSC), segundo Kaplan e Norton (1997), foi criada com a finalidade de ampliar um novo grupo de avaliações de desempenho, a partir da gestão empresarial baseada nas medidas financeiras que estavam se tornando obsoleta e que a vinculação destas medidas estariam prejudicando a capacidade da empresa de criar valor econômico futuro. Para resumir o exposto, Silva (2003, p. 62) baseando-se em Kaplan e Norton (1997) afirma que o BSC é "mais que um sistema de mensuração de desempenho, o scorecard é um tradutor da estratégia e comunicador do desempenho".

Para Kaplan e Norton (1997), essa metodologia adicionaria às medidas financeiras outras medidas não financeiras, que auxiliariam a impulsionar a organização para o alargamento futuro, analisando seu desenvolvimento organizacional sobre quatro perspectivas: financeira; mercadológica; processos internos; e de aprendizado e crescimento.

Dentre as etapas do BSC, destacam-se:

Etapa 1: arquitetura do programa de medição - tem por objetivo desenvolver uma compreensão e uma análise crítica dos direcionadores de negócio e da visão de futuro. Em segundo plano é de resgatar as diretrizes estratégicas, analisando sua coerência com os direcionadores de negócio e visão de futuro;

Etapa 2: inter-relacionamento de objetivos estratégicos – alocação de objetivos estratégicos nas quatro dimensões do BSC, correlacionando-as entre si. Ao surgir brechas nas confluências do processo, as mesmas deverão ser suprimidas ou rechadas a partir de novas discussões e análises do planejamento estratégico da organização;

Etapa 3: escolha e elaboração dos indicadores – identificação dos melhores indicadores específicos para o BSC que forma a compartilhar com o significado da estratégia que foi estabelecida;

Etapa 4: elaboração do plano de implementação – após a demarcação dos indicadores, o foco volta-se a definição das metas, planos de ação e responsáveis, a fim de direcionar a implementação da estratégia. Um projeto de implantação de um BSC pode durar 16 semanas, porém nem todo esse tempo é ocupado com suas atividades. Para tanto, é preciso o fomento de entrevistas, workshops e reuniões entre os executivos.

Figura 6: Exemplo ilustrativo das perspectivas e relações de causa e efeito do BSC

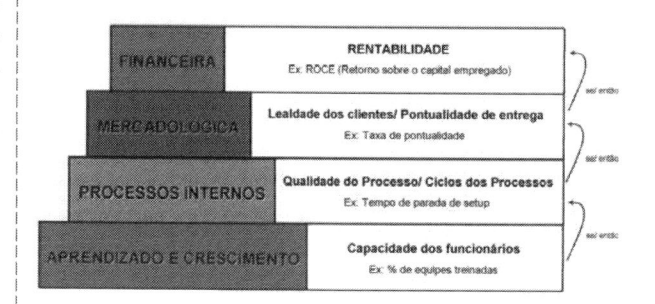

Fonte: < http://www.infoescola.com/administracao_/balanced-scorecard>. Acesso em 30 out. 2014.

Alguns benefícios do BSC:
- alinhamento de indicadores de resultado com os de tendência;
- considera diferentes grupos de interesse na análise e execução da estratégia;
- comunicação da estratégia;
- direcionado e focado nas ações;
- é um instrumento flexível e considera o planejamento estratégico fundamental para seu funcionamento;
- alinhamento da organização com a estratégia;
- promove a sinergia organizacional.

Retomando a aula

Ao final da Sétima aula da disciplina, foi possível perceber que a peça fundamental para execução do planejamento advém das metodologias ativas de gestão estratégica. Dessa forma, cada organização deve lançar mão da melhor técnica para responder as demandas internas e externas, criando, nesse sentido, um modelo personalizado e eficaz.

1 - Gestão Estratégica

Ao final da Sétima aula da disciplina, foi possível perceber que a peça fundamental para execução do planejamento advém das metodologias ativas de gestão estratégica. Dessa forma, cada organização deve lançar mão da melhor técnica para responder as demandas internas e externas, criando, nesse sentido, um modelo personalizado e eficaz.

Vale a pena

Vale a pena ler,

PEREIRA, G. da S. R. Gestão Estratégica. São Paulo: Saraiva, 2005.

Minhas anotações

Aula 8º

Formulação da estratégia

A formulação da estratégia é um dos aspectos mais importantes que a equipe gestora enfrenta no processo de elaboração do planejamento estratégico. A estratégia organizacional sempre deverá ser uma opção incomum, econômica e viável a fim de aperfeiçoar os recursos da empresa, buscando a competitividade e explorando as oportunidades externas.

Para a formulação de estratégias, devem-se considerar, inicialmente, três aspectos importantes:

- A organização, com seus recursos, seus pontos fortes, fracos ou neutros, bem como sua missão, seus propósitos, objetivos, desafios e políticas;
- O ambiente, em sua constante transformação, com suas oportunidades e ameaças;
- A integração entre a empresa e seu ambiente, visando à melhor adequação aos interesses profissionais da equipe estratégica da organização.

Bons estudos!

Objetivos de aprendizagem

Esperamos que, ao término desta aula, vocês serão capazes de:

- perceber a necessidade de identificação dos recursos internos e externos da organização assim como a missão, os propósitos, objetivos, desafios e políticas organizacionais;
- analisar a interação do ambiente diante das oportunidades e ameaças;
- identificar mecanismos para formulação de estratégias diante das incertezas do mercado, da capacidade técnica e de infraestrutura organizacional.

Seções de estudo

1 - Formulação da Estratégia

1 - Formulação da Estratégia

No último tópico da disciplina iremos focar a atenção na busca da formulação de estratégias organizacionais por meio da análise positiva interna e externa, ou seja, evidenciando as fortalezas e oportunidades de modo criativo, inovador e empreendedor.

1.1 Introdução

Existem algumas perguntas que podem ser usadas na formulação das estratégias organizacionais, dentre elas:
- Qual é a atual estratégia?
- Que espécie de negócio se quer ter?
- Que tipo de negócio que se julga que deveria ter?
- A empresa está tendo dificuldade na execução da atual estratégia?
- A atual estratégia já não é válida?
- A atual estratégia exige maior competência e/ou maiores recursos do que a empresa possui?
- Que alternativas de estratégia são aceitáveis?
- Qual é a alternativa que resolve melhor o problema da estratégia?

Figura 1: Essência da formulação das estratégias

Essência da formulação da estratégia

Diagnóstico Estratégico	
Empresa	**Ambiente**
Pontos fortes Pontos fracos Pontos neutros	Oportunidade Ameaças
Visão	**Ideologias**
Como estramos? O que queremos ser? O que temos que fazer?	O que é certo? (valores)

Fonte: http://slideplayer.com.br/. Acesso em 10 out. 2014.

Para se determinar os tipos básicos de estratégia a ser empregada na organização, deve se fazer um cruzamento das condições internas onde estão os pontos fortes e fracos da empresa, como as condições externas, onde estão as oportunidades e ameaças.

Figura 2: Diagnóstico estratégico

Diagnóstico	Interno	
	Predominância de pontos fracos	Predominância de pontos fortes
Externo — Predominância de ameaças	Estratégia de sobrevivência 1 Redução de custos. Desinvestimento. Liquidação do negócio.	Estratégia de sobrevivência 2 Estabilidade Nicho. Especialização
Externo — Predominância de oportunidades	Estratégia de sobrevivência 3 Inovação. Internacionalização. Join venture. Expansão.	Estratégia de sobrevivência 4 De mercado. De produtos/serviços. Financeiro. Tecnológico e produtivo.

Fonte: Planejamento estratégico, Rebouças. 2002

Com base no quadro supracitado, pode-se analisar da seguinte forma: Se internamente a empresa apresenta uma quantidades de pontos fracos maiores que a de pontos fortes e fazendo uma análise externa, o ambiente aponta mais ameaças que oportunidades, o posicionamento estratégico a ser adotado não pode ser outro que de para garantir a sua sobrevivência, reduzindo seus custos, vendendo seu patrimônio (imóveis, terrenos, veículos, entre outros) ou até mesmo vender o próprio negócio (Estratégia 1).

Caso a empresa esteja preparada internamente com pontos fortes em maior número que seus pontos fracos, e externamente o ambiente estiver tendo mais oportunidade do que ameaças, a estratégia mais adequada seria a de desenvolvimento (Estratégia 4), onde se procura não mais crescer e sim, desenvolver sua condição tecnológica e produtiva.

1.2 Plano de Ação

O plano de ação é o conjunto das partes comuns dos diversos projetos, quanto ao assunto que está sendo tratado (recursos humanos, tecnologia, logística, patrimônio, custos, entre outros aspectos administrativos) e deve conter detalhes individuais descritos no momento de ocorrência e quem os executarão no planejamento estabelecido previamente (WESTWOOD, 1996).

Os estabelecimentos dos planos proporcionam ao gestor condições de identificar e operacionalizar o planejamento de ação que a organização irá desenvolver de modo a alcançar os resultados almejados e enfocados nas estratégias.

Na figura 3, apresentada como exemplo de uma organização estratégica na área de vendas, são definidas na primeira fase, estratégicas aliadas às ferramentas disponíveis para o alcance de resultados (incluindo liderança), logo depois, numa segunda fase são definidas as estratégias de comunicação, incluindo a quantificação, o alinhamento, a consistência e a energia gerada em torno da estratégia.

Figura 3: O papel do Líder comercial na gestão estratégica

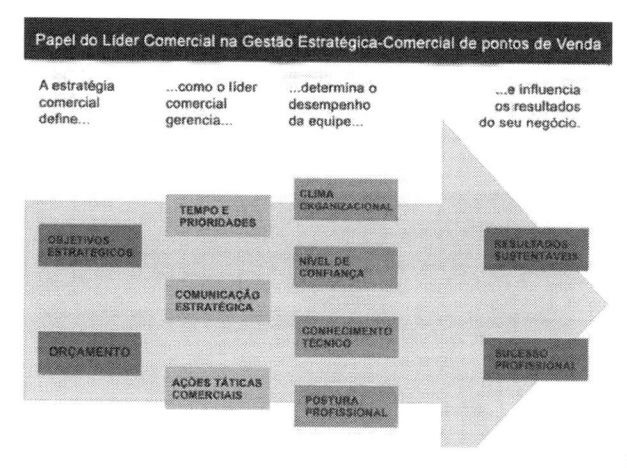

Fonte: < http://slideplayer.com.br/>. Acesso em: 10 nov.2014.

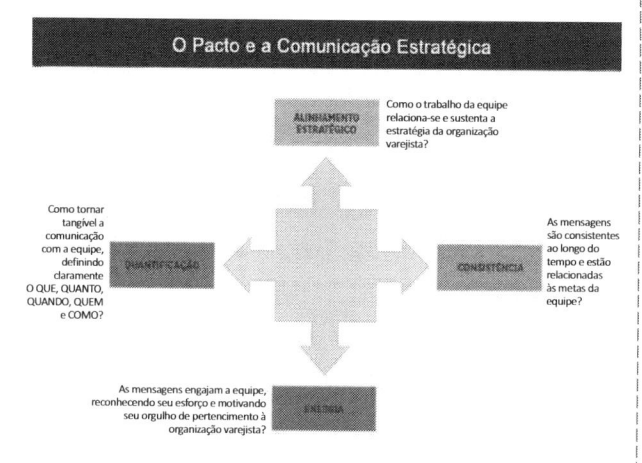

Fonte:< http://slideplayer.com.br/>. Acesso em: 10 nov.2014.

1.3 Projetos x Planos de ação

Um dos aspectos mais importantes para a efetiva interação dos planejamentos estratégicos, táticos e operacionais, em consonância com a estrutura organizacional, é a adequada interligação entre os projetos e os planos de ação.

Os projetos preocupam-se com a estruturação e alocação de recursos (delineados pelas estratégias) direcionados para a obtenção de resultados específicos (estabelecidos pelos objetivos, desafios e metas). Enquanto isso, os planos de ação preocupam-se com a concentração das especialidades (recursos humanos, tecnologia, marketing, informática, logística etc.) identificadas por meio das atividades de cada projeto.

Para Vargas (1998, p. 33):

> Projeto é um empreendimento não repetitivo, caracterizado por uma seqüência clara e lógica de eventos, com início, meio e fim que se destina atingir um objetivo claro e definido, sendo conduzido por pessoas dentro de um parâmetro pré-definido de tempo, custo, recursos envolvidos e qualidade.

Esse processo de concentração de especialidades facilita a interação dos planos de ação com as diversas unidades da estrutura organizacional da empresa e, consequentemente, facilita a operacionalização das atividades e projetos correlacionados, bem como das estratégias que deram origem aos projetos.

É preciso considerar ainda o ciclo de Vida do Projeto, que para Vargas (1998) é um projeto que compartilha características similares, como, por exemplo, o nível de esforço. O autor assevera que o nível de esforço exigido por um projeto inicia a diminuir bruscamente até o marco zero correspondendo a seu término.

Figura 4: Ciclo de Vida de um Projeto

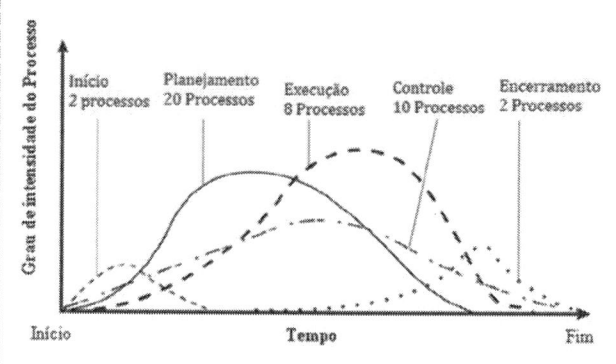

Fonte:http://www.adonai.eti.br/wordpress/2014/01/pmbok-gestao-de-projetos/. Acesso em 10 nov. 2014.

Considerando o descrito, bem como a imagem da figura 4, apontam a importância da compreensão das peculiaridades de cada etapa do ciclo de vida de um projeto. Por meio das características e da etapa de desenvolvimento é possível perceber uma evolução variável que requer atenção para que a ação planejada ocorra de forma qualitativa e, se possível de longo prazo.

Figura 5: Modelo de Plano de Ação

Fonte: http://slideplayer.com.br. Acesso em 10 nov. 2014.

Outro modelo de plano de ação bastante utilizado pelas organizações é o 5W2H, que consiste basicamente por um formulário para execução e controle de tarefas onde são atribuídas as responsabilidades como o trabalho que deverá ser realizado, assim como o departamento, motivo e prazo para conclusão com os custos envolvidos. Esse modelo recebeu esse nome devido à primeira letra das palavras em inglês, como as descritas baixo:

What (o que será feito),
Who (quem fará),
When (quando será feito), Where (onde será feito), Why (por que será feito) How (como será feito)
How Much (quanto custará)

Existe também uma variação do plano de ação que nada mais é do que o 5W2H, mas sem o How Much (quanto custará), formando a sigla (adivinhe) 5W1H.

Há ocasiões em que um plano de ação muito simples é viável, porém em outros casos é necessária a criação de um documento para fins de arquivamento, reflexão e principalmente comunicação eficiente e visual com outras pessoas envolvidas. Este documento também servirá para você coordenar, manter e controlar as ações que deverão ser tomadas dentro de um prazo, em direção ao objetivo estipulado para o plano de ação.

Exemplificando um plano de ação 5W2H, imagina-se a seguinte situação: você pretende tornar a empresa 20% mais lucrativa, o que é diferente de simplesmente aumentar o faturamento em 20%, certo? Então será necessário:
- Pesquisar revistas especializadas.
- Procurar ideias de marketing na Internet.
- Idealizar uma promoção para público alvo.
- Eleger os produtos para promoção.
- Fazer panfletagem e propaganda nas mídias disponíveis.

Mas, só isso não parece ser suficiente, é preciso aumentar a lucratividade em 15% e outras ideias são necessárias, principalmente a relacionada e redução de custo sem diminuir qualidade, apenas aumentando a eficiência, assim é necessário:
- Reduzir custos com eletricidade.
- Reduzir custos com telefonia.
- Analisar os custos fixos mais altos.
- Aumentar a margem dos produtos em promoção.
- Marketing de baixo custo e alto alcance.

Depois de levantar os dados necessários com planejamento estratégico, tem-se o plano de ação. Quando se entende o conceito básico é fácil formular o documento 5W2H, como por exemplo, na figura 6:

Figura 6: Modelo de Plano de Ação

Fonte:< http://slideplayer.com.br/>. Disponível em: 10 nov. 2014.

Depois de observar as ferramentas disponíveis de planejamento estratégico, é importante evidenciar que cada ação irá impulsionar um resultado. Espera-se que o profissional diante dos cenários apresentados, possa avaliar com rigor qual a medida estratégica para alcançar os resultados preconizados no projeto e/ou plano de ação. Dessa forma, não há uma "formula mágica" para atingir o sucesso, assim, cada gestor deverá imprimir sua característica pessoal e profissional em busca do melhor resultado.

Retomando a aula

Ao final da Oitava aula da disciplina, foi possível perceber que toda ação deve gerar um planejamento de forma estratégica, considerando, sobretudo, aspectos endógenos e exógenos à organização. Contudo, o(a) Tecnólogo(a) em Agronegócio necessidade desenvolver competências, habilidades e atitudes em prol do fomento organizacional para garantir a implementação da visão, missão e valores institucionais o que requer maior dedicação e aprofundamento de novos conhecimentos durante e após a conclusão do curso superior.

1 - Formulação da Estratégia

Nesta aula tivemos apenas uma seção, onde foi possível perceber que toda ação deve gerar um planejamento de forma estratégica, considerando, sobretudo, aspectos endógenos e exógenos à organização. Contudo, o profissional necessita desenvolver competências, habilidades e atitudes em prol do fomento organizacional para garantir a implementação da visão, missão e valores institucionais o que requer maior dedicação e aprofundamento de novos conhecimentos durante e após a conclusão do curso superior.

Referências

ACKOFF, R. L. *A empresa democrática*. Lisboa: DIFEL, 1996.

ALBRECHT, Karl. *Programando o futuro*. São Paulo: Makron Books, 1994.

ALMEIDA, M. I. R. *Manual de planejamento estratégico*. São Paulo: Atlas, 2001.

ANSOFF, Igor. *A Nova Estratégia Empresarial*. São Paulo: Atlas, 1990. BARBOSA, Emerson Rodrigues; Brondani, Gilberto. Planejamento Estratégico Organizacional. Revista Eletrônica de Contabilidade. Volume I, N. 2, fev. 2005. BETHLEM, A. Estratégia empresarial: conceitos, processo e administração estratégica. 5. ed. São Paulo: Atlas, 2004.

BHALLA, A.; LAMPEL, J.; HENDERSON, S.; WATKINS, D. *Exploring alternative strategic management paradigms in high-growth ethnic and non- ethnic family firms,* Small Business Economics, v. 32, iss. 1, jan., p. 77-94, 2009. BRACKER, J. The historical development of the strategic management concept, The Academy of Management Review, v. 5, iss. 2, abr., p. 219-

224, 1980. BRASIL. MINISTÉRIO DA AGRICULTURA. Institucional. Disponível em www.agricultura.gov.br. Acesso em 10.10.2014.

MARTINS, Petrônio G; LAUGENI, Fernando Piero. *Administração da Produção*. 2 ed. São Paulo: Saraiva, 2005.

CERTO, Samuel C. Administração estratégica. São Paulo: Prentice Hall, 2005.

CERTO, S. C.; PETER, J. P. *Administração Estratégica:* Planejamento e Implantação da Estratégia. São Paulo: Pearson Education, 2003. Administração Estratégica: Planejamento e Implantação da Estratégia. 2. ed. São Paulo: Pearson Education, 2005.

CHIAVENATO, I. *Introdução à teoria geral da administração*. 6.ed. Rio de Janeiro: Campus, 2000.

Gestão de Pessoas. 9.ed. Rio de Janeiro: Elsevier, 2005.

COSTA, E. A. *Gestão estratégica:* da empresa que temos para a empresa que queremos. 2. Ed. São Paulo: Saraiva, 2007.

Administração: teoria, processo e prática. 4º ed. Rio de Janeiro: Elsevier, 2007.

CHIAVENATO, Idalberto; SAPIRO, Arão. *Planejamento Estratégico:* fundamentos e aplicações. Rio de Janeiro: Campus, 2003.

COSTA, E. A. da. *Gestão estratégica*. 4. ed. São Paulo: Saraiva, 2005.

COSTA, E. A. *Gestão estratégica:* da empresa que temos para a empresa que queremos. 2. Ed. São Paulo: Saraiva, 2007.

DEREK, Abell F. *Duplo planejamento*. HSM Management, São Paulo, n.16, p.106-114, set./out. 1999.

DRUCKER, P. *Introdução à Administração*. São Paulo: Pioneira, 1984.

FARIA, J. C. *Administração:* introdução ao estudo. 3.ed. São Paulo: Thomson/Pioneira, 1997. 168p.

FISCHIMANN, A. A.; ALMEIDA, M.I.R. *Planejamento estratégico na prática*. São Paulo: Atlas, 1991.

KOTLER, Phillip. *Administração de marketing*. São Paulo: Prentice Hall, 2000.

Marketing para o século XXI: Como criar, conquistar e dominar mercados. São Paulo: Futura, 1999.

LEONE, N. M. C. P. G. *As especificidades das pequenas e médias empresas*. Revista de Administração de Empresas, 1999.

LUNKES, Rogério João. *Manual do Orçamento*. São Paulo: Atlas, 2003.

LUSTRI, D. A. et al. *Visão compartilhada de objetivos e estratégias:* do discurso à prática. In: ENCONTRO DE ESTUDOS EM ESTRATÉGIA, 3., 2007, São Paulo. Anais... São Paulo, 2007.

MARTINS, Petrônio G; LAUGENI, Fernando Piero. *Administração da Produção*. 2 ed. São Paulo: Saraiva, 2005.

MAXIMIANO, Antônio C. A. *Introdução à administração*. 6. Ed ver. E amp. São Paulo: Atlas, 2004.

Teoria geral da administração. São Paulo: Atlas, 1997.

Teoria Geral da Administração: da escola científica à competitividade na economia globalizada. 2 ed. São Paulo: Atlas, 2000.

Teoria Geral da Administração. 1.ed. 5.reimpr. São Paulo: Atlas, 2008.

MEGGINSON, L. C., MOSLEY, D. C., PIETRI JR., P. H. *Administração:* conceitos e aplicações. 4.ed. São Paulo: Harbra, 1998. 614p.

MEYER JR., Victor. *Planejamento universitário:* uma renovação na gestão das instituições universitárias. In: Temas de administração universitária. Florianópolis: OEA/ NUPEAU/ UFSC, 1991.

MINTZBERG, H.; AHLSTRAND, B.; LAMPEL, J. *Safári da estratégia*. Porto Alegre: Bookman, 2000.

MOTTA PR. *Gestão contemporânea:* a ciência e a arte de ser dirigente. Rio de Janeiro: Record, 1997.

MORGAN, Gareth. *Imagens da organização*. São Paulo: Atlas, 1996.

OLIVEIRA, D. P. R. *Planejamento Estratégico:* Conceitos, Metodologia e Práticas. 20ª Edição. Editora Atlas. São Paulo, 2004.

OLIVEIRA, Djalma de Pinho Rebouças de. *Administração estratégica na prática:* a competitividade para administrar o futuro das empresas. São Paulo: Atlas, 2007.

Administração estratégica na prática: a competitividade para administrar o futuro das empresas. São Paulo: Atlas, 2007.

PADOVEZE, C. L. *Controladoria Estratégica e Operacional:* conceitos, estrutura, aplicação. São Paulo: Pioneira Thomson Learning, 2005.

PETER, J. Paul; CERTO, S. C. *Administração estratégica:* planejamento e implantação da estratégia. São Paulo: Makron Books, 1993.

PORTER, M. *Vantagem competitiva:* criando e sustentando um desempenho superior. Rio de Janeiro: Campus, 1996.

Estratégia Competitiva. Rio de Janeiro: Campus, 1999.

PRADO, L. J.. Guia Balanced Scorecard. Série Empresarial – Guia LJP e-ZINE para Balanced Scorecard. e-book. 1.ed. Paraná: LJP e-ZINE, 2002. Disponível em: http://pessoas.feb.unesp.br/ vagner/files/2009/02/Aula-8_2010_Guia-BSC.pdf. Acesso em: 22 ago 10.

ROCHA, A. V. et. ali. *Gestão da Qualidade*. 7ª Edição. Editora FGV. Rio de Janeiro, 2006.

RODRIGUES, M. R. A. et. ali. *Estratégia de Empresas*. 6ª Edição. Editora FGV. Rio de Janeiro, 2005.

RODRIGUES, M. R. A.,TORRES M. C. S., FILHO J. M., LOBATO. D. M. *Estratégia de empresas*. 9.ed. Rio de Janeiro: FGV, 2009. 528p.

RODRIGUES, M. V. *Ações para Qualidade* – GEIQ – Gestão Integrada para Qualidade. 2ª Edição. Editora Quality Mark, Rio de Janeiro, 2006.

SENGE, P. A *Quinta Disciplina*. São Paulo: Nova Cultural, 1990.

SERRA, Fernando; TORRES, Maria Cândida S.; TORRES, Alexandre Pavan. *Administração estratégica*. Rio de Janeiro: Reichmann & Affonso, 2004.

SILVA, L. C. da. *O Balanced Scorecard e o processo estratégico*. Caderno de Pesquisa em Administração. São Paulo: ?, vol. 10, n. 4, p. 61-73, out/nov 2003. Disponível em: http://pessoas.feb.unesp. br/vagner/files/2009/02/Aula-8_2010_bsc-e-estrategia.pdf. Acesso em: 22/08/2010.

STEINER, George A. *Strategic Planning:* What Every Manager Must Know. New York: Free Press, 1979.

STONER, James; FREEMAN, Edward. *Administração*. São Paulo: Prentice-Hall do Brasil, 1999.

TAVARES, Mauro Calixta. *Gestão estratégica*. 2.ed. São Paulo: Atlas, 2005.

THOMPSON, Arthur A.; Strickland, A. J. *Planejamento*

Estratégico: elaboração, implementação e execução. Tradução de Francisco Roque Monteiro Leite. São Paulo: Pioneira Thomson Learning, 2003.

TUBINO, Dalvio Ferrari. *Manual de Planejamento e Controle de Produção.* 2 ed. São Paulo: Atlas. 2000.

VARGAS, Ricardo Viana. *Gerenciamento de Projetos com o MS Project 98*, Estratégia, Planejamento e Controle. Rio de Janeiro: Brasport, 1998.

WHEELEN, Hunger. *Strategic Management and Business Policy.* New York: Prentice Hall, 1992.

MORGAN, Gareth. *Imagens da organização.* São Paulo: Atlas, 1996.

WRIGHT, Peter; KROLL, Mark. J.; PARNELL, John. *Administração estratégica.* São Paulo: Atlas, 2000.

Minhas anotações

Graduação a Distância
4º SEMESTRE

Tecnologia em Comércio Exterior

PRÁTICAS CAMBIAIS
E FINANCEIRAS INTERNACIONAIS

UNIGRAN - Centro Universitário da Grande Dourados

Rua Balbina de Matos, 2121 - CEP 79.824 - 9000
Jardim Universitário
Dourados - MS
Fone: (67) 3411-4141 / Fax: (67) 3411-4167

Os direitos de publicação desta obra são reservados ao Centro Universitário da Grande Dourados (UNIGRAN), sendo proibida a reprodução total ou parcial de acordo com a Lei 9.160/98.

Os artigos de sites e revistas indicados para a leitura foram registrados como nos originais.

Apresentação do Docente

Profa. Esp. Maria Isabel Schierholt de Lima.

Possui graduação em Economia pela Universidade Federal de Viçosa (UFV), é pós-graduada em Metodologia do Ensino Superior. Possui MBA em Controladoria e Contabilidade Gerencial e atualmente é mestranda do curso de Agronegócios pela Universidade Federal da Grande Dourados (UFGD). Já trabalhou como gerente financeira em empresas da iniciativa privada, atualmente exerce o cargo de Coordenadora do curso de Ciências Econômicas da UNIGRAN EaD e é professora na área de estatística, matemática financeira e Economia.

LIMA, Maria Isabel Schierholt de. Práticas Cambiais e Financeiras Internacionais. Dourados: UNIGRAN, 2020.

40 p.: 23 cm.

1. Sistema Financeiro. 2. Câmbio.

Sumário

Conversa inicial 4

Aula 01
Considerações sobre o sistema financeiro internacional e suas instituições 5

Aula 02
Subsistemas do Sistema Financeiro Internacional: sistema monetário, sistema de câmbio e sistema de crédito 9

Aula 03
Introdução ao estudo de políticas cambiais 15

Aula 04
O impacto da taxa de câmbio no crescimento econômico e nos preços 19

Aula 05
Crises financeiras internacionais e o impacto nas taxas de câmbio 23

Aula 06
Mercado de câmbio 27

Aula 07
Política cambial e o câmbio na exportação e na importação ... 31

Aula 08
Contratos de câmbio 35

Referências 39

Conversa Inicial

Prezados(as) estudantes:

Bem-vindos(as) à disciplina de Práticas Cambiais e Financeiras Internacionais que vai tratar das principais variáveis de câmbio para consecução de transações internacionais para aprofundar seus conhecimentos sobre dinâmicas cambiais e financeiras internacionais no curso de Comércio Exterior na UNIGRAN EaD.

Para que seu estudo se torne proveitoso e prazeroso, esta disciplina foi organizada em 8 aulas, com temas e subtemas que, por sua vez, são subdivididos em seções (tópicos), atendendo aos objetivos do processo de ensino-aprendizagem.

Na aula 1, faremos uma discussão introdutória acerca do Sistema Financeiro Internacional e das instituições o que compõe. Na aula 2, vamos estudar os subsistemas do Sistema Financeiro, apontando as especificidades dos sistemas de crédito e do sistema monetário. Na aula 3, vamos nos dedicar ao estudo introdutório de câmbio, observando previamente questões gerais acerca de macroeconomia. Na Aula 4, vamos estudar o impacto da taxa de câmbio no crescimento econômico e na formação dos preços. Na aula 5, passaremos a estudar a conjuntura que conduz a crises financeiras internacionais e seus impactos nas taxas de câmbio. Na aula 6, vamos abordar questões gerais sobre o mercado de câmbio, apontando previamente o conceito de moeda e, posteriormente, algumas estruturas que dinamizam o mercado cambial. Na aula 7, vamos nos dedicar ao estudo do comportamento das taxas de câmbio e seus impactos nas importações e exportações. Na última aula, vamos tratar dos contratos de câmbio, partindo de seu conceito até suas características e tipologia.

Esperamos que até o final da disciplina vocês possam: compreender as características gerais do Sistema Financeiro Internacional e suas instituições; compreender de maneira mais ampla questões relativas ao estudo de políticas cambiais; apreender de maneira mais aprofundada as relações entre câmbio e relações comerciais internacionais.

Para tanto, a metodologia das aulas consistirá em uma explanação geral sobre a aula, seguida dos tópicos e subtópicos para melhor esquematizar a sua aprendizagem. Ao final de cada aula será feito um apanhado geral sobre o que a aula tratou e, finalmente, um resumo de cada tópico.

Porém, antes de iniciar a leitura, gostaríamos que vocês parassem um instante para refletir sobre algumas questões:

Por que é importante que conheçamos as dinâmicas e estruturas do Sistema Financeiro Internacional?

Qual a importância de conhecer questões mais técnicas a respeito de políticas macroeconômicas em geral e, especificamente, das políticas cambiais?

Qual a importância de compreendermos o comportamento das taxas de câmbio nas relações comerciais internacionais?

Não se preocupem. Não queremos que vocês respondam, de imediato, todas essas questões. Mas esperamos que, até o final, vocês tenham respostas e também formulem outras perguntas.

Vamos, então, à leitura das aulas?

Boa leitura!

Aula 1º

Considerações sobre o sistema financeiro internacional e suas instituições

Qualquer Sistema Financeiro (SF), seja de caráter nacional ou internacional, é composto por instituições, tais como bancos, bolsas de valores, agências de crédito etc. Em outras palavras, um SF é composto por elementos que sustentam o financiamento da economia.

O estudo sobre práticas cambiais internacionais deve ser precedido por um estudo acerca do Sistema Financeiro Internacional, porque ele pode influenciar em variáveis das economias nacionais, dentre elas o câmbio. Essa influência ocorre porque a partir da globalização, as economias e o sistema financeiro entraram em um processo de financeirização econômica. Essa financeirização provocou uma espécie de interdependência das economias, ou seja, flutuações financeiras pelo mundo passaram a impactar diretamente nas economias nacionais, diminuindo suas autonomias na adoção de políticas econômicas, tais como taxa de juro, câmbio, inflação etc.

Figura 1. Disponível em: https://cdn.vatgia.vn/pictures/thumb/418x418/2009/02/xes1235443613.jpg. Acesso em: Março/2020.

Nesse sentido, podemos dizer que esse contexto é, notoriamente, mais benéfico aos países centrais, de modo que para os países periféricos a margem de escolha é dramaticamente reduzida, pois, uma vez inseridos no sistema, precisam seguir regras estipulada no âmago de tal sistema.

À vista disso, nesta aula, vamos estudar aspectos gerais acerca do Sistema Financeiro Internacional, observando aspectos relativos às instituições que o compõe.

Bons estudos!

Objetivos de aprendizagem

Ao término desta aula, vocês serão capazes de:

- entender o conceito de Sistema Financeiro Internacional;
- compreender as principais instituições que compõem o referido sistema.

Seções de estudo

1 - Conceito de Sistema Financeiro Internacional
2 - Instituições do Sistema Financeiro Internacional

1 - Conceito de Sistema Financeiro Internacional

Quando falamos em sistema, estamos nos referindo a um conjunto de elementos que estão interligados e que, por isso, interferem-se mutuamente. Ora, assim sendo, quando tratamos de Sistema Financeiro, estamos pensando em elementos de caráter econômico que se interligam sistemicamente e que, desse modo, interferem um no outro.

Em linhas gerais, podemos dizer que o Sistema Financeiro é um conjunto de instituições públicas e privadas que se relacionam em vistas de criar condições para o funcionamento das operações econômicas. Nesse sentido, temos os bancos, o Banco Central, Conselho Monetário, agências de crédito e a Bolsa de Valores. Esses "atores" se relacionam continuamente e, como dito anteriormente, promovem as condições para que as operações financeiras ocorram.

O Sistema Financeiro Internacional (SFI), por sua vez, não se difere conceitualmente do Sistema Financeiro Nacional. Na verdade, o princípio de organização é o mesmo, isto é, compõe-se por instituições financeiras que atuam em vistas de promover condições para que as ações econômicas ocorram, mas, nesse caso, trata-se de instituições de caráter internacional. O Sistema Financeiro Internacional é, portanto, um conjunto de instituições que atuam economicamente para promoção de transações econômicas, para o estabelecimento de políticas econômicas, para o controle monetário etc.

1.1 - Bretton Woods: O SFI e seus mecanismos

Se, até aqui, vocês ainda podem estar se questionando o que é, na prática, o SFI, agora essa dúvida será sanada. O SFI que vivemos refere-se à conjuntura do pós Segunda-Guerra, em que, sob liderança dos Estados Unidos, foi arquitetado um sistema de ajustamento da economia internacional: os acordos de Bretton Woods.

O Sistema de Bretton Woods visava organizar o sistema no pós-segunda guerra para dar estabilidade para economia mundial. Nesse sentido, as propostas deste Sistema partiam da liquidez (quantidade de dinheiro circulando) da economia, promovendo a oferta de moeda, visando ajustar desequilíbrios com a criação de dispositivos para manter o sistema estável, sem romper a lógica do mesmo.

Como afirmei anteriormente, o Sistema Financeiro Internacional atua diretamente nas economias, impactando incisivamente em diversas variáveis macroeconômicas das economias nacionais. Assim, seguindo sua vocação enquanto sistema financeiro, Bretton Woods propunha o controle do câmbio, considerando tal controle indispensável para ajustar desequilíbrios. De igual modo, propunha-se o controle da atividade econômica, das relações comerciais e dos fluxos financeiros.

Essas ações estavam voltadas para o principal objetivo desse Sistema: gerar credibilidade às moedas nacionais para reativar a confiança nas economias e, diante disso, evitar cenários de crise. Além desse objetivo, a proposta de Bretton Woods visava a criação de um sistema monetário internacional (veremos na próxima aula que esse é um subsistema do sistema financeiro internacional). De igual modo, buscava o crescimento do comércio internacional em termos produtivos, visto que a Europa e o Japão estavam devastados pelos episódios da Segunda Guerra. Também objetivava criar condições para facilitar os Investimentos Externos Diretos (IED) nas economias nacionais. Esses objetivos eram balizados por políticas que visavam a estabilidade econômica e política, a partir da coordenação das ações políticas para evitar novos conflitos internacionais.

2 - Instituições do Sistema Financeiro Internacional

Então quer dizer que o Sistema Financeiro Internacional em que as economias estão inseridas é esse tal de Bretton Woods? Exatamente! Claro, desde sua arquitetura em 1944 até hoje, muitas políticas econômicas e diretrizes foram alteradas, mas as instituições lá criadas ainda permanecem até os dias atuais.

E, vocês podem estar se questionando, quais são as instituições que compõem o SFI? Anteriormente, foi apresentado que a nova ordem proposta pelo Sistema de Bretton Woods caminhava no sentido de reativação das economias devastadas pela guerra. Nesse sentido, à época foi lançado o Plano Marshall para reconstrução econômica de Europa e Japão. Além disso, outro objetivo passava para regulamentação do comércio internacional e, para tanto, foi desenvolvido o Acordo de Comércio e Tarifas (GATT), que mais tarde seria substituído pela Organização Mundial do Comércio (OMC).

Outro objetivo do Sistema era o aumento de fluidez monetária nas economias e, em vista desse objetivo, foi criado o Fundo Monetário Internacional (FMI). Além disso, o FMI ocupava-se de garantir a estabilidade cambial, promovendo equilíbrio monetário a partir do padrão ouro-dólar (veremos isso adiante). De igual modo, buscando promover o desenvolvimento para reativação das economias, temos o Banco Internacional para Reconstrução e Desenvolvimento (BIRD).

Portanto, essas instituições são responsáveis por corporificar regras, legitimar normas e difundir ideologias, programas e ações. Todavia, quando falamos desse sistema e de suas estruturas, invariavelmente questiona-se qual o objetivo por trás dessas propostas do SFI. Ora, Bretton Woods instituiu uma nova ordem econômica mundial no Pós-Guerra, uma ordem liderada pelo Estado que encabeçou as medidas adotadas neste SFI, os Estados Unidos da América. Teriam, os norte-americanos, desenvolvido tal plano por altruísmo e espírito de boa vontade? Com certeza não! Ocorre que, logo ao final da Segunda Guerra, iniciava-se um novo conflito, agora de proporções ideológicas: a Guerra Fria. Nesse sentido, os EUA visavam a dimensão geopolítica no contexto da Guerra Fria, logo, era necessário constituir um sistema bem fundado, a fim de não perder espaço para a União Soviética, de modo que os pontos da nova ordem constituída em Bretton Woods seriam essenciais para a estabilidade da ordem econômica e, portanto, para o desenvolvimento de uma política capitalista liberal.

2.1 - O Sistema Financeiro Internacional e as economias nacionais

Bom, mas se o SFI possui instituições que coordenam ações econômicas e propõem diretrizes macroeconômicas aos países, como fica a questão da soberania de cada país? Na verdade, para que os países possam acessar os fundos e recursos do SFI eles são obrigados a uma série de imposições econômicas de caráter liberal (ajuste fiscal, políticas de austeridade etc.)

Vocês, provavelmente, devem saber que o crescimento econômico e, por conseguinte, o desenvolvimento de uma economia depende de variados fatores macroeconômicos: aumento da renda, diminuição do desemprego, os quais implicam diretamente no incremento do consumo, dos tributos e das condições de produção.

Nesse sentido, o SFI pode apresentar papel importante no desempenho econômico, uma vez que ele é capaz de alocar recursos para a produção, o que pode gerar aumento de investimentos em produtividade. De igual modo, o SFI também pode oferecer informações sobre potenciais riscos de investimento e outras informações relevantes para o desenvolvimento de uma economia.

Assim sendo, a importância do SFI no desenvolvimento de uma economia se torna mais marcante em um contexto de globalização e de acentuada interdependência entre os atores que compõem a conjuntura global, pois os capitais se tornam mais fluídos em decorrência da redução dos custos de transação, de modo que os investimentos procuram globalmente ambientes com maior rentabilidade.

Todo esse processo traz, portanto, oportunidades de investimentos produtivos para as economias e, consequentemente, possibilidades de desenvolvimento econômico. Pode-se dizer, por fim, que o SFI é capaz de facilitar o posicionamento de recursos financeiros, fornecendo informações isonômicas para os agentes econômicos, amenizando, desse modo, os riscos de transação.

Como nós vimos anteriormente, em um ambiente econômico globalizado e interdependente, os investidores possuem papel fundamental sobre os fluxos de capitas no SFI. Nesse sentido, influenciam diretamente nas economias nacionais que estão inseridas no sistema, gerando efeitos tanto positivos quanto negativos em tais economias.

No que diz respeito aos efeitos positivos, pode-se citar o aumento do fluxo de capitais, aumento do emprego, da renda e do consumo através dos aportes provenientes das instituições do SFI. Já os efeitos negativos incluem fuga de capital em tempos de crise, possível perda de confiança e retração dos investimentos, bem como descontrole do fluxo de capitais que pode gerar aumento da liquidez e possíveis crises monetárias.

Desse modo, uma vez que as variáveis macroeconômicas das economias nacionais e o mercado financeiro são interdependentes, mudanças positivas ou negativas nessas economias atingem diretamente o SFI, o que influenciará em seu desempenho.

Relações do Brasil com o FMI:
- 1949: Participação na Conferência de Bretton Woods;
- 1954: Recebe o aval do FMI para empréstimo junto ao Eximbank (CSN, Projeto Sivam);
- 1958: Primeiro acordo para empréstimo firmado com o FMI – a contrapartida era a adoção de medidas monetaristas, que não seriam compatíveis com a lógica desenvolvimentista do período JK;
- 1959: Rompimento do Brasil com o FMI;
- 1987: Moratória decretada pelo Ministro da Fazenda Dílson Funaro, o que vai limitar o afastamento brasileiro do sistema financeiro internacional, causando enormes dificuldades com o relacionamento com credores privados, como o Clube de Paris. Não é contra o FMI, mas abala a imagem do país, pois dificulta a concessão do aval pelo Fundo;
- 1992: Retomada do diálogo com o FMI, durante a gestão de Marcílio Marques Moreira no Ministério da Fazenda. Pouco tempo antes do impeachment do Presidente Collor, o país havia firmado um acordo stand-by com o Fundo, o que demonstrava a volta da sua confiança no Brasil;
- 1993-1997: Pouco contato com o Fundo, pois o FMI discordava com alguns pontos basilares do Plano Real, como uma desvalorização progressiva da moeda, da política de equilíbrio fiscal;
- A partir de 1998: Brasil firma vários acordos sucessivos com o FMI, devido às crises sistêmicas;
- 1999: crise financeira brasileira, que levou à maxidesvalorização do real;
- 2002: Brasil fecha diversos acordos stand-by com o FMI, em um período de grande desconfiança sobre o país;
- 2003: Último acordo feito com o FMI, em dezembro, apenas por precaução. Não foi retirado o dinheiro e não foi renovado;
- 2005: Todas as dívidas com o FMI foram quitadas. Uma economia equilibrada garante maior projeção ao país e atrai maior credibilidade para os mercados. Passa a ser credor do Fundo.

GARCIA, Ana Paula Santana. *O Sistema Financeiro Internacional*. Disponível em: https://pgderolle.wordpress.com/2015/01/29/sistema-financeiro-internacional/. Acesso em: Março/2020.

Retomando a aula

Chegamos, assim, ao final de nossa primeira aula. Espero que vocês tenham compreendido a noção de SFI e sua importância para as variáveis macroeconômicas. De igual modo, espero que tenham compreendido os mecanismos gerais do Sistema de Bretton Woods.

1 – Conceito de Sistema Financeiro Internacional

Nesta seção, estudamos o conceito de Sistema

Financeiro, apresentando noções gerais sobre a temática. Nesse sentido, estudamos o SFI de Bretton Woods, bem como seus principais objetivos e mecanismos de atuação.

2 – Instituições do Sistema Financeiro Internacional

Aqui, observamos as instituições do SFI, suas funções e objetivos em termos econômicos. Vimos, nesse sentido, aspectos relacionados aos impactos do SFI nas economias nacionais, principalmente, a interferência que provocam em políticas macroeconômica dos Estados que acessam essas instituições do SFI.

Vale a pena

Vale a pena ler,

Artigo: "Sistema financeiro brasileiro: reestruturação recente, comparações internacionais e vulnerabilidade à crise cambial". Autor: Fernando Pimentel Puga.

Minhas anotações

Aula 2º

Subsistemas do Sistema Financeiro Internacional: sistema monetário, sistema de câmbio e sistema de crédito

O SFI, que acabamos de estudar em nossa aula 1, é composto de vários subsistemas, isto é, dentro do SFI temos outros sistemas que o compõe, tais como o sistema monetário, o sistema de câmbio e o sistema de crédito.

É interessante apontar esses subsistemas, porque isso nos mostra que o entendimento do SFI está diretamente ligado à macroeconomia, em que se leva em conta a taxa de juros, inflação, quantidade de moeda etc., ou seja, variáveis que se conectam diretamente aos subsistemas supramencionados. Nesse sentido, "o aspecto mais importante do sistema financeiro internacional é certamente sua recorrente crise monetária. A elevada taxa real de juros e as crises das dívidas foram derivadas da crise do dólar, e o problema monetário encontra-se ainda na base da questão financeira" (KILSZTAJN, 1989, p. 96).

Com base nisso, vamos discutir, ao longo desta aula, os subsistemas do SFI, abordando questões relativas ao sistema monetário, sistema de crédito e, por fim, o sistema de câmbio.

Figura 2. Disponível em: https://lh3.googleusercontent.com/proxy/hOszkImbtIQW5BTh8z0yfRNDbeYf-opv1WJxBCBxSZpvyUO0UdG1BTTRCQaDV-pnI1S_IPe58nBNw97jDOMvWLtVCt7wtbNPJtiZtuJydbnVFzTcyQ2f_YI1tluPgR1M8S1hWEms3KY. Acesso em: Março/2020.

Bons estudos!

Objetivos de aprendizagem

Ao término desta aula, vocês serão capazes de:

- entender as principais características dos subsistemas do SFI;
- compreender as variáveis macroeconômicas referentes a esses diferentes sistemas.

Seções de estudo

1 - Sistema Monetário Internacional
2 - Sistema de Crédito Internacional
3 - Sistema de Câmbio (Regime Cambial)

1 - Sistema Monetário Internacional

O Sistema Monetário teve sua evolução desde a antiguidade. Na medida em que se aumentou o volume das trocas, o modelo de escambo tornou-se inviável, de modo que surgiram produtos para lastrear (transacionar) as trocas, tais como conchas, sal e, mais tarde, o metal.

Podemos dizer que Sistema monetário está ligado à capacidade de ofertar moeda, que ocorre basicamente pela emissão ou reprodução da moeda. Com a emissão, o banco central emite moeda; já a reprodução/multiplicação é feita pelos bancos comerciais, dinâmica que ocorre da seguinte maneira: de todo depósito no banco, parte fica na agência e parte é reinjetada nas transações bancárias de maneira indefinida, gerando o efeito da multiplicação.

John Maynard Keynes defendia que essa multiplicação deveria ocorrer através do investimento estatal, que deveria aumentar o investimento para gerar emprego na economia. Assim, se o estado quiser aumentar a liquidez da economia, pode diminuir a taxa obrigatória de retenção do depósito pelo banco e aumentar a taxa transacionada, o que pode gerar facilidade de crédito.

O Sistema Monetário, portanto, refere-se à oferta de moeda. Em termos internacionais, o Sistema Monetário refere-se aos padrões de lastreamento da economia. Esses padrões foram alternados e controlados historicamente por potências hegemônicas, ou seja, ao longo do tempo uma hegemonia global regrava o Sistema Monetário Internacional, estipulando, a partir de um padrão, em que bases as moedas deveriam estar lastreadas. A ideia de lestreamento da moeda refere-se à necessidade de que a emissão de moeda por um país seja proporcional a uma reserva, a qual tem a função de fornecer "peso" real à moeda. Essa reserva já foi de ouro e, atualmente, é de dólar.

Quando o Sistema Monetário Internacional era lastreado em ouro, ele ficou conhecido como o Padrão Ouro. Esse padrão foi proposto e liderado pela Inglaterra entre 1870 e 1914. O Padrão-ouro propunha, como o próprio nome sugere, uma fixação da emissão de moeda lastreada em ouro, ou seja, a expansão monetária somente poderia ocorrer com base nas reservas de ouro de um país. Claramente, esse Sistema Monetário Internacional promovia uma limitação do crescimento monetário e, portanto, a economia tinha pouca liquidez.

Com a hegemonia norte-americana no cenário internacional, o padrão ouro deu lugar ao padrão ouro-dólar. Esse padrão foi desenvolvido a partir do Sistema Financeiro Internacional de Bretton Woods, tendo como fundamento que o valor da moeda e, de igual modo, o câmbio deveria estar lastreado em dólar. Ou seja, o valor das moedas nacionais dependia da quantidade de dólar que as economias tinham de reserva. Assim, o dólar passou "a desempenar a função de moeda central do sistema, institucionalizando o padrão ouro-dólar e, ao cabo, consolidando a hegemonia financeira norte-americana no âmbito monetário internacional." (OLIVEIRA *et al.*, 2008, p. 202).

2 - Sistema de Crédito Internacional

Um sistema de crédito refere-se ao processo de financeirização das economias. Ora, mas o que é a financeirização da economia? Para respondermos a essa pergunta, vamos voltar um pouco na discussão acerca da evolução do capitalismo. Quando do período conhecido como feudalismo, a economia era caracterizada por trocas internas em uma estrutura de trabalho marcada pela servidão. Podemos dizer que, naquele momento, não existia capitalismo, tratava-se de um modo de produção pré-capitalista (DOBB, 1982).

Com a intensificação das trocas comerciais e da expansão marítima europeia, inaugurava-se na economia mundial uma nova dinâmica: o mercantilismo, ou capitalismo mercantil. Há discussões sobre a categorização do mercantilismo como capitalismo ou pré-capitalismo. A intensificação das trocas e da comercialização de produtos permitiram uma acumulação primitiva de capital, que pavimentou o caminho para a Revolução Industrial. Essa revolução produtiva inaugurou outra dinâmica na economia: o capitalismo industrial, que se caracterizava pela intensificação da manufatura e, por conseguinte, pela expansão dos mercados consumidores.

Com o aumento dos fluxos de capitais, a economia mundial, a partir do século XX, entraria em um processo de financeirização. Portanto, a financeirização das economias ocorre na medida em que se aumentam os fluxos de capitais. A economia torna-se mais líquida e a circulação de dinheiro muito ampla. Nesse processo, a expansão financeira elimina a necessidade da mercadoria para gerar lucro, porque o dinheiro pode gerar dinheiro (juros). Então, se antes da financeirização, como descreveu Marx (2011), Dinheiro (D) levava a obtenção de meios de produção (M), o que, por conseguinte, gerava o lucro (D'); com a financeirização o fator M pode ser dispensado, na medida em D gera D'. É o que marca o surgimento do capitalismo financeiro.

O que quero que vocês entendam é: o Sistema de Crédito atua como um mecanismo para organizar e regular essas transações, que fazem dinheiro gerar dinheiro sem o fator da mercadoria. Um sistema de crédito internacional se refere a essa regulação em escala global. Vamos lembrar do Padrão Ouro: as transações eram feitas em dinheiro (=ouro). Com a financeirização (estimulada também pelo fim do Padrão Ouro) as transações passaram a ser pagas com títulos de crédito no lugar do valor lastreado em ouro. Desse modo, até o ápice do Sistema de Crédito Internacional, impulsionado pela financeirização da economia e do fim do Padrão-Ouro,

> [...] as reservas internacionais consistiam em ouro acumulado em cada país. Deste modo, um superávit comercial seria liquidado

através da transferência de dinheiro (=ouro), que funcionava diretamente como reserva e meio de pagamento internacional, para o país superavitário. Também os investimentos diretos e os empréstimos resultariam em transferência de ouro monetário, embora não na totalidade do seu valor, [...]. Com o desenvolvimento do sistema de crédito na esfera internacional, o caráter das transações alterou-se, pois a função de meio de pagamento passou a ser realizada por títulos de crédito, análogos às antigas notas do banco central e aos depósitos bancários (GERMER, 2000, p. 162).

O funcionamento do Sistema de Crédito Internacional

No sistema de crédito internacional, o meio circulante é constituído por títulos de dívida do país hegemônico da economia capitalista mundial, isto é, depósitos bancários, expressos no padrão monetário desse país. Tais títulos constituem, portanto, os meios de pagamento e de reserva internacionais. Após a Segunda Guerra Mundial, o padrão monetário que serve de base à circulação internacional baseada em títulos de crédito é o dólar norte-americano. Nestas condições, ao receber uma transferência em dólares, a qualquer título, o que o país recebedor obtém não é dinheiro (=ouro), nem notas bancárias, mas um crédito denominado em dólares, ou seja, um depósito em um banco norte-americano, em troca do qual o banco central do país receptor transfere ao investidor moeda local em valor equivalente. Isto é, o exportador ou investidor estrangeiro recebe um poder de compra local efetivo em troca não de dinheiro real (=ouro), como ocorria no passado, mas de um crédito bancário nos Estados Unidos. Considerando que o dinheiro real é o ouro, por que os países aceitariam isto, exceto se fossem forçados ou se obtivessem disto um benefício? Havia geralmente dois motivos: ou porque não podiam reclamar o recebimento em dinheiro real (=ouro), devido à força irresistível dos Estados Unidos, ou porque o depósito em dólares lhes proporcionava um rendimento que a posse de ouro não proporcionaria. Na realidade, o depósito em dólares corresponderia, sob o "padrão-ouro", a ouro emprestado aos Estados Unidos, em troca do qual o depositante receberia juros. Consequentemente, no sistema de crédito internacional liderado pelos Estados Unidos, os pagamentos internacionais só podem ser realizados por países possuidores de títulos de crédito denominados em dólar. Isto significa que os países devem possuir depósitos em bancos norte-americanos. Para tanto, devem obter saldos de depósitos positivos nas suas relações com os Estados Unidos, ou com países que os possuam com os Estados Unidos. Esses saldos são as suas reservas internacionais, ao lado do ouro que porventura possuam.

GERMER, Claus. O sistema de crédito internacional e a instabilidade financeira dos países da periferia capitalista. Economia e Sociedade, Campinas, n. 15, dez., p. 162-163, 2000.

Vamos pensar em um exemplo prático para entender essa dinâmica provocada pela financeirização: imagine que vocês possuam um valor determinado para investir em um novo negócio. A depender do negócio, vocês terão gastos com impostos, despesas físicas, de logística e divulgação da nova empreitada. Somente depois de desempenhar trabalho é que vocês poderão, a depender das condições do mercado, obter lucros do negócio.

Agora, imaginem que, ao invés de investir em um negócio, vocês comprassem ações na bolsa ou títulos da dívida, que seriam remunerados em juros ao longo do tempo. Vocês fariam o investimento, mas o fator gerador da riqueza não seria nada palpável, mas, sim um pedaço de papel que possui um valor específico. Mesmo assim, vocês iriam, dentro de um cálculo específico, obter retorno financeiro, ou seja, seu dinheiro gerou dinheiro sem passar por um meio de produção. Vamos esquematizar, pois, o processo de geração de riqueza:

Figura 2.1. Processo de geração de riqueza

Modelo de geração de riqueza segundo a lógica produtiva

Valor de investimento (DINHEIRO) → Gastos para montar o negócio (MEIOS DE PRODUÇÃO) → Lucro (DINHEIRO')

Modelo de geração de riqueza segundo a financeirização da economia

Valor de investimento (DINHEIRO) → Investimento em Títulos remunerados por juros (DINHEIRO')

Fonte: Arquivo Pessoal.

3 - Sistema de Câmbio (Regime Cambial)

Agora, diante da discussão que traçamos até aqui, vamos passar a tratar do sistema de câmbio. Não se enganem, sem essa discussão prévia que fizemos durante as aulas 1 e 2, o entendimento das dinâmicas cambias ficaria comprometido.

O sistema de Câmbio, também chamado de regime cambial, pode ser entendido como a relação de preços entre moedas diferentes, isto é, quanto uma moeda vale em relação a outra moeda. Nesse sentido, uma moeda pode ser valorizada, quando há uma diminuição do preço da moeda estrangeira em relação a ela; ou desvalorizada, quando há o aumento de preço da moeda estrangeira.

Nesses termos, os Estados inseridos no SFI podem adotar diferentes regimes cambiais, a depender das políticas macroeconômicas de cada economia. Assim, podemos ter o câmbio flutuante, o câmbio fixo e a banda cambial.

- **Câmbio Fixo** – É a definição artificial que uma economia faz do valor de sua moeda frente à moeda estrangeira, isto é, trata-se da definição de um valor predefinido entre a moeda nacional e a moeda estrangeira. Por exemplo, em 1994, quando o Brasil lançou o plano Real, definiu-se que o Real era paritário ao dólar, ou seja, 1 Real era equivalente a um dólar. Mas o Brasil tinha condições reais de manter seu câmbio paritário ao dólar? Com certeza não. Na verdade, a paridade real-dólar foi uma política de câmbio fixo para controlar o processo inflacionário no Brasil e, portanto, era um valor artificial do Real em relação ao Dólar.

Anteriormente, tratamos do Sistema Monetário do Padrão Ouro. Naquela ocasião, o câmbio era fixo, pois o valor de uma moeda estava fixado na reserva de ouro que a economia possuía.

- **Câmbio Flutuante** – O regime de câmbio flutuante refere-se ao ajuste da taxa de câmbio segundo a oferta e a demanda por determinada moeda estrangeira. Por exemplo, se há fuga de dólares do Brasil, sua oferta vai ficar escassa e taxa de câmbio tende a subir; por outro lado, se a economia brasileira estiver com maior oferta de dólares, o valor da taxa de câmbio tende a diminuir.
- **Banda Cambial** – essa dinâmica cambial ocorre quando uma economia, através de seu banco central, manipula o câmbio flutuante, desvalorizando ou valorizando sua moeda propositalmente. Como isso ocorre? Ora, nós não vimos que o valor da taxa de câmbio é dado pela lógica de oferta e demanda da moeda estrangeira? Então, por exemplo, se o Banco Central do Brasil quiser desvalorizar a moeda para aumentar os ganhos comerciais em transações internacionais (Flutuação Suja), ele irá diminuir a quantidade de dólar ofertado na economia. Por outro lado, se a cotação do dólar subir muito, o Banco Central pode injetar moeda estrangeira na economia para valorizar a moeda nacional, pois, através dessa medida, estaria se aumentando a oferta, de modo que o preço tenderia a abaixar.

Em suma, o Banco Central pode interferir na taxa de câmbio vendendo títulos para injetar moeda estrangeira na economia para tentar equiparar a moeda nacional e estrangeira (valorização), pois quanto maior a circulação de moeda estrangeira na economia menor o seu preço. Por outro lado, quanto menor a circulação de moeda estrangeira na economia, maior o seu preço. Trata-se da lei de mercado: excesso de oferta diminui preços, e escassez de oferta aumenta os preços.

Esses são, em linhas gerais, os principais aspectos dos Subsistemas que compõem o SFI. Feitas essas discussões acerca do SFI, a partir da próxima aula dedicaremos nossos esforços exclusivamente para o estudo das práticas cambiais na economia internacional.

Retomando a aula

Chegamos ao final da nossa segunda aula. Espero que nossas discussões tenham sido esclarecedoras. De igual modo, espero que você tenha compreendido as principais características dos subsistemas que compõem o SFI, em especial os regimes cambiais.

1 – Sistema Monetário Internacional

Aqui, estudamos as principais características do Sistema Monetário Internacional, abordando o Padrão Ouro durante a hegemonia britânica e, posteriormente, o Padrão Ouro-dólar com a ascensão da hegemonia norte-americana. Nesse sentido, estudamos as implicações econômicas de cada um desses padrões para a economia internacional.

2 – Sistema de Crédito Internacional

Nesta seção, estudamos, de maneira breve, a passagem do feudalismo para o capitalismo mercantil e a transição para o capital industrial. Nesse sentido, estudamos como a economia entrou em um processo de aumento de liquidez e, finalmente, passou por um processo de financeirização. A financeirização da economia provoca uma alteração no pensamento clássico econômico, de que dinheiro leva à obtenção de meios de produção e, consequentemente, à geração de lucro, porque, através da financeirização, dinheiro gera dinheiro. Diante disso, observamos qual a ascensão do sistema de crédito internacional para regular essa condicionante econômica em nível internacional.

3 - Sistema de Câmbio (Regime Cambial)

Aqui, estudamos o sistema cambial, o chamado Regime cambial. Vimos que os regimes cambiais se referem à formação das taxas de câmbio de uma economia em relação à moeda estrangeira. Nesse sentido, estudamos o regime fixo, flutuante e de banda cambial.

Vale a pena

Vale a pena **ler**

Livro: "O longo século XX". Autor: Giovani Arrighi.

Minhas anotações

Minhas anotações

Aula 3º

Introdução ao estudo de políticas cambiais

As políticas cambiais fazem parte de um conjunto de políticas monetárias, que, por sua vez, fazem parte de um conjunto de políticas macroeconômicas. Diante disso, vamos nos dedicar, ao longo desta aula, ao estudo introdutório acerca de políticas cambiais. Nesse sentido, vamos inserir essa discussão acerca do câmbio em seu devido espaço: nas políticas macroeconômicas.

Figura 3. Disponível em: https://www.topinvest.com.br/wp-content/uploads/2016/08/Pol%C3%ADtica-Cambial.jpg. Acesso em: Março/2020

Portanto, vamos dividir nossas discussões em dois momentos: primeiramente vamos propor uma discussão conceitual entre microeconomia e macroeconomia. É importante que façamos essa discussão, porque o entendimento acerca dessas variáveis econômicas é fundamental para compreensão das políticas cambiais. Não podemos nos iludir de que aprenderemos dinâmicas cambiais internacionais sem entendê-las na perspectiva conceitual básica.

Bons estudos!

Objetivos de aprendizagem

Ao término desta aula, vocês serão capazes de:

- compreender o conceito e as principais variáveis da microeconomia e da macroeconomia;
- analisar as políticas cambiais no contexto de políticas macroeconômicas.

Seções de estudo

1 - Microeconomia e Macroeconomia
2 - Considerações sobre taxa de câmbio

1 - Microeconomia e Macroeconomia

O estudo da economia lida com um dilema: a demanda ilimitada de bens e serviços pelas pessoas e a escassez de recursos. A economia tem de lidar com essa situação, logo, precisa de um sistema econômico que dê conta disso.

Para lidar com essa situação, existem diferentes modelos econômicos, tais como a economia capitalista de mercado ou uma economia socialista. Podemos dizer que vivemos em um sistema de economia de mercado. Sistemas como o socialismo cubano, por exemplo, são chamados de economias de comando.

Esse sistema de mercado em que vivemos funciona a partir da oferta e da demanda de bens e serviços. Assim sendo, a movimentação da economia depende de **escolhas individuais das pessoas**. Por vezes, essas escolhas individuais, isto é, os interesses particulares de cada indivíduo, acabam servindo aos interesses da coletividade: por exemplo, um empresário que, na busca egoísta do lucro, gera empregos e torna uma nação mais rica – Adam Smith chamou isso de Mão Invisível que regula o mercado (nem sempre ela funciona). Portanto, umas das principais variáveis da economia é o estudo de como os indivíduos tomam decisões. Essa variável das decisões individuais é estudada pela microeconomia.

1.1 – Microeconomia

É exatamente o estudo de como os indivíduos tomam decisões e de como essas decisões interagem entre si. Assim, é central na microeconomia o estudo dos indivíduos buscando seus interesses particulares e seus efeitos sobre a sociedade como um todo.

A escolha individual é a base da economia e é ela o principal objeto da microeconomia. Portanto, a microeconomia estuda o ato de fazer escolhas: "viajar no verão ou trabalhar?"; "ir ao cinema ou comer um lanche?" – ou seja, fazemos escolhas dentre um número limitado de opções, afinal não podemos ter tudo o que queremos (KRUGMAN, 2007).

Podemos dizer que nossas escolhas individuais estão em permanente interação (interdependência): se você escolhe tomar um café da manhã em um restaurante, sua escolha já interagiu com a escolha do proprietário do restaurante, que escolheu abrir o estabelecimento; e isso já está interagindo com a escolha do produtor de café, que escolheu produzir café; sua escolha está interagindo com a escolha do entregador de café, que escolheu aceitar entregar naquele estabelecimento. Se um deles não tivesse tomado tais escolhas, provavelmente você não iria tomar café naquela manhã (pelo menos não naquele restaurante específico) (KRUGMAN, 2007).

Você não faz escolhas porque quer, faz porque é obrigado a fazer, afinal os recursos são escassos: sua renda é escassa, o bem e serviço que deseja consumir podem ser escassos, seu tempo é escasso. Diante da escassez dos recursos, "o verdadeiro custo de algo se refere a tudo aquilo que você abre mão para obter tal bem ou serviço" (KRUGMAN, 2007).

Imagine que você vá ao Paraguai para comprar um presente de dia dos pais para teu pai. Você só tem 60,00. Chegando lá você lembra que precisa urgentemente de um relógio. Você escolhe comprar o relógio em vez de comprar o presente para teu pai. Qual é o custo dessa escolha? O custo é o fato de não ter comprado o presente para teu pai. É o que você abriu mão para obter o relógio.

Essa escolha implica em um custo de oportunidade: Custo de Oportunidade refere-se à satisfação que você teria ao fazer a outra escolha. Assim, o custo de oportunidade está ligado ao presente que você não comprou. Se o prazer de desfrutar do relógio não fosse tão grande quanto o prazer de presentear teu pai, você, provavelmente, teria comprado o presente.

Além do estudo das escolhas individuais, a microeconomia se ocupa dos estudos de oferta e demanda por bens e serviços. A lei da oferta e da demanda entende que quanto maior a oferta, menor os preços e quanto menor a oferta mais alto são os preços. Se, por outro lado, a demanda é escassa e a oferta é alta, menores serão os preços. De igual modo, se a demanda for alta e a oferta escassa, mais elevados serão os preços.

Vocês devem se recordar que em 2018 passamos pela greve dos caminhoneiros. Naquele período os postos ficaram sem combustíveis. Com o tempo, os carros foram ficando sem gasolina. Alguns postos tinham combustível estocado, formaram-se filas nesses postos para abastecer os carros. Contudo, havia uma escassez de combustíveis e um excesso de demanda. O que aconteceu com os preços dos combustíveis? Os preços subiram consideravelmente. Por quê? Porque havia escassez de produto e um volume muito grande de pessoas querendo comprar, logo, a tendência é que o preço suba.

1.2 – Macroeconomia

Se a microeconomia se refere ao estudo das escolhas individuais, a macroeconomia estuda o comportamento da economia em seu conjunto, tais como os ciclos econômicos, emprego, desemprego, subemprego, crescimento econômico, inflação e deflação, política monetária, política fiscal, política tributária, Produto Interno Bruto etc (KRUGMAN, 2007).

Uma vez que a macroeconomia se ocupa do estudo da economia em seu conjunto, suas variáveis abrangem o desenvolvimento da economia nacional: o nível geral de preços, de produção e de emprego. Observa, igualmente, como os fluxos econômicos globais impactam nas economias nacionais.

No que se refere à macroeconomia, governos podem ter atuações mais decisivas para o crescimento econômico. As principais variáveis de atuação do governo serão as políticas fiscais, monetárias e tributárias. Essas variáveis são "manipuladas" tendo em vista o crescimento de longo prazo, que será aferido pelo crescimento, estagnação e decrescimento do Produto Interno Bruto (PIB).

Nesse sentido, política monetária se refere ao controle

sobre a circulação de moeda, a taxa de juros e a política cambial. Quanto à política fiscal, podemos destacar as políticas tributárias e os gastos governamentais. Para nossos estudos importa destacar as políticas monetárias cambiais, que veremos adiante.

Quando falamos em política tributária, devemos entendê-la enquanto um instrumento do governo para arrecadação de tributos. Esse instrumento pode consistir em redução dos tributos para fomentar o investimento e aceleração da economia; por exemplo, quando o governo reduz, ou zera impostos sobre determinado setor da economia para estimular tal setor. E pode, igualmente, consistir em aumento de impostos, a fim de incrementar a arrecadação da união (Ex: criação de um imposto especial sobre grandes lucros e dividendos empresariais).

No que se refere aos gastos governamentais, um determinado governo pode ter uma política austera, ou seja, conter gastos visando obtenção de superávit. O problema é que, ao conter gastos, diminui-se a demanda agregada, o estado para de investir em obras públicas e, por conseguinte, tem-se uma retração da oferta de emprego, de modo que setores da economia ficarão desaquecidos; essa política fiscal é denominada **restritiva.** Por outro lado, um governo pode ter uma política de gastos menos austera, que vise o investimento público em capital produtivo, gerando emprego, renda e consumo; essa política fiscal é denominada **expansionista**.

No que se refere à política monetária, podemos citar as políticas de taxas de juros. O juro é o valor cobrado sobre uma quantidade de dinheiro emprestada. Assim, o dinheiro muda ao longo do tempo. Imagine que com 100,00 hoje você pode comprar dois perfumes. Provavelmente, daqui alguns anos os mesmos 100,00 só serão suficientes para comprar um perfume. Ou seja, a inflação diminui o poder de compra do seu dinheiro. Logo, para que hoje você pegue um empréstimo, seu credor irá cobrar de você a desvalorização desse dinheiro no tempo; o nome dado a esse "aluguel" é a taxa de juros.

Outra variável da política monetária são as políticas cambiais. Isso, entretanto, é tema da nossa próxima seção.

2 - Considerações sobre taxa de câmbio

Atualmente precisamos, mais ou menos, de 5,10 reais para comprar um dólar. Quando isso acontece, pode-se dizer que passamos por uma **desvalorização cambial.** Anos atrás 1,25 de nossa moeda eram suficientes para comprar um dólar. Em relação ao exemplo anterior, houve uma **valorização cambial.** Na opinião de vocês, qual, dos cenários é o melhor? Pare e pense nisso!

A taxa de câmbio impacta não só no valor da moeda estrangeira, mas também na formação de preços do comércio doméstico e, de igual modo, nas dinâmicas do comércio exterior. Quando analisamos o impacto da taxa de câmbio nos preços, devemos considerar que muitos produtos importados podem sofrer aumento caso haja uma desvalorização cambial. Imaginemos a seguinte situação: o Brasil não produz trigo suficiente para suprir o consumo interno, de modo que importa o excedente. Essa importação é feita em dólar. Dependendo da taxa de câmbio o pão, a pizza, o salgado, ficarão mais caros.

No que se refere ao comércio exterior, a taxa de câmbio também pode ter papel preponderante na formação dos preços e, de igual modo, na obtenção de superávits ou déficits comerciais. A Balança Comercial é a diferença entre a quantidade de importações e exportações de um país. Desse modo, ela será favorável quando um país tiver maior valor de exportações do que importações e será desfavorável quando o valor de importações for maior do que o de exportações. Assim, pensando a relação entre taxa de câmbio e balança comercial, vamos pensar na seguinte situação prática:

O Brasil importa produtos de alto valor agregado em dólar. Atualmente, o cambio real-dólar está de 5,10 reais para 1 dólar. Ficará mais caro para o Brasil importar esses produtos e, por conseguinte, isso impactará diretamente na balança comercial brasileira. Mas o Brasil exporta soja, e recebe em dólar. Isso significa que um saco de soja que custa 30 dólares será multiplicado por 5,10 em moeda nacional, de modo que isso pode impactar positivamente na balança comercial brasileira.

Nesse caso, a alta do dólar é muito rentável para a economia brasileira e para o produtor. Mas é muito desfavorável para o poder de compra do consumidor médio brasileiro, que vê na alta do dólar, o aumento dos produtos eletrônicos e de produtos de consumo diário que são importados, tais como trigo e gasolina.

Por vezes, um governo pode, por meio da política cambial, manter intencionalmente o real desvalorizado em relação ao dólar, porque isso atende aos interesses das exportações brasileiras. Se vocês se recordarem da aula anterior, essa política é conhecida como a banda cambial.

Recentemente, devido à grande desvalorização do real em relação ao dólar, o presidente dos Estados Unidos, Donald Trump, acusou o Brasil de estar manipulando intencionalmente sua taxa de câmbio para tirar vantagem nas transações comerciais que mantém com os norte-americanos. Como retaliação, o presidente norte-americano impôs uma tarifa sobre a importação de aço e alumínio. Vejamos:

Trump acusa Brasil de desvalorizar real e anuncia tarifa sobre aço e alumínio

O presidente dos Estados Unidos, Donald Trump, anunciou na manhã desta segunda-feira (2) que o país vai retomar as tarifas aplicadas ao aço exportado pelo Brasil e pela Argentina. Ele atribuiu a decisão à desvalorização do real e do peso argentino em relação ao dólar.

"Brasil e Argentina estão promovendo desvalorização em massa de suas moedas, algo ruim para os nossos fazendeiros. Portanto, tendo efeito imediato, vou restaurar as tarifas sobre aço e alumínio que são importados aos Estados Unidos desses países", escreveu o mandatário americano no Twitter.

Trump também cobrou que o Banco Central dos Estados Unidos adote medidas para evitar que países "tirem vantagens de nosso dólar forte". "Isso torna as coisas muito difíceis para nossos fabricantes e fazendeiros exportarem seus bens", afirmou.

Horas depois de anunciar a medida, Trump foi questionado por jornalistas sobre a retaliação ao Brasil e à Argentina. "Se você olhar o que aconteceu com o câmbio deles, eles desvalorizaram o seu câmbio de modo substancial, em 10%. A Argentina também. Eu havia dado a eles um grande alívio tarifário, mas agora eu estou retirando isso. É muito injusto com a nossa indústria, é muito injusto com nossos fazendeiros. Nossas companhias de aço vão ficar muito felizes, nossos fazendeiros vão ficar muito felizes com o que eu fiz", respondeu [...].

Disponível em: https://www.bbc.com/portuguese/brasil-50631302. Acesso em: Março/2020.

Retomando a aula

Chegamos, assim, ao final da terceira aula. Espera-se que vocês tenham compreendido as principais noções de micro e macroeconomia. De igual modo, espero que vocês tenham compreendido a relação entre câmbio e preço, bem como entre câmbio e balança comercial.

1 – Microeconomia e Macroeconomia

Aqui, estudamos aspectos conceituais e as variáveis correspondentes à micro e macroeconomia. Nesse sentido, vimos que a microeconomia se refere às escolhas individuais, bem como às dinâmicas de oferta e demanda. No que se refere à macroeconomia, estudamos que ela se refere às políticas fiscal e monetária.

2 – Considerações sobre taxa de câmbio

Nesta seção, dedicamo-nos ao estudo sobre noções gerais de câmbio, abordando questões relativas ao conceito, que já havíamos previamente discutido na aula anterior, e, principalmente, a relação entre câmbio e preços e entre câmbio e balança comercial.

Vale a pena

Vale a pena ler,

Livro: "Introdução à economia." Autor: Paul Krugman

Minhas anotações

Aula 4º

O impacto da taxa de câmbio no crescimento econômico e nos preços

A taxa de câmbio tem papel preponderante no desenvolvimento de um país, porque, como vimos, atua em questões relativas aos preços, além de impactar no setor produtivo e nos mercados de bens e serviços. Assim sendo, podemos dizer que "O comportamento da taxa de câmbio reflete a competitividade da economia" (DEPECON, 2014, p. 1).

Figura 4. Disponível em: https://www.sunoresearch.com.br/wp-content/uploads/2018/01/cambio.jpg.jpg. acesso em: Março/2020.

Diante disso, nesta aula vamos pensar a taxa de câmbio relativa à economia, problematizando como a taxa de câmbio tem impactado nas variáveis macroeconômicas. Nesse sentido, abordaremos questões relativas à taxa de câmbio e crescimento econômico, bem como a relação entre taxa de câmbio e preços.

Bons estudos!

Objetivos de aprendizagem

Ao término desta aula, vocês serão capazes de:

- entender a relação entre câmbio e crescimento econômico;
- compreender aspectos gerais sobre o câmbio e os preços.

Seções de estudo

1 - Câmbio x crescimento econômico
2 - Câmbio x preços

1 - Câmbio x crescimento econômico

Em qual medida a taxa de câmbio é capaz de influenciar no desenvolvimento econômico? Essa será a pergunta norteadora desta seção. Diante desse questionamento, podemos dizer que "[...] evidências mostram que desvalorizações cambiais possuem efeito positivo sobre o crescimento econômico" (DEPECON, 2014, p. 2).

Essa constatação, todavia, está associada à perspectiva de estímulo ao desenvolvimento da indústria nacional e das exportações, afinal, em termos de poder de compra e sob a perspectiva das importações, a desvalorização cambial possui efeitos negativos. Nesse sentido, segundo um estudo trimestral do departamento de economia da Fiesp acerca da economia brasileira, vemos que:

> [...] uma depreciação cambial tem efeitos maiores nas taxas de crescimento da indústria e da indústria de transformação em comparação a outros setores da economia doméstica. Com uma depreciação de 10%, o efeito acumulado nos 16 trimestres (4 anos) seguintes corresponde ao aumento da taxa de crescimento do PIB total da economia em, aproximadamente, 2,8 p.p. Já os impactos respectivos sobre o PIB da indústria e o PIB da indústria de transformação são em torno de 3,4 p.p. e 4,0 p.p. (DEPECON, 2014, p. 2).

Esse cenário demonstra que a desvalorização cambial é uma forma de aumentar a rentabilidade das exportações, podendo-se promover, nesse sentido, alguns ajustes econômicos importantes para as economias em desenvolvimento, visando o aumento da poupança doméstica, a fim de se ter suporte para sustentar a "[...] taxa de câmbio em patamares mais depreciados, o que garantiria, por sua vez, maiores taxas de investimento e, consequentemente, maior crescimento econômico a longo prazo" (DEPECON, 2014, p. 3).

Ora, por qual razão a desvalorização cambial poderia ser um atrativo para maiores taxas de investimento? Ocorre que, como veremos no estudo acerca do mercado de câmbio, os investidores operam buscando maior rentabilidade para o dinheiro aplicado. Assim, uma taxa de câmbio desvalorizada significa que uma aplicação pode render um valor maior da moeda desvalorizada. Outro fator que está diretamente associado à atração de investimento é a taxa de juro. Taxa de juro se refere à remuneração do dinheiro no tempo, de modo que quanto maior for ela, maior será a rentabilidade do dinheiro aplicado. Assim, associando-se a taxa de câmbio e a taxa de juros, uma economia pode ser um atrativo para investimentos externos.

Essa perspectiva de desvalorização cambial como variável para o crescimento econômico faz parte de uma visão desenvolvimentista, a qual entende que, desde uma política de depreciação cambial, aliada a políticas tributárias e fiscais de proteção à indústria, é possível promover incentivo às exportações e suporte econômico para desenvolvimento industrial e, no limite, para a promoção de políticas de substituição de importações.

No entanto, essa abordagem de caráter desenvolvimentista encontra algumas críticas, especialmente de vertentes do pensamento econômico que defendem menos ingerência do Estado na economia, bem como menos mecanismos regulatórios para os fluxos de capitais. É o caso da análise econômica que veremos a seguir:

Taxa de câmbio e crescimento econômico

Economistas que se intitulam novos desenvolvimentistas há muito defendem a ideia de que o real mais depreciado estimularia a exportação e a produção na indústria de transformação, elevando a taxa de lucro do setor. Assim, aumentariam tanto a poupança empresarial como os investimentos, o que geraria ganhos tecnológicos que se espalhariam pelos demais setores da economia. O resultado seria a aceleração da taxa de crescimento econômico.

Essa estratégia de crescimento é defendida no recente livro Macroeconomia Desenvolvimentista, do ex-ministro da Fazenda Luiz Carlos Bresser Pereira, em coautoria com os professores José Luiz Oreiro e Nelson Marconi. Tentarei mostrar que ela é inadequada para o Brasil.

Poupança. Estas propostas, em geral, desconsideram a inconsistência macroeconômica entre baixo nível de poupança a geração de elevados superávits nas contas correntes com o exterior. Para entender essa inconsistência, basta examinar o significado de uma identidade básica das contas nacionais, segundo o qual o valor dos investimentos – formação bruta de Capital (FBC), no jargão técnico – é necessariamente igual à soma da poupança doméstica (das famílias, das empresas e do governo) com a poupança externa, esta última nada mais sendo que o saldo em conta corrente. Quando este for superavitário, o país exporta poupança, pois a absorção interna é menor do que a produção nacional; quando negativo, o país recebe poupança externa, já que consome e investe mais do que produz.

Os defensores da "saída pelo câmbio" argumentariam: "Ora, isso é apenas uma identidade não uma relação comportamental. Se a moeda depreciada estimular as exportações e a produção, haverá crescimento da taxa de lucro, gerando mais poupança para financiar o crescimento do investimento. A tal limitação da poupança seria só uma tautologia". Não é bem assim.

Se a economia estiver operando abaixo do pleno emprego, ou seja, se há recursos produtivos ociosos, a estratégia de elevar a FBC via depreciação cambial pode, de fato, ser bem-sucedida. As empresas, estimuladas pela maior capacidade exportadora, poderão tomar crédito para financiar o aumento dos investimentos. A produção e os lucros crescerão, bem como a poupança empresarial. Ao fim, o novo equilíbrio macroeconômico será alcançado com maior nível de produção, de investimento e, obviamente, de poupança, já que a igualdade entre os dois últimos é garantida pela identidade fundamental das contas nacionais.

Mas a situação muda completamente se não houver recursos produtivos ociosos. Aí a escassez de poupança será um obstáculo. O crescimento do investimento, induzido pelo câmbio mais atraente

> e pela expansão do crédito, só será possível se houver redução do consumo (aumento da poupança), dado que, por hipótese, a economia está em pleno-emprego e o produto total não pode crescer no curto prazo. Se isso não ocorrer, haverá excesso de demanda. A consistência macroeconômica se dará por aumento da inflação e/ou quedo do superávit (ou aumento do déficit) em conta corrente no exterior. Se o governo insistir na estratégia desenvolvimentista de crescimento da inflação, que, ao corroer o poder de compra das famílias, forçará a queda do consumo para restabelecer o equilíbrio macroeconômico.
>
> Portanto, salvo nos episódios recessivos, quando a economia opera claramente com recursos produtivos ociosos, a baixa taxa de poupança torna incompatíveis os objetivos de, simultaneamente, elevar a FBC e promover superávit em conta corrente [...].
> [...]
> Os países que tiveram sucesso na estratégia de crescimento induzido por exportações apresentam taxas de poupança, como proporção do PIB, muito superiores à brasileira.
>
> Para encerrar, volto ao trabalho de Bresser-Pereira e outros. Segundo os autores, a depreciação cambial bem conduzida reduz os salários reais e aumenta a participação dos lucros na renda nacional. É essa a razão da elevação da poupança empresarial, que viabiliza o aumento do investimento e acelera o crescimento. Isso fornece consistência macroeconômica à proposta, mas não me parece viável politicamente, em essência, para o sucesso desse modelo [de desvalorização cambial] é imperioso que os trabalhadores, e seus sindicatos, aceitem a queda inicial do salário real. O argumento é de que aceitariam, pois, no médio prazo e no longo prazo, apesar da queda de participação dos salários na renda, o seu valor real crescerá. Em outras palavras, a hipótese é de que os assalariados concordarão em sacrificar seu bem-estar no curto prazo, para colher maiores dividendos no futuro. Não é assim que a sociedade brasileira tem resolvido seus conflitos distributivos.
>
> GONÇALVES, Adilson Cláudio. Taxa de câmbio e crescimento econômico. Disponível em: https://economia.estadao.com.br/noticias/geral,taxa-de-cambio-e-crescimento-economico,70001697790. Acesso em: Março/2020.

Como podemos ver nessa análise da relação entre taxa de câmbio e crescimento econômico, o autor da matéria tece uma crítica aos desenvolvimentistas que defendem a desvalorização cambial como forma de incentivar a FBC e, portanto, os meios para o crescimento econômico. Para o crítico do trecho supracitado, a desvalorização cambial somente pode promover crescimento econômico em economias a pleno emprego – isto é, em que todos os que procuram emprego encontram – e, de igual modo, em que a atividade produtiva estiver ocupada e não ociosa. Do contrário, o autor entende que a desvalorização cambial é incapaz, por si só, de ativar o crescimento econômico.

2 - Câmbio x preços

O impacto da taxa de câmbio na formação dos preços em uma economia é conhecido como *pass-through*. O *pass-through* trata-se, em outras palavras, do "repasse dos movimentos cambiais aos índices de preços de um país [...]" (MACIEL, 2006, p. 5). Nesse sentido, o reflexo do câmbio nos preços ocorre em função de quão aberta é uma economia:

> Sendo assim, em uma economia aberta, os preços dos produtos consumidos domesticamente estão sujeitos a choques advindos do mercado externo, seja por questões relacionadas a ajustes nos preços relativos das moedas, seja por movimentações nas condições internacionais de oferta e demanda (MACIEL, 2006, p. 5).

Diante disso, é importante que retomemos a noção de desvalorização cambial como fator positivo para o crescimento econômico. Vimos que, através da desvalorização cambial, guardadas as devidas críticas, aponta-se a possibilidade de crescimento econômico pela via da exportação. Por outro lado, a desvalorização cambial, vista como positiva para consecução de balança comercial favorável, torna-se um ponto negativo no quesito preços, porque tal desvalorização tende a desenvolver pressões inflacionárias, diminuindo o poder de compra da população (DEPECON, 2014).

Outro fator, já bastante discutido anteriormente, que faz a desvalorização cambial impactar nos preços é o aumento dos custos de produção. Ora, à medida que a desvalorização cambial permite um avanço das exportações, a produção da indústria nacional, quando dependente de matérias-primas importadas, vê-se em poucas condições de competitividade e, desse modo, os preços dessa produção tendem a crescer para consumo da população.

Para que compreendamos o quanto a desvalorização cambial impacta na dinâmica dos preços, vamos observar o caso brasileiro:

> As estimativas realizadas para o caso brasileiro mostram que o grau de repasse aos preços de importação situa-se em torno de 75% da variação cambial. Para os preços dos produtos industrializados por atacado (IPA), por sua vez, o repasse é de 26,6% após quatro trimestres, ou seja, uma desvalorização cambial de 10% eleva a inflação no atacado em 2,66 pontos percentuais ao longo de um ano. Já o repasse cambial ao IPCA corresponde a 7,9%, isto é, uma desvalorização de 10% do câmbio aumenta a inflação ao consumidor em 0,79 ponto percentual no decorrer de 12 meses (DEPECON, 2014, p. 6).

Nesse sentido, esses números apontam para uma pressão inflacionária, mas que, em face das possibilidades positivas que se apresentam pela desvalorização cambial, ainda são compensados pelos ganhos na balança comercial, segundo análise da Depecon (2014).

Em 1999, o Brasil passou por uma desvalorização cambial de grandes proporções e, somente quatro anos após a estabilização inflacionária do plano real, resurgia o temor de uma crise inflacionária. Nesse contexto, o Banco Central publicou um estudo traçando a relação entre a desvalorização cambial e a pressão inflacionária na economia brasileira. À vista disso, o relatório apontava que:

> No começo do ano, quando o real sofreu desvalorização em meio à grave crise cambial, a expectativa da maioria dos economistas era

de que a inflação voltaria com força, a exemplo do que já ocorrera no passado. Havia o receio de que a estabilidade econômica conquistada ao longo dos últimos quatro anos e meio, e a custo elevado, seria perdida da noite para o dia. A defesa do regime de câmbio fixo se apoiava, em parte, no temor de que qualquer desvalorização fosse anulada pela inflação [...]. Poucos meses após a flutuação cambial, as previsões iniciais provaram-se erradas, tanto em termos qualitativos como em termos quantitativos (BCB, 1999, p. 106).

Assim, esse relatório entendia que a pressão inflacionária promovida pelo câmbio fazia-se presente naquele momento. Entretanto, o relatório, igualmente, aponta que o aumento dos preços promovidos pela desvalorização cambial ocorria por conta da mudança de regime cambial da economia brasileira, que passava do câmbio fixo, início do plano real, para o regime de câmbio flutuante. Desse modo, "[...] era de se esperar que depois da mudança do regime cambial os preços dos bens internacionais crescessem mais rapidamente que o dos bens domésticos, fenômeno inverso ao observado no início do Plano Real e que, por definição, é necessário para corrigir a sobrevalorização cambial" (BCB, 1999, p. 107).

Portanto, é preciso que tenhamos em mente que a desvalorização cambial, apesar dos dois estudos que utilizamos aqui relativizarem seu impacto na inflação, atua diretamente no aumento dos preços de produtos de consumo diário, especialmente os bens compostos por produtos oriundos de importação. Assim sendo, produtos de alto valor agregado, tais como os eletroeletrônicos de alta tecnologia, terão aumento de preço considerável, alavancados, além das tarifas e impostos, pela desvalorização cambial.

Além dos produtos de alta tecnologia, produtos de menor valor agregado também sofrem aumento de preços com a desvalorização cambial. Nós já vimos essa dinâmica anteriormente: quando ocorre a desvalorização cambial, todos os produtos compostos por bens importados têm aumento nos preços. A gasolina brasileira não é totalmente refinada aqui, de modo que se exporta petróleo bruto e se importa gasolina refinada. Essa importação se dá em dólar, logo o preço da gasolina, além das tarifas que incidem sobre ela, aumentará. O mesmo vale para os remédios, produtos derivados de trigo etc.

Retomando a aula

Chegamos, assim, ao final da quarta aula. Espera-se que você tenha compreendido os aspectos gerais sobre o impacto da taxa de câmbio nas dinâmicas de crescimento econômico e de formação de preços de uma economia.

1 – Câmbio x crescimento econômico

Nesta seção, estudamos a relação entre câmbio e crescimento econômico, atentando-nos para os impactos da desvalorização cambial no crescimento econômico. Nesse sentido, propusemos uma discussão que sustenta a desvalorização cambial como estratégia preponderante para o crescimento e outra que entende que a desvalorização cambial somente traz resultados positivos para uma economia em situações bastante específicas. Diante disso, vimos que para a vertente que aposta na desvalorização como elemento para o crescimento econômico, o argumento central repousa nos ganhos de competitividade das exportações e, por conseguinte, nos ganhos da balança comercial.

2 – Câmbio x preços

Aqui, estudamos a relação entre câmbio e preços, apontando os efeitos da desvalorização cambial na inflação. Nesse sentido, observamos a questão, apontando que a desvalorização cambial, a despeito dos efeitos positivos nas exportações, tem efeitos negativos na inflação, aumentando os preços.

Vale a pena

Vale a pena **ler**

Dissertação: "Pass-through Cambial: Uma Estimação para o Caso Brasileiro". Autor: Luiz Felipe Pires Maciel.

Minhas anotações

Aula 5º

Crises financeiras internacionais e o impacto nas taxas de câmbio

Vimos nas discussões sobre o sistema financeiro que, desde a globalização, a economia mundial entrou em um processo de liquidez intensa dos fluxos de capitais. Nesse sentido, podemos dizer que o Sistema Financeiro Internacional não vivencia um modelo de controle de fluxos de capitais eficaz, o que gera margem para instrumentos aleatórios não regulados de geração de riquezas, impossibilitando, ainda mais, formas efetivas de controle e, por conseguinte, as crises são de difícil contorno.

Figura 5. Disponível em: https://static.mundoeducacao.bol.uol.com.br/mundoeducacao/conteudo_legenda/72fb85eed30bd7cc3adb0b8ab47b7a1c.jpg. acesso em: Março/2020.

A própria sociedade entra nesses mecanismos com a falsa noção de democracia do consumo, na medida em que as pessoas passam a consumir de maneira desenfreada. Na esteira desse processo, portanto, formam-se as crises. Em situação de crise pode-se questionar a quem culpar ou responsabilizar. Fazem-se especulações também acerca dos fatores que as causam e como se poderia evitá-las. De acordo com Kindlerberger (2003), é quase impossível evitá-las, pois o campo é vasto entre as ações necessárias para resolução de crises e os interesses reais das instituições. Soma-se a isso o fator da irracionalidade do consumo.

À vista disso, nesta aula vamos discutir as crises internacionais e seus impactos sobre a economia como um todo e, em particular, sobre as variáveis cambiais.

Bons estudos!

Objetivos de aprendizagem

Ao término desta aula, vocês serão capazes de:

- entender a noção de crises financeiras internacionais;
- compreender aspectos gerais sobre os impactos das crises nas variáveis cambiais.

Seções de estudo

1 - Crises financeiras internacionais
2 - Impactos das crises nas variáveis cambiais

1 - Crises financeiras internacionais

A definição de crises financeiras está atrelada à ação de empresas, bancos, indivíduos, isto é, de agentes econômicos que desenvolvem momentos de euforia e irracionalidade frente à expansão do crédito. Desse modo, pode-se dizer que as crises estão associadas aos processos cíclicos de expansão e retração da economia. De acordo com Kindleberger (2003), valendo-se do modelo de Minsky, os processos de crise se formam por um deslocamento ou inovação através de um choque externo ao sistema financeiro; esse choque leva, como vimos, a euforia e aumento da irracionalidade com relativa diminuição da aversão ao risco. Todavia, à medida que se aumentam as oportunidades de mercado, elevam-se, de igual modo, os riscos. Assim sendo, o *boom* da crise se forma na expansão do crédito. Em termos mais práticos, as crises financeiras se caracterizam por uma perda abrupta de riqueza em determinada economia, de modo que se tem a criação de uma instabilidade no que tange ao emprego, à renda, à moeda e ao sistema bancário. Ela começa, pois, por um choque exógeno, passa pelo *boom*, tem-se a euforia com a expansão do crédito e, por fim, o pânico.

Nesse contexto, Kindleberger (2003) apresenta como pode ocorrer a propagação mundial de uma crise financeira. A economia está globalizada, as relações internacionais são cada vez mais interdependentes, de modo que as interações dos agentes são instantâneas. De acordo com Kindleberger, a euforia proveniente da expansão do crédito se espalha para outros países por meio de diferentes canais de propagação; se o preço de uma commodity sobe em um país, há uma equiparação da mesma commodity em outro; se o PIB de um grande país cresce, tem-se aumento de importação, o que leva ao aumento de PIB nos países que exportam determinado bem; se os fluxos de capitais aumentam com a compra de títulos de um país, há um aumento no preço e também aumenta-se o preço da moeda. Ou seja, na medida em que o *boom* se propaga, percebe-se o aumento das taxas de juros, o aumento da fluidez dos pagamentos e a elevação dos preços das commodities.

Finalmente, as crises financeiras internacionais impactam diretamente em diversos países, principalmente nas economias periféricas e dependentes. Levando em conta os canais de propagação das crises, um contexto de globalização econômica, bem como a balança de pagamentos fundamentada na exportação de produtos de baixo valor agregado, pode-se aferir a fragilidade dessas economias em momentos de crise. O desempenho dessas economias vive, portanto, a mercê dos ciclos do sistema financeiro: em tempos de pânico, de retração do crédito e de diminuição da importação de commodities pelos países centrais, levam à queda abrupta da riqueza e, por conseguinte, do PIB desses países, bem como a desvalorização das moedas nacionais, aumento do endividamento, do desemprego, queda da renda e do consumo.

Para caracterizarmos esse impacto, cabe tomar o caso citado por Kindleberger (2003). Na década de 70, os países latino-americanos foram tomados pelo momento de euforia de expansão do crédito, e pegaram "euromoedas" emprestadas em bancos internacionais. Os juros permaneciam baixos, de modo que os pagamentos eram feitos sem maiores problemas. Nesse sentido, com o aumento do fluxo de capitais estrangeiros nesses países, observou-se uma valorização das moedas nacionais, contudo, à medida que se presenciava a retração do crédito e o momento de pânico, esses países tiveram problemas substantivos para pagar os empréstimos, e suas dívidas externas cresceram abruptamente.

Mas, diante disso, como prever e prevenir-se contra crises internacionais? Eichengreen (2003) aponta, em linhas gerais, que a prevenção de crises implica em se adotar políticas monetárias e fiscais mais equilibradas, regulações mais fortes e estabelecer contatos mais eficientes e constantes com instituições de regulação financeira internacionais.

O cerne das propostas do autor está no questionamento de se é possível tornar o sistema financeiro mais seguro. A resposta é resistente e apresenta suas limitações. Olhando para as crises nos mercados emergentes, Eichengreen (2003) defende a existência de instituições financeiras, econômicas e políticas com mais robustez, bem como políticas financeiras mais consistentes como forma de reduzir a intensidade das crises, mas, adverte, extirpá-las é impossível. Todavia, o autor apresenta um caminho para que as soluções sejam mais perenes, o qual consiste na criação de instituições e mercados que se autorregulem. Nesse sentido, o autor apresenta quatro ações fundamentais para se seguir por esse caminho, quais sejam: transparência, padrões, supervisão e gerenciamento da taxa de câmbio.

Quanto à transparência, o autor apresenta a necessidade de se ter disciplina de mercado, em que não se deve emprestar para quem não pode pagar, tampouco emprestar para financiar especulações, de modo que, à medida que se evita investimento especulativo, o sistema fica mais encorpado. E para a efetivação desse processo, fazem-se necessárias informações transparentes e iguais para todos os agentes.

No que se refere aos padrões, o autor aponta a importância de tais padrões enquanto mecanismo de suporte à transparência e também na supervisão dos riscos que circundam políticas fiscais, monetárias e cambiais. De igual modo, os padrões podem orientar a implementação de políticas macroeconômicas nos países em desenvolvimento. Mais especificamente: os padrões são importantes para auxiliar na regulação do sistema financeiro como um todo. Nesse contexto a supervisão das instituições, principalmente dos bancos que são responsáveis pela liquidez, é imprescindível para prevenir e amenizar crises. Contudo, nessa supervisão e limitação de empréstimos se tem novamente um dilema referente aos países em desenvolvimento, os quais, por sua elevada taxa de risco, não poderão acessar os empréstimos, ficando fadados à escassez de capital e a um crescimento lento.

Ao tratar do gerenciamento das taxas de câmbio, o

Eichegreen (2003) adverte para as taxas que se dizem fixas, mas que são manipuladas pelas autoridades periodicamente. Essa prática não é positiva, na medida em que os mercados ficam impossibilitados de tomarem medidas para se adequarem às intervenções cambiais. De igual modo, essas intervenções desregradas aumentam a volatilidade e, por isso, não são eficazes frente a uma crise. O regime flutuante, por seu turno, não apresenta melhores soluções, pois não reflete uma estratégia cambial, mas sim a ausência de uma. Nesse sentido, o caminho apontado pelo autor é um gerenciamento sobre a taxa de câmbio caracterizado por regras e procedimentos orientadores.

Finalmente, para citar um caso real de medidas para amenizar ou controlar os efeitos de uma crise, cabe recorrer ao artigo de Frederico Mazzuccheli "A crise em perspectiva: 1929 e 2008", que demonstra como a crise de 2008 não teria consequências tão profundas quanto à crise de 1929. Essas consequências amenas se dariam em função da adoção de uma série de enquadramentos regulatórios e de coordenação entre os países. Nesse sentido, o autor defende que a imediata intervenção estatal é fator importante para que os efeitos da crise fossem amenizados. Essa intervenção se deu de maneira coordenada e os estados assumiram, assim, a responsabilidade de defender as instituições financeiras e de prover liquidez, de reduzir taxas de juros básicas e de tentar evitar o aumento da retração do crédito. Todavia, da mesma maneira que o texto de Eichengreen (2003) é realista em afirmar as dificuldades de prever e amenizar os efeitos de uma crise, Mazzuccheli afere que, a despeito das coordenações e dos enquadramentos regulatórios, medidas para sair da crise de 2008 não seriam nada fáceis.

2 - Impactos das crises nas variáveis cambiais

É notório que em crises financeiras internacionais, o câmbio sobre substanciais impactos, especialmente, as taxas de países de economia periférica. Ocorre que, em cenários de crise, políticas econômicas optam por ações mais ortodoxas, tais como o aumento das taxas de juros para conter o consumo e, por conseguinte, controlar processos inflacionários em vistas de controlar a liquidez da economia. Se esse aumento dos juros incidir sobre o dólar, é certo que as moedas nacionais, lastreadas em dólar, passarão por uma desvalorização substancial, à medida que a moeda norte-americana ficaria mais cara.

Para pensarmos em um caso concreto, já citado nesta aula, remontemos ao fim da década de 70, quando os EUA aumentaram de maneira unilateral suas taxas de juros frente à segunda crise do petróleo. Países latino-americanos – de economias periféricas, portanto – sofreram com a depreciação de suas moedas e com o galopar de uma dívida impagável. Ocorre que esses países haviam tomado empréstimos internacionais para o financiamento de diversos setores da economia, mas fizeram-no com juros baixos e com uma cotação cambial relativamente equilibrada. Quando do aumento dos juros, no que ficou conhecido como DWSR, viram suas moedas se desvalorizarem e a dívida se tornar impagável. Essa é somente uma faceta dos efeitos distributivos que as crises financeiras provocam nas taxas de câmbio.

Além disso, a desvalorização das moedas nacionais provocadas pelas crises internacionais pode acarretar o colapso do poder de compra das famílias, em especial de produtos que são compostos por insumos importados e, portanto, "dolarizados". A situação atual (Março de 2020) é de crise mundial. O Brasil está com sua moeda altamente desvalorizada em relação ao dólar, o euro e a libra. Diante disso, podemos dizer que, apesar do controle inflacionário, a população está pagando muito mais caro por produtos de uso básico para a vida cotidiana, porque muitos desses produtos são compostos por insumos importados. Desse modo, as pessoas têm perdido poder de compra, na medida em que produtos como gasolina, derivados de trigo, remédios etc. são importados e, portanto, pagos em dólar, que, por sua vez, só podem ser comprados, atualmente, com uma grande quantidade de reais.

Sob essa perspectiva, podemos dizer, então, que as crises financeiras, à medida que acarretam na desvalorização da moeda nacional, são muito positivas para a lucratividade nas exportações, levando em conta que o câmbio desvalorizado é bom para os lucros na exportação? Na verdade, a realidade em cenários de crise é mais complexa do que isso. Em tempos de crise, é comum que os países diminuam seu coeficiente de importações e adotem políticas de protecionismo de mercado. Assim, pensando no caso brasileiro, as commodities, que compõem nossa base exportadora, passam por ciclos de baixa em períodos de crise, o que compromete seriamente o desempenho econômico, apesar da desvalorização cambial que, em tese, seria rentável.

Portanto, podemos dizer que as crises cambiais, em especial em economias periféricas, são entendidas "[...] como uma parte integrante de uma grande crise geral da economia, em que crises cambiais são pré-anunciadas por crises financeiras" (ALVES et al., 2004, p. 7).

Retomando a aula

Chegamos, assim, ao final da quinta aula. Espera-se que você tenha compreendido os aspectos gerais das crises financeiras internacionais e a complexidade inserida nelas. De igual modo, espero que vocês possam ter apreendido o impacto das crises financeiras no câmbio, as chamadas crises cambiais.

1 – Crises financeiras internacionais

Nesta seção, discutimos as crises financeiras internacionais, apontando suas características e complexidades. Nesse sentido, buscamos observar como tais crises impactam diretamente nas variáveis das economias nacionais e, de igual modo, como seu controle é difícil em decorrência da falta de controle no sistema financeiro e do excesso de liquidez da economia mundial.

2 – Impactos das crises nas variáveis cambiais

Aqui, estudamos os impactos das crises financeiras internacionais nas variáveis cambiais das economias, em especial das economias periféricas. Nesse sentido, discutimos como as crises financeiras levam a crises cambiais, as quais, principalmente em países de economia periférica, conduzem à desvalorização cambial e, consequentemente, à perda do poder de compra da população e ao aumento de preços. De igual modo, vimos que, a despeito da tese de que valorização cambial leva ao aumento da lucratividade das exportações, em cenários de crise a atividade exportadora, especialmente aquela dependente de produtos primários, entra em ciclo de baixa, pois o contexto de crise leva as economias nacionais a promoverem redução de importações para proteger o mercado interno e equilibrar as contas públicas.

Vale a pena

Vale a pena ler

Dissertação de mestrado: "Crises cambiais: uma análise à luz da experiência brasileira". Autor: Luis Alexandre Iansen de Sant'Ana.

Minhas anotações

Aula 6º

Mercado de câmbio

O mercado de câmbio é uma variável fundamental para compreendermos as práticas cambiais internacionais. Diante disso, nesta aula, vamos estudar a importância do mercado de câmbio para as relações econômicas internacionais.

Pensando nesses termos, vamos abordar algumas perspectivas do mercado de câmbio: tipos de moedas, características gerais do mercado de câmbio, classificação do mercado de câmbio, tipos de taxas de câmbio. De igual modo, vamos estudar um mecanismo de transação financeira internacional que envolve elementos cambiais, o chamado Carry Trade.

Figura 6. Disponível em: https://investorcp.com/wp-content/uploads/2019/03/investorcp.com-mercado-de-cambio-2-300x300.jpg. Acesso em: Março/2020.

Bons estudos!

Objetivos de aprendizagem

Ao término desta aula, vocês serão capazes de:

- entender a noção de moeda e seus tipos;
- compreender aspectos gerais sobre o mercado de câmbio;

Seções de estudo

1 - Conceito de moeda e tipos de moedas
2 - Características gerais do mercado de câmbio

1 - Conceito de moeda e tipos de moedas

Quando falamos em moeda, devemos entendê-la enquanto **meio de troca,** pois é um ativo que as pessoas usam para trocar por bens e serviços. De igual modo, a moeda é uma **reserva de valor**, isto é, ela é uma forma de guardar poder de compra ao longo do tempo. Em outras palavras, a moeda pode ser uma unidade de troca que não estraga e, raramente, se torna obsoleta. Por fim, podemos dizer que a moeda é uma **unidade de conta,** ou seja, é uma medida de fixação de preços para se fazer cálculos econômicos. Por exemplo, um *Iphone* custa dez vezes mais que um *Samsung gran duos*, mas o vendedor não anuncia: "Iphone por dez vezes um Samsung", mas sim que custa 3 000,00.

Devemos entender que, diante das principais aspectos que estudamos acerca das políticas monetárias cambiais e do conceito de moeda, existem diferentes tipos de moedas. Nesse sentido, podemos citar moedas conversíveis e inconversíveis.

- **Moeda conversível** – também são chamadas de moedas de conversibilidade plena. Essas moedas são aquelas que não encontram restrições comerciais em relação com outras moedas. Essa noção de conversibilidade de uma moeda está ligada à confiabilidade dela, ou seja, uma moeda é classificada enquanto conversível por conta da confiança dos mercados nessa moeda.

Por exemplo, imagine que você vá à China e lá queira comprar um aparelho eletroeletrônico. No momento de pagar, você entregue ao atendente o valor do produto em reais. Você acha que o atendente vai aceitar seu pagamento? Provavelmente, não. Porque, o valor de uma moeda depende da confiança de que aquele papel valha uma determinada quantidade monetária de valor.

Agora, se você resolver pagar o produto em dólar, você acha que o atendente aceitará a moeda? Com certeza sim, porque o dólar é uma moeda que possui grande confiabilidade, o que permite que as pessoas confiem em seu valor monetário.

- **Moeda inconversível** – como o próprio nome sugere, trata-se de uma moeda que não pode ser trocada facilmente por outras moedas. Isso pode ocorrer por restrições que a moeda eventualmente possa ter no sistema monetário.

Segundo Carneiro (2008, p. 539),

> Diz-se que uma moeda é inconversível se não possui aceitação no âmbito internacional ou, mais propriamente, quando não desempenha nesse plano nenhuma das funções clássicas da moeda: unidade de conta, meio de pagamento ou reserva de valor. Assim, por exemplo, não há cotações internacionais de mercadorias em moedas inconversíveis, nem elas servem de moeda de denominação de contratos mercantis ou financeiros. Muito menos, denominam ativos financeiros de reserva; privados ou de bancos centrais.

A inconversibilidade é uma característica das moedas das economias periféricas, de modo que a credibilidade dessas moedas é atingida no plano internacional, mas no plano doméstico a moeda sustenta sua função. Nesse sentido,

> Nas versões mais brandas elas perdem suas funções no plano internacional, mas as mantêm, integral ou parcialmente, no âmbito doméstico. Nos casos mais radicais ocorre a substituição monetária, no plano nacional, extinguindo-se a moeda local. Assim, se no contexto internacional uma moeda inconversível não desempenha nenhuma das funções monetárias essenciais, no nacional, a inconversibilidade se manifesta por meio da cisão de suas funções, com a perda parcial do caráter de reserva de valor (CARNEIRO, 2008, p. 540).

Voltemos ao exemplo da compra na China. O pagamento realizado em dólar foi aceito pelo atendente, porque, como vimos, há uma confiança no valor monetário do dólar. O dólar, obviamente, além de moeda universal (lembrem-se do Padrão Dólar!) possui valor monetário domesticamente. O pagamento em real não foi aceito pelo atendente, porque o atendente não confiava que nossa moeda possuísse valor monetário. Nesse sentido, podemos dizer que o Real é uma moeda inconversível. Ou seja, no plano internacional, o Real não tem valor de transação, mas domesticamente a moeda é aceita enquanto constituída de valor monetário.

Hiperinflação brasileira nos anos 80

A desconfiança em uma moeda não somente pode levar à incoversibilidade dela, mas também ao desencadeamento de processos inflacionários. A hiperinflação brasileira, além de uma crise da dívida externa estava muito associada a desconfiança internacional e doméstica do real valor da moeda brasileira, o cruzeiro à época.
Durante a década de 70, o Brasil tomou dólares a juros baixos em bancos privados internacionais. No fim dos anos 70, os EUA passaram a praticar juros flutuantes sobre o dólar. O Brasil entrou em um profundo processo de crise de dívida.
Com excesso de liquidez na economia e pouca confiança internacional, a economia brasileira começou a viver anos de inflação. A hiperinflação atingiu o patamar de 2500% ao ano.
Podemos dizer que se tratou de uma crise da dívida e de confiança. Nesse contexto, presenciaram-se altas taxas de juros para tentar frear a inflação e o congelamento dos preços.
A situação somente foi controlada em 1994 com a criação do Plano Real, que propunha a criação de uma nova moeda e, no mesmo movimento, buscava a recuperação da confiança internacional e a

recuperação da confiança no valor da moeda.

2 - Características gerais do mercado de câmbio

O mercado de câmbio internacional (Forex) é o espaço no qual ocorrem as transações financeiras entre diferentes moedas. De acordo com Rossi (2010, p. 2), o mercado de câmbio internacional "[...] é de longe o mercado mais importante do mundo considerando como critério o volume de operações. Seu tamanho é hoje um múltiplo do mercado de ações e de títulos".

Esse mercado é responsável por estabelecer as taxas *Spot*. O que seria o spot cambial? O Spot Market refere-se ao valor à vista da moeda. Para entendermos essa noção de *Spot* precisamos ter em mente que em uma operação de câmbio, há, entre as partes negociantes, uma compra e venda simultânea de duas moedas. Imagine que você é um agente financeiro que está trocando seus dólares por euros, perceba que, ao realizar a troca, você está, ao mesmo tempo, vendendo e comprando. Segundo Mota (2016), o Spot é uma forma vulgar de designar o conjunto de transações de troca de moedas. "Assim as transações que se realizam no mercado spot representam permutas imediatas de duas moedas entre duas entidades, uma entregando a moeda A e recebendo B, a outra entregando a moeda B e recebendo A em montantes estabelecidos através da taxa de câmbio" (MOTA, 2016, p. 1).

No mercado de câmbio internacional, os agentes são massivamente as Instituições Financeiras (IF) e as relações entre os Bancos Centrais de cada país, tendo como núcleo mais importante o chamado mercado interbancário. Podemos esquematizar esses agentes em quatro níveis, quais sejam: os grandes bancos internacionais, grandes corporações, empresas de comércio internacional e os indivíduos (ROSSI, 2010).

Nesse sentido, levando em consideração os agentes do mercado de câmbio, podemos dividi-lo entre mercado primário e mercado secundário. O mercado primário refere-se às operações em que a moeda entra ou sai de um país, especialmente pelas trocas cambiais realizadas por turistas, empresas de importação e exportação. Além disso, temos o mercado secundário, em que não se verifica movimentações "físicas" de moedas, mas sim operações interbancárias das instituições financeiras.

É importante ressaltar que, apesar de termos dito que o mercado de câmbio é um "espaço" no qual ocorrem as transações de câmbio, ele não possui um espaço físico, mas "Trata-se de um mercado eletrônico virtual, isto é, sem localização física específica, na medida em que as IF transacionam entre si através de sistemas de comunicação que permanentemente colocam em contato todos os operadores do mercado" (MOTA, 2016, p. 2). Em outras palavras,

> As operações do Forex são em sua ampla maioria realizadas no mercado de balcão. Ou seja, não há um local centralizado onde operações com determinadas moedas ocorrem e o mercado é pulverizado entre uma gama de agentes que trocam entre si. Com isso, diferentemente dos mercados de ações, o grau de regulação é menor, há menos transparência, e não há registro de todos os operadores tampouco das operações (ROSSI, 2010, p. 3).

Por se tratar de um ambiente de amplo fluxo de capitais, o mercado internacional de câmbio se caracteriza por apresentar grande liquidez de capitais, por ter baixa regulação e pouca transparência.

Mas, vocês podem estar se perguntando, como funcionam na prática essas transações no mercado de câmbio internacional? Vejamos:

Funcionamento do mercado de câmbio

O mercado cambial não tem um centralizador de negociações como a bolsa de valores, que organiza as transações com os títulos e valores mobiliários. O câmbio entre moedas estrangeiras é realizado de forma eletrônica por meio do mercado de balcão (diretamente entre as partes ou com intermediação de instituições financeiras). Esse mercado fica disponível 24 horas por dia, durante cinco dias e meio da semana. Quando o mercado fecha seus trabalhos nos Estados Unidos, o mercado do Japão e de Hong Kong está abrindo suas portas. Por isso existe uma grande atividade de negócios e uma oscilação frequente de cotações de divisas no mundo.

As operações de câmbio incluem: pagamentos e recebimentos em moeda estrangeira, transferências para o exterior, recebimentos do exterior e aplicações no mercado financeiro.

A compra e venda de moeda externa podem ser realizadas tanto por pessoas físicas como jurídicas, sem limitação de quantia. As únicas exigências são a identificação do comprador e um respaldo documental. Operações que não estejam especificadas e regulamentadas pelo Banco Central do Brasil necessitarão de autorização dessa autarquia.

Disponível em: https://investorcp.com/gestao-empresarial/mercado-de-cambio/. Acesso em: Março/2020

2.1 - Spread

Há nas transações do mercado de câmbio um mecanismo de conversão de moeda conhecido como *spread*. O spread cambial é a diferença que se paga entre o valor de compra de uma moeda e o valor recebido por ela quando da venda. Se pensarmos em termos de transferência internacional de câmbio, o spread refere-se à diferença entre a cotação da moeda e o valor que deve ser pago para efetivação da transação. Em outras palavras, pode-se dizer que o spread é o valor cobrado sobre a cotação da moeda.

Por exemplo, imagine que para uma transação de câmbio em que se pretende enviar dólares ao exterior, a cotação esteja em R$ 4,70 com um spread de 1,5%. Logo, o valor que será cobrado para o envio da moeda é R$ 4,77. Assim, pode-se dizer que o spread é um tipo de margem comercial das operações no mercado de câmbio.

Considerando que o spread é uma taxa cobrada sobre o valor das transações, os operadores do mercado de câmbio atuam em vistas das melhores condições dessa taxa, porque ela varia ao longo do dia em consonância com os diferentes centros de operações de câmbio. Nesse sentido, temos um caso prático da busca dos agentes pelas melhores taxas spread. vejamos:

> [...] os spreads mais baixos ocorrem quando a praça de Londres está operando e Nova York ainda não fechou, e quando a primeira está aberta e Tóquio já abriu. Portanto, investidores situados nas Américas dão prioridade por operar na parte da manhã enquanto que os operadores asiáticos costumam operar à tarde. Os momentos de maior liquidez são também os momentos do dia de maior volatilidade das taxas de câmbio por conta do volume de operações (ROSSI, 2010, p. 4).

2.2 – O Carry Trade

Os operadores do mercado de câmbio internacional costumam exercer uma prática muito rentável: eles transacionam moedas retirando-as de economias de juros menores e aplicando-as em economias com juros mais altos. Essa prática é chamada de *carry trade*, que "consiste em uma estratégia financeira que busca usufruir de diferenciais de juros entre moedas e pode ser uma operação financeira convencional - quando um agente toma empréstimo em uma moeda e aplica em ativos denominados em outra [...]" (ROSSI, 2010, p. 1).

Essa operação financeira é muito interessante para desmistificarmos algumas constatações econômicas que vemos diariamente e, de igual modo, ajuda a compreender a formação da taxa de câmbio. Por que ajuda a desmistificar? Ora, escutamos e lemos, com alguma constância, notícias da grande mídia que falam sobre a atração de investimentos para o mercado nacional, como isso é rentável para nossa economia. Todavia, na maior parte das vezes, esses investimentos são fundamentalmente de caráter especulativo, ou seja, os investidores, aproveitando-se das altas taxas de juros da economia brasileira, utilizam-se do *carry trade* e tomam dólares a taxas mais baixas e aplicam em economias de taxas de juros mais altas, obtendo lucros com essa transação. A pergunta que faço é: esse tipo de investimento contribui de alguma forma para a melhoria da economia brasileira, tendo em vista que esse investimento não se dá em capital produtivo? Pare e pense nisso!

Por outro lado, o *carry trade* tem função importante na formação da taxa de câmbio de uma economia. Lembrem-se da aula que aprendemos a formação da taxa de câmbio e, portanto, como ela está imbricada em uma relação de oferta e demanda da moeda estrangeira, em que maior a oferta (circulação de moeda estrangeira) menor a taxa de câmbio; quanto menor a oferta (menor circulação da moeda estrangeira) maior a taxa de câmbio, quanto maiores forem os fluxos de moeda estrangeira na economia nacional, menor será a taxa de câmbio. Logo, se uma economia for atrativa para operações do tipo *carry trade*, há a possibilidade de a economia receber mais aporte de moeda estrangeira e, com isso, a taxa de câmbio baixar. Mas, espero que fique claro para vocês, esse é somente uma variável dentre muitas que podem afetar a taxa de câmbio.

Retomando a aula

Chegamos, assim, ao final da sexta aula. Espera-se que vocês tenham compreendido os aspectos gerais sobre o mercado de câmbio internacional. Nesse sentido, espero que tenha sido proveitoso nosso estudo inicial acerca do conceito e tipos de moedas. De igual modo, espero que vocês possam ter apreendido os traços fundamentais do mercado de câmbio internacional e suas características

1 – Conceito de moeda e tipos de moedas

Nesta seção, abordamos o conceito de moeda, apresentando suas funções e importância. Nesse sentido, estudamos a moeda como um meio de troca, uma reserva de valor e uma unidade de conta. De igual modo, observamos dois tipos de moedas: as moedas conversíveis, isto é, aceitas globalmente e as moedas inconversíveis.

2 – Características gerais do mercado de câmbio

Aqui, abordamos o mercado de câmbio internacional, atentando-nos para suas características e seus mecanismos de atuação. Nesse sentido, abordamos questões como as transações internacionais de câmbio *(spot)*, as taxas de conversão de moeda *(spread)* e as ações de aplicação de moedas em diferentes economias em vistas à taxa de juro *(carry trade)*.

Vale a pena

Vale a pena assistir

Filme: "O Lobo de Wall Street" Direção: Martin Scorsese.

Minhas anotações

Aula 7º

Política cambial e o câmbio na exportação e na importação

O estudo do comportamento das taxas de câmbio na importação e na exportação é tarefa fundamental, porque o comércio global é dado pela relação entre diferentes moedas e, desse modo, esses processos impactam diretamente sobre as economias nacionais.

Assim, equipes econômicas de um governo, negociadores ou gestores de empresas devem conhecer as dinâmicas cambiais que incidem sobre os processos de comércio exterior, atentando-se para taxas cambiais de importação e exportação para, a partir daí, terem condições de observarem os melhores negócios, ou aqueles não tão rentáveis.

Figura 7. Disponível em: https://lh3.googleusercontent.com/proxy/echMBppfMmhA3nPMc8WSwK_ErcBvUbVx3c56jQPtHotWv4rG-BBD4TkArLFvSKwiCMh7Ew6IsAMh8SL-2QWbYFsqSpKWacY-c-hP4APoNFHdnsFuDxm4FAl. Acesso em: Março/2020.

Com base nisso, ao longo desta aula, vamos discutir questões relativas à atuação das taxas cambiais nas importações e exportações e, diante disso, como os negócios são afetados tanto positivamente, quanto negativamente pela variável câmbio.

Bons estudos!

Objetivos de aprendizagem

Ao término desta aula, vocês serão capazes de:

- entender a atuação do câmbio na importação e na exportação;
- compreender os impactos do câmbio nas negociações internacionais.

Seções de estudo

1 – Política cambial
2 – Importação e Exportação: o impacto cambial na balança comercial

1 - Política cambial

Quando estudamos os regimes cambiais anteriormente, de alguma forma já tratamos das políticas cambiais, afinal são as políticas cambiais que vão interferir nos valores das taxas de câmbio e, igualmente, nos regimes cambiais.

Quando falamos em política cambial, estamos nos referindo aos mecanismos de definição dos preços ou da taxa de câmbio, que impactará diretamente na precificação de bens de exportação e de importação. Em outras palavras, pode-se dizer que:

> A política cambial é um dos elementos que mais interfere no comércio entre países, justamente porque é ela que estabelece os mecanismos que definem o preço ou o valor da taxa de câmbio, que, por sua vez, estipula o preço dos bens domésticos nos mercados estrangeiros (exportação) e o preço dos bens estrangeiros no mercado doméstico (importações) (TRIPOLI, 2016, p. 118).

O Banco Central (Bacen) define política cambial como:

> [...] o conjunto de medidas que define o regime de taxas de câmbio - flutuante, fixo, administrado - e regulamenta as operações de câmbio. Dessa forma, a política cambial define as relações financeiras entre o país e o resto do mundo, a forma de atuação no mercado de câmbio, as regras para movimentação internacional de capitais e de moeda e a gestão das reservas internacionais.

É importante notar que, diante dessa definição de políticas cambiais, não são somente os agentes envolvidos no comércio exterior ou nos mercados de câmbio que são afetados pelas oscilações que a política cambial pode provocar nas taxas de câmbio, mas também todos os cidadãos comuns que vivem sob determinada ordem econômica. Ocorre que a flutuação cambial, decorrida de políticas cambiais, pode interferir no poder de compra das famílias e na formação de preços no mercado doméstico, como vimos anteriormente.

Para finalizarmos essas discussões acerca de taxa, do regime e da política cambial, que já iniciamos anteriormente, vamos lembrar do câmbio fixo, flutuante e banda cambial que estudamos previamente. Vimos que o Brasil adota uma política cambial flutuante, ou seja, a taxa é formada pela quantidade de moeda estrangeira em circulação na economia, logo, se a moeda estiver desvalorizada (taxa de câmbio alta) muitos bens de consumo ficarão mais caros para a população.

Por exemplo, se o dólar está alto, a gasolina, o pão e os remédios ficam mais caros, porque o Brasil importa gasolina refinada, trigo e remédios.

Por outro lado, também vimos que uma taxa de câmbio baixa praticada por políticas que promovam a valorização cambial, apesar de agradarem setores da economia e da sociedade, também pode ser danosa para os exportadores, que verão seus lucros reduzidos. Diante disso, surge uma pergunta de difícil resolução: Qual o valor ideal da taxa de câmbio? Vejamos:

> **Qual o valor ideal da taxa de câmbio?**
> Inicialmente, conveniente lembrar que um país é formado por muitos interesses em relação ao setor externo, há setores na sociedade que têm interesse em importar bens, como cosméticos, automóveis e equipamentos eletrônicos, por exemplo; e há setores que desejam exportar bens, como os produtores de commodities. Dessa forma, A taxa de câmbio que agrada os exportadores (depreciada) desagrada os importadores. Por sua vez, uma taxa de câmbio apreciada incentivaria os importadores e colocaria obstáculos à exportação. É possível se pensar em uma taxa de câmbio intermediária, que propiciasse um determinado montante de importações e de exportações. De qualquer forma, convém salientar que é impossível obter uma taxa de câmbio que satisfaça o interesse de todos os agentes econômicos de uma sociedade.
>
> **TRIPOLI, Angela Cristina Kochinski. Comércio Internacional: teoria e prática. Curitiba: Intersaberes: 2016.**

2 - Importação e Exportação: o impacto cambial na balança comercial

À vista de tudo que estudamos até aqui, pudemos perceber a importância do câmbio, de seus sistemas e dinâmicas para as relações comerciais internacionais. Nesse sentido, também tratamos, em caráter superficial, o impacto do câmbio sobre as importações e exportações, quando estudamos o câmbio em relação à balança comercial. Neste momento, vamos observar questões relativas à importação e exportação e o papel do câmbio nesses elementos.

2.1 - Importação

Imagino que, a essa altura de formação em comércio exterior, vocês já conheçam conceitualmente a noção de importação, por isso não pretendo alongar-me nessa discussão. A importação refere-se a uma transação comercial em que se compram produtos do exterior. Para proceder com a importação, seja de pequenas quantidades como a compra em um site estrangeiro, ou de grandes quantidades como importações em larga escala, a efetivação dessa dinâmica comercial exige uma série de requisitos que devem ser atendidos: questões legislativas, fiscais e cambiais (TRIPOLI, 2016).

Como vocês devem saber, existem diferentes modalidades de importação. Dentre as mais comuns, a importação via terceirização é uma constante escolha das empresas que pretendem importar, afinal a burocracia do processo de importação não compensa o esforço de uma empresa em criar um departamento voltado para o comércio internacional, optando, nesses casos, pela contratação de uma empresa especializada em comércio exterior. Outra forma é o processo de importação por conta e ordem, em que são lançados nos documentos de importação os CNPJs do importador e do adquirente. Além disso, há também a importação por encomenda, que também se refere a uma modalidade terceirizada, na qual a empresa importadora (encomendante) contrata uma empresa importadora para realizar a operação (TRIPOLI, 2016).

Seja qual for a modalidade de importação, há um elemento que incidirá sobre a prática constantemente: o câmbio. Essa variável, que como vimos é monetária, incide sobre as operações de importação no momento do pagamento. A conversão de câmbio para o pagamento das transações de importação pode ocorrer de três maneiras: a prazo, à vista e por antecipação. Vocês, provavelmente, já estudaram esses processos de pagamento na disciplina "Processos e Procedimentos de Exportação e Importação, Documentação e Despacho". Esses pagamentos podem ser realizados por cartão, vale postal, ou fechamento de câmbio. É para este último que quero chamar a atenção de vocês.

O fechamento de câmbio é uma operação que está inserida nas transações do mercado de câmbio (aula 5). Essa operação consiste na compra e venda de moeda estrangeira, em vistas das melhores condições para efetuação dos pagamentos das trocas comerciais de importação. Trata-se de uma operação no momento do pagamento, em que o importador, por conta própria ou por terceiros, a depender da modalidade de importação, fecha o câmbio e paga o valor equivalente a uma taxa de câmbio negociada, ao banco autorizado. Em outras palavras, o importador, valendo-se do fechamento de câmbio, usa uma instituição financeira, autorizada pelo Banco Central, para vender a moeda que baliza a operação de importação, visando, portanto, o pagamento dos bens importados.

Vejam que, a depender da taxa de câmbio, o importador terá diferentes valores finais para pagamento. Por exemplo, em um contexto de desvalorização da moeda nacional, é provável que o importador arque com algum prejuízo no processo de transação comercial, porque, de maneira bastante coloquial, ele precisará de maior valor de moeda nacional para pagar o produto transacionado em moeda estrangeira.

Vamos tornar essa constatação ainda mais simples: imagine que vocês costumam comprar produtos de sites chineses, como o AliExpress. Imaginem que vocês estejam cogitando comprar um telefone celular no valor de USD 300. A compra é feita em dólar, que quando da data da decisão da compra estava em R$ 3,50 para USD 1,00. Agora, imaginem que, por qualquer motivo, vocês resolvam esperar mais um dia para comprar o celular e, por conta de uma variável específica, ocorresse uma desvalorização cambial e a cotação passasse para R$ 5,00 para USD 1,00. O valor do aparelho para importação praticamente dobraria.

Isso mostra que, em comércio exterior, o processo de importação – e de exportação igualmente – deve ser mapeado e estudado pelos agentes envolvidos nas transações, afinal uma atividade importadora em contexto de câmbio desvalorizado pode significar substanciais prejuízos para uma empresa, ou para a economia de um país em geral.

2.2 – Exportações

Assim como o conceito de importação, imagino que vocês já tenham conhecimento acerca da noção de exportação. Exportação nada mais é do que a saída de mercadoria de um território por ventura de um contrato de compra e venda de caráter internacional. A importância da exportação para as empresas reside na diversificação dos mercados e, no mesmo movimento, na diluição dos riscos em mais de um mercado. Em outras palavras, ao exportar, uma empresa amplia seu mercado e, diante disso, diminui os riscos de sofrer com a retração de mercado, porque é muito difícil mercados geograficamente esparsos oscilarem simultaneamente. Assim, "[...] quando a concentração de atividades comerciais é somente no mercado interno, a empresa se sujeita a riscos e inconstâncias decorrentes de eventuais alterações na política econômica" (TRIPOLI, 2016, p. 238).

Assim como nas importações, vocês bem sabem que a exportação também possui diferentes modalidades de realização. Sabemos que existem duas maneiras de exportação: a direta e a indireta. A primeira, "[...] ocorre quando o exportador negocia seu produto diretamente com o importador, sem nenhum tipo de intermediário no Brasil. A exportação é efetuada diretamente ao mercado internacional." Já a indireta "[...] ocorre quando uma empresa nacional adquire produtos de outra empresa nacional com o objetivo de exportar. Em geral, as empresas que preferem a exportação indireta são aquelas que ainda não têm experiência na comercialização com o mercado internacional [...]" (TRIPOLI, 2016, p. 245).

Independentemente da modalidade escolhida, o câmbio terá papel preponderante na formação de preços e nos lucros da exportação. Ocorre que, com a moeda desvalorizada, os exportadores terão maiores taxas de lucro, porque a venda para o mercado estrangeiro é feita em moeda estrangeira, logo, quanto mais desvalorizada estiver a moeda nacional, isto é, quanto mais cara estiver a moeda estrangeira, mais rentável será a exportação. Para exemplificar, imaginem que uma empresa venda produtos alimentícios para o exterior. As transações são realizadas em dólar, mas, ao quitar o fechamento de câmbio, o exportador receberá em reais. Cada remessa de um determinado produto é vendida a USD 1000,00. Imagine em um cenário de desvalorização do real a cotação esteja em 5 reais para 1 dólar, logo, 1000 dólares será igual a 5 mil reais. Imaginem, agora, o oposto: em um contexto de valorização cambial, isto é, quando comprar a moeda estrangeira está mais barato, em que a cotação esteja 2 reais para 1 dólar, é nítida a perda de rendimento do exportador.

2.3 – O câmbio e a balança comercial

Vocês, igualmente, devem conhecer o conceito de balança comercial. A balança comercial nada mais é do que a relação entre importações e exportações. Ela será superavitária quando o valor das exportações superar o valor das importações; e será deficitária quando o contrário acontecer.

Portanto, para um país manter-se em superávits, ou com balança comercial favorável, é interessante manter os valores de exportação sempre superiores aos valores importados. Para atingir esse ponto existe uma série de estratégias macroeconômicas: políticas de substituição de importações para frear importações, políticas de incentivo à indústria e, igualmente, políticas de incentivo às exportações.

Uma das políticas de incentivo às exportações é o chamado *draw back*. Esse mecanismo é um regime aduaneiro que busca incentivar exportações por meio de incentivos fiscais, reduzindo impostos para exportação, ou reduzindo-os para incentivar a produção de produtos exportáveis. Nesse sentido,

> [...] o draw back é um regime aduaneiro que foi criado pelo Decreto-Lei n. 37 de 18 de novembro de 1966, visando incentivar as exportações brasileiras, possibilitando a isenção, suspensão ou a restituição de alguns impostos e tarifas incidentes sobre os produtos importados ou adquiridos no mercado interno para utilizá-los na produção da mercadoria exportada ou que será exportada [...] (TRIPOLI, 2016, p. 249).

Mas como o câmbio pode prejudicar a consecução de balanças comerciais favoráveis? Ora, se a moeda nacional está valorizada, isto é, próxima da paridade com a moeda estrangeira, os valores provenientes das exportações serão fatalmente menores. Se o Brasil vende soja aos chineses com contratos de câmbios liquidados em dólar, o real valorizado em relação ao dólar é um problema para a lucratividade das transações. Para o setor de importação, isso pode significar uma variável positiva, afinal o valor pago na importação de bens será menor.

O contrário é igualmente verdadeiro: em um contexto de desvalorização cambial, em que a moeda nacional está desvalorizada em relação à moeda estrangeira, os lucros da exportação serão mais proeminentes. Afinal, quando da liquidação do contrato de compra dos chineses, o Brasil arrecadará maior quantidade de reais para a mesma quantidade de produto exportado.

Retomando a aula

Chegamos, assim, ao final da nossa aula. Espero que vocês tenham compreendido o processo de atuação das taxas de câmbio nas transações comerciais internacionais e seus impactos sobre a balança comercial das economias nacionais.

1 – Política cambial

Aqui, estudamos de maneira breve a definição de política cambial e como ela é conduzida pelas ações do Banco Central. Vimos, nesse sentido, como as políticas cambiais impactam nos preços, nos custos do comércio exterior e, igualmente, no próprio mercado de câmbio.

2 – Importação e Exportação: o impacto cambial na balança comercial

Nesta seção, estudamos as principais características das dinâmicas de importação e exportação em perspectiva com as variáveis cambiais. Nesse sentido, estudamos as dinâmicas cambiais na importação e na exportação. Por fim, atentamo-nos para a noção de balança comercial e o impacto das taxas de câmbio sobre ela.

Vale a pena

Vale a pena **acessar**

Site oficial do Banco Central. Diponível em: https://www.bcb.gov.br/. Acesso em: Março/2020.

Minhas anotações

Aula 8º

Contratos de câmbio

O contrato de câmbio é utilizado para realização de compra e venda de moeda estrangeira no contexto do mercado câmbio (aula 6). O contrato de câmbio engloba uma série de disposições legais e, igualmente, diferentes tipologias.

Esse dispositivo é elemento fundamental para a realização de operações comerciais internacionais, na medida em que regula legalmente as transações de moeda estrangeira. À vista disso, nesta aula vamos discutir aspectos relativos aos contratos de câmbio. Nesse sentido, vamos estudar o conceito, características e tipologia dos contratos de câmbio.

Figura 7. Disponível em: https://media.istockphoto.com/vectors/money-and-contract-exchange-vector-id483378734. acesso em: Março/2020.

Bons estudos!

Objetivos de aprendizagem

Ao término desta aula, vocês serão capazes de:

- compreender os aspectos gerais sobre contratos de câmbio;
- entender as características e tipos de contratos de câmbio.

Seções de estudo

1 – Conceito e definição de contratos de câmbio
2 – Características e tipos de contratos de câmbio

1 - Conceito e definição de contratos de câmbio

Por definição, contrato de câmbio pode ser entendido como um contrato que envolve compra e venda de moeda estrangeira, o qual é firmado entre o exportador (aquele que vende a moeda estrangeira) e um banco nacional autorizado a importar (comprar) a moeda estrangeira. Segundo o Banco Central, "Contrato de câmbio é o instrumento específico firmado entre o vendedor e o comprador de moeda estrangeira, no qual são estabelecidas as características e as condições sob as quais se realiza a operação de câmbio" (BCB, 2012, p. 1).

Diante dessa definição, todas as operações que envolvem câmbio devem ser submetidas aos contratos de câmbio. Desse modo, a única forma de transacionar câmbio é pela dinâmica de tais contratos, de modo que:

> No Brasil, as operações de câmbio não podem ser praticadas livremente e devem ser administrados por um estabelecimento bancário autorizado a operar o câmbio. O BACEN, por meio do Sisbacen, contabiliza e monitora todas as operações que envolvam a moeda estrangeira, com controle efetivo sobre operações do mercado de câmbio (TRIPOLI, 2016, p. 167).

Essa acepção de contratos de câmbio é regulada pela Lei n. 4595/64, a chamada Lei de Reforma Bancária. Os dispositivos legais dessa legislação para os contratos de câmbio são padronizados pelo Banco Central de acordo com os regulamentos do Mercado de Câmbio (BORGES, 2012).

A lei supracitada refere-se à constituição e regulação do sistema financeiro nacional (ver aula 1). Em seu artigo primeiro postula que:

> Art. 1º O sistema Financeiro Nacional, estruturado e regulado pela presente Lei, será constituído:
> I - do Conselho Monetário Nacional;
> II - do Banco Central do Brasil;
> III - do Banco do Brasil S.A.;
> IV - do Banco Nacional do Desenvolvimento Econômico;
> V - das demais instituições financeiras públicas e privadas (BRASIL, 1964).

A referida lei incide diretamente sobre as variáveis de câmbio, sustentando em seu artigo segundo a criação do "[...] Conselho Monetário Nacional, com a finalidade de formular a política da moeda e do crédito como previsto nesta lei, objetivando o progresso econômico e social do País." (BRASIL, 1964). Esse Conselho deve, como propõe o artigo terceiro,

> I - Adaptar o volume dos meios de pagamento ás reais necessidades da economia nacional e seu processo de desenvolvimento;
> II - Regular o valor interno da moeda, para tanto prevenindo ou corrigindo os surtos inflacionários ou deflacionários de origem interna ou externa, as depressões econômicas e outros desequilíbrios oriundos de fenômenos conjunturais;
> III - Regular o valor externo da moeda e o equilíbrio no balanço de pagamento do País, tendo em vista a melhor utilização dos recursos em moeda estrangeira;
> IV - Orientar a aplicação dos recursos das instituições financeiras, quer públicas, quer privadas; tendo em vista propiciar, nas diferentes regiões do País, condições favoráveis ao desenvolvimento harmônico da economia nacional;
> V - Propiciar o aperfeiçoamento das instituições e dos instrumentos financeiros, com vistas à maior eficiência do sistema de pagamentos e de mobilização de recursos;
> VI - Zelar pela liquidez e solvência das instituições financeiras;
> VII - Coordenar as políticas monetária, creditícia, orçamentária, fiscal e da dívida pública, interna e externa (BRASIL, 1964, grifo meu).

Essa regulação dos contratos de câmbio, que está implícita nessa lei, é mais claramente apontada pelo Banco Central, o qual postula que a formalização das operações de câmbio devem se dar por contratos, os quais devem ser obrigatoriamente registrados no Sistema de Câmbio. Assim, "As operações de câmbio são formalizadas por meio de contrato de câmbio e seus dados devem ser registrados no Sistema Integrado de Registro de Operações de Câmbio (Sistema Câmbio)" (BCB, 2012, p. 1).

2 - Características e tipos de contratos de câmbio

Os contratos de câmbio têm por característica a realização de uma operação de compra e venda de moeda estrangeira. Logo, como apresenta o Banco Central (2012, p. 2), "são os seguintes os tipos de contratos de câmbio e suas aplicações: a) compra: destinado às operações de compra de moeda estrangeira realizadas pelas instituições autorizadas a operar no mercado de câmbio; b) venda: destinado às operações de venda de moeda estrangeira realizadas pelas instituições autorizadas a operar no mercado de câmbio".

Além disso, os contratos de câmbio podem ser compostos por cláusulas constituintes de duas naturezas: as cláusulas obrigatórias e as eventuais. As cláusulas obrigatórias são aquelas estatuídas pelo Banco Central, isto é, cláusulas que são imprescindíveis para formulação e validade do contrato, tais como cláusulas que contemplam a ciência de comprador e vendedor das normas institucionais para a transação de moeda estrangeira. Por outro lado, as cláusulas eventuais são aquelas que regulam as relações entre o banco e o cliente, que se referem a minúcias como a responsabilidade de cada parte na transação (BORGES, 2012).

Um contrato de câmbio pode ter três finalidades: contratação, alteração ou cancelamento. Quando um contrato trata da contratação, disporá cláusulas sobre a contratação de operação de câmbio, e devem constar: nome da instituição para operar o câmbio, condições de financiamento do câmbio, os dados bancários da parte exportadora, o prazo de liquidação, os nomes das partes, bem como o valor da operação e a taxa de câmbio incidente.

Quando se tratar de alteração do contrato de câmbio devem constar, previamente no contrato, as condições e possibilidades de mudança desse contrato. De igual modo, o cancelamento tem função de interromper qualquer contratação de moeda estrangeira. Essas operações de cancelamento são dispostas nos contratos de tipo 2, 4 ou 6 (ver abaixo).

Diante disso, os contratos de câmbio podem ser dispostos segundo dez tipologias, as quais englobam suas funções e finalidades. Vejamos cada uma delas separadamente:

- Tipo 1 – Exportação de mercadorias ou serviços.
- Tipo 2 – Importação de mercadorias com pagamento antecipado, à vista e com prazo para pagamento de até 360 dias.
- Tipo 3 – Transferências financeiras do exterior.
- Tipo 4 – Transferências financeiras para o exterior e importação com prazo superior a 360 dias da data do embarque.
- Tipo 5 – Operações de câmbio de compra, entre agentes autorizados (interbancário), ou de arbitragem, no Brasil ou no exterior.
- Tipo 6 – Operações de câmbio de venda, entre agentes autorizados (interbancário), ou de arbitragem, no Brasil ou no exterior.
- Tipo 7 – Alteração de contrato de câmbio de compra: utilizado para alterar alguma cláusula ou condição de qualquer contrato de compra de moeda estrangeira (tipo 1, tipo 3 ou tipo 5).
- Tipo 8 – Alteração de contrato de câmbio de venda: utilizado para alterar alguma cláusula ou condição de qualquer contrato de venda de moeda estrangeira (tipo 2, tipo 4 ou tipo 6).
- Tipo 9 – Cancelamento de contrato de câmbio de compra: utilizado para cancelar, total ou parcialmente, qualquer contrato de compra de moeda estrangeira (tipo 1, tipo 3 ou tipo 5); utilizado, também, por adaptação, para a realização de baixa de operações de compra da posição cambial.
- Tipo 10 – Cancelamento de contrato de câmbio de venda: utilizado para cancelar, total ou parcialmente, qualquer contrato de venda de moeda estrangeira (tipo 2, tipo 4 ou tipo 6); utilizado, também, por adaptação, para a realização de baixas de operações de venda da posição cambial.

BORGES, Joni Tadeu. Câmbio. Curitiba: Ed. Intersaberes, 2012. p. 26.

2.1 – Estrutura dos contratos de câmbio

Mas, vocês podem estar se questionando, como o contrato de câmbio é produzido? Por ser constituído segundo padrões regulatórios específicos, um contrato de câmbio

> [...] da mesma forma como ocorre com quaisquer outros documentos legais, deve apresentar uma série de requisitos para que possa ser considerado válido, sendo o principal deles o registro no sisbacen, isto é, somente após tal registro, um contrato de câmbio passa a ser considerado válido (BORGES, 2012, p. 27).

Portanto, assim como qualquer instrumento regulatório contratual, os contratos de câmbio devem ser estruturados com as mesmas informações que constituem os demais contratos, quais sejam: identificação das partes (comprador e vendedor); endereço; CNPj; valor do contrato em moeda estrangeira; código da moeda estrangeira; taxa de câmbio; valor do contrato em moeda nacional; natureza da operação; data da contratação; data da liquidação; data da entrega dos documentos (para o caso de exportação) (BORGES, 2012, p. 27).

A seguir, para concluirmos, vamos observar como é a estrutura de um contrato de câmbio. O modelo que segue é de autoria do Banco Central e, assim sendo, o modelo oficial para elaboração de contrato de câmbio. Vejamos:

Instruções de recebimento/pagamento

O cliente declara ter pleno conhecimento do texto constante do respectivo contrato de câmbio, do artigo 23 da Lei 4.131, de 03.09.1962, e em especial dos seus §§ 2º e 3º transcritos neste documento, bem como do Regulamento do Mercado de Câmbio e Capitais Internacionais, que regem a presente operação.

Artigo 23 da Lei 4.131, §§ 2º e 3º com a redação dada pelo artigo 72 da Lei 9.069, de 29.06.1995:

"§ 2º - Constitui infração imputável ao estabelecimento bancário, ao corretor e ao cliente, punível com multa de 50 (cinquenta) a 300% (trezentos por cento) do valor da operação para cada um dos infratores, a declaração de falsa identidade no formulário que, em número de vias e segundo o modelo determinado pelo Banco Central do Brasil, será exigido em cada operação, assinado pelo cliente e visado pelo estabelecimento bancário e pelo corretor que nela intervierem.

§ 3º - Constitui infração, de responsabilidade exclusiva do cliente, punível com multa de 5 (cinco) a 100% (cem por cento) do valor da operação, a declaração de informações falsas no formulário a que se refere o § 2º."

Assinaturas

_____   _____   _____
Instituição autorizada a operar   Cliente   Instituição intermediadora
   no mercado de câmbio

Fonte: BCB. Disponível em: https://www.bcb.gov.br/rex/sistema/minuta_modelo_contrato_de_cambio.pdf. Acesso em: Março/2020.

Retomando a aula

Chegamos, assim, ao final da última aula. Espero que vocês tenham compreendido os aspectos centrais dos contratos de câmbio, observando questões pertinentes ao conceito e tipologia de tais contratos.

1 – Conceito e definição de contratos de câmbio

Nesta seção, estudamos questões relativas ao conceito de contrato de câmbio, observando elementos legislativos e institucionais do Bacen que versam sobre políticas monetárias em geral e, especificamente, sobre os contratos de câmbio.

2 – Características e tipos de contratos de câmbio

Aqui, observamos os contratos de câmbio desde suas características e tipos. Nesse sentido, estudamos a estruturação desses contratos quanto à contratação, alteração e cancelamento, observando, por fim, as disposições técnicas e rotineiras dos contratos de câmbio, apresentando, para tanto, um molde de contrato de câmbio.

Vale a pena

Vale a pena ler,

Livro: "Câmbio". Autor: Juni Tadeu Borges.

Referências

ALVES, Antonio J; FILHO Fernando Ferrari; CARNEIRO, Luiz Fernando de Paula. Crise cambial, instabilidade financeira e reforma do sistema monetário internacional: uma abordagem pós-keynesiana. In: Ferrari Filho, F.; Paula, L.F. (org.). *Globalização Financeira: ensaios de macroeconomia aberta*. Petrópolis, RJ: Vozes, 2004.

BANCO CENTRAL DO Brasil. *Relatório de inflação*. Dezembro, 1999. Disponível em: https://www.bcb.gov.br/htms/relinf/port/1999/12/ri199912P.pdf. Acesso em: Março/2020.

BANCO CENTRAL DO BRASIL. *Regulamento do mercado de câmbio e capitais internacionais*. Circular nº 3.591, de 02.05.2012 - Atualização RMCCI nº 53. Disponível em: https://www.bcb.gov.br/Rex/RMCCI/Ftp/RMCCI-1-03.pdf. Acesso em: Março/2020

BORGES, Joni Tadeu. *Câmbio*. Curitiba: Ed. Intersaberes, 2012

DEPECON. *Estudos sobre a Taxa de Câmbio no Brasil*. FIESP/CIESP, 2014. Disponível em: https://www.fiesp.com.br/indices-pesquisas-e-publicacoes/estudo-sobre-a-taxa-de-cambio-no-brasil/. Acesso em: Março/2020

DOBB, Maurice. *A Evolução do Capitalismo*. São Paulo: Ed. Abril, 1983.

EICHENGREEN, Barry. *A globalização do capital*. São Paulo: Ed. 34, 2003.

GERMER, Claus. O sistema de crédito internacional e a instabilidade financeira dos países da periferia capitalista. *Economia e Sociedade*, Campinas, n. 15, dez. 2000

KILSZTAJN, Samuel. O acordo de Bretton Woods e a evidência histórica: o sistema financeiro internacional no pós-guerra. *Revista de Economia Política*, São Paulo, v. 9, n.4, p. 89-100, 1989.

KRUGMAN, Paul. *Introdução à economia*. Rio de Janeiro: Elsevier, 2007.

MACIEL, Luis Felipe. *Pass-through Cambial*: Uma Estimação para o Caso Brasileiro. Dissertação de Mestrado. São Paulo: FGV, 2006.

KINDLERBERGER, Charlie; ALIBER, Robert. *Manias, Pânicos e crises*: a história das catástrofes econômicas mundiais. São Paulo: Saraiva, 2003

MARX, Karl. *O Capital* (vol. I). São Paulo: Boitempo, 2011.

MAZZUCHELLI, Frederico. A crise em perspectiva: 1929 e 2008. *Novos estud. - CEBRAP*, n.82. São Paulo, Nov. 2008.

MOTA, Antonio Gomes. *Mercado Spot*. Portugal: Instituto Universitário de Lisboa 2016. Disponível em: https://repositorio.iscte-iul.pt/bitstream/10071/13751/1/MERCADO%20SPOT.pdf. Acesso em: Março/2020.

OLIVEIRA, Giuliano Contento de; MAIA, Geraldo; MARIANO, Jefferson. O Sistema De Bretton Woods e a Dinâmica do Sistema Monetário Internacional Contemporâneo. *Pesquisa & Debate*, SP, volume 19, número (34), p. 195-2019, 2008.

ROSSI, Pedro. O mercado internacional de moedas. *Observatório da economia global*, Textos Avulsos, n. 5, Outubro, 2010.

SANT' ANA, Luís Alexandre Iansen de. *Crises cambiais*: uma análise à luz da experiência brasileira. Dissertação de Mestrado. São Paulo: FGV, 2002.

TRIPOLI, Angela Cristina Kochinski. *Comércio Internacional*: teoria e prática. Curitiba: Intersaberes: 2016.

Minhas anotações

Minhas anotações

Printed in Great Britain
by Amazon